THE LAYOUT LOOK BOOK

MAX WEBER

MAOMAO
PUBLICATIONS

Édition et designer : Max Weber

Text : Sebastian Weber, Max Weber

Coordination éditoriale : Catherine Collin

Traduction : Nadja Leonard

Édition et Correction : Sylvie Astorg

Projet d'édition :
2007 © **maomao publications**
c/ Tallers 22 bis, 3°1ª
08001 Barcelona, Spain
Tel. : +34 934 815 722
Fax : +34 933 174 208
www.maomaopublications.com

ISBN 13 : 978-84-935257-2-9

Imprimé en Espagne

The Layout Look Book //

Layout Look Book dresse le panorama du design imprimé actuel. Il présente des réalisations de la Chine à New York, de la carte postale à la campagne publicitaire, du *Newcomer* au « Global Player » connu. Cet ouvrage n'est ni un lexique ni un essai analytique ; il propose des instantanés sur un secteur très actif, polyvalent et présent partout.

Ce secteur entretient des connexions permanentes. De nombreux forums Internet enregistrent les tendances actuelles avec une précision sismographique, des graphistes du monde entier communiquent et collaborent grâce aux réseaux de données numériques. La bande passante des lignes Internet a augmenté dans de telles proportions que même les schémas en haute définition et les publications volumineuses peuvent être transmises en quelques secondes de l'autre côté du globe. Aujourd'hui, un graphiste d'Amsterdam sait ce qui se passe à New York, et un auteur de Malaisie n'ignore rien des idées développées à Berne.

Ces échanges ne se limitent pas au domaine virtuel. Les réseaux de contacts personnels sont eux aussi en permanence activés. De jeunes designers dialoguent autour de leurs créations, et les mêmes noms apparaissent dans différents projets en différents lieux. Des réalisations comme le RMX de Rinzen vivent de ce type d'échanges, encouragés par des publications comme le *Made Magazine* et des institutions comme le Benettons Research Center Fabrica, en Italie. Le graphiste allemand réputé Uwe Loesch enseigne à l'université de Wuppertal et forme de jeunes talents - et il n'est pas le seul.

Cette mise en réseau internationale est favorisée par une uniformisation des outils numériques dans tous les secteurs. Dans le monde entier, des bureaux d'études travaillent le plus souvent avec la même palette restreinte de logiciels performants. La facilité d'emploi de ces programmes informatiques a levé certains obstacles que rencontraient les designers travaillant à la main. Ainsi, dans leur travail, les graphistes ne perdent plus de temps avec la préparation traditionnelle et artisanale des manuscrits ; ils les livrent à l'imprimerie sous forme numérique.

Les difficultés techniques s'étant réduites, les créateurs sont devenus plus nombreux. Le graphisme n'est désormais plus réservé aux seuls graphistes, les architectes, les musiciens, les artistes et même les amateurs s'y adonnent eux aussi.

En contrepartie, la production des graphistes va désormais bien au-delà du simple graphisme. Beaucoup ont étendu leur savoir-faire au Web design, à l'animation, au cinéma et aux Events. Dans ce contexte, la naissance de formes hybrides semble logique : la fabrication éclair d'un livre devient un Event, et des métissages voient le jour, comme les « Bookazines » ou les ouvrages qui sont livrés en coffret avec DVD, affiches ou objets de design en supplément.

Toutefois, les facteurs qui permettent cette diversité créative favorisent aussi le risque de donner le jour à un design international standardisé et à une création ordinaire.

Si la même poignée de programmes est utilisée partout dans le monde, tous les graphistes seront tentés de produire un design uniformisé et de tomber, sous l'influence d'Internet, dans le piège d'une esthétique convenue et sans spécificité. Par ailleurs, si les nombreux outils de création de ces logiciels sont désormais automatisés, et donc accessibles à tous - alors qu'ils demandaient auparavant beaucoup de connaissances techniques -, la spécialisation devient superflue. Tout est à la portée de tous et celui qui peut tout est tenté de tout faire.

À l'origine des travaux actuels les plus intéressants, certains designers se font remarquer en renonçant aux outils numériques. Sarah de Bondt conçoit une *Newsletter* pour le British Council à l'aide d'un simple crayon et de papier, Stiletto photographie des objets en 3D faits à la main et Stefan Sagmeister « imprime » du papier journal avec un fer à repasser chaud. D'autres, parmi les meilleurs, s'ils convertissent leurs travaux en numérique, s'appuient sur une expérience artisanale. C'est le cas notamment du spécialiste de l'impression Michael C. Place ou d'Andrio Abero dont le style est né de sa pratique de la sérigraphie.

Ce sont ces travaux audacieux auxquels *Layout Look Book* a choisi de s'intéresser. Aucun critère réellement objectif n'a présidé au choix de ces réalisations. *Layout Look Book* ne s'est pas limité à un style particulier ni à certains formats ou méthodes. Il s'est plutôt attaché à présenter le travail émergent du *mainstream* du design imprimé, pour sa modernité, le raffinement de sa conception et l'élégance de ses idées.

Cependant, une fois parvenu à la fin de l'ouvrage, on peut constater que toutes ces réalisations ont des caractéristiques communes. De ces travaux émane une impression claire, que l'on perçoit comme juste et sans vanité. Ce n'est pas le design pour le design qui doit séduire, mais un design suffisamment affirmé qui sache s'effacer et rester en arrière-plan. Ceux qui réussissent à produire de tels travaux se distinguent par l'efficacité de leur langage visuel.

Layout Look Book s'attache plus particulièrement aux projets, mais comporte aussi quelques informations sur les créateurs et les studios qui leur ont donné le jour. Souvent, ce sont les designers eux-mêmes qui s'expriment et évoquent leurs méthodes de travail, leurs antécédents, leurs préférences et leurs aversions.

Cependant, ce sont leurs travaux qui parlent le mieux de ces créateurs, et *Layout Look Book* leur accorde une place privilégiée.

LA
SCA

REVUE

FAB MAGAZINE / MAY-JUNE 2004
TRUTHS AND ONE LIE
VERITÀ E UNA BUGIA

FAB Magazine // 2004-2005 //

Le Benetton Research Center on Communication « Fabrica », en Italie, est conçu comme un incubateur de talents et le rendez-vous international d'artistes prometteurs du design, du film, de la musique et du texte. Depuis mai 2004, le département de la communication visuelle de Fabrica publie la revue trimestrielle *FAB*. Le designer chinois Javon Mo, directeur du studio Milkxhake à Hong Kong, a été responsable des trois premières publications ainsi que du développement des logos. La revue est bi ingue (italien et anglais) et présente surtout des photos, des nouvelles et des interviews destinés à un public jeune.

IDEALS IDEALI
FAB / JAN-FEB-MAR 2005

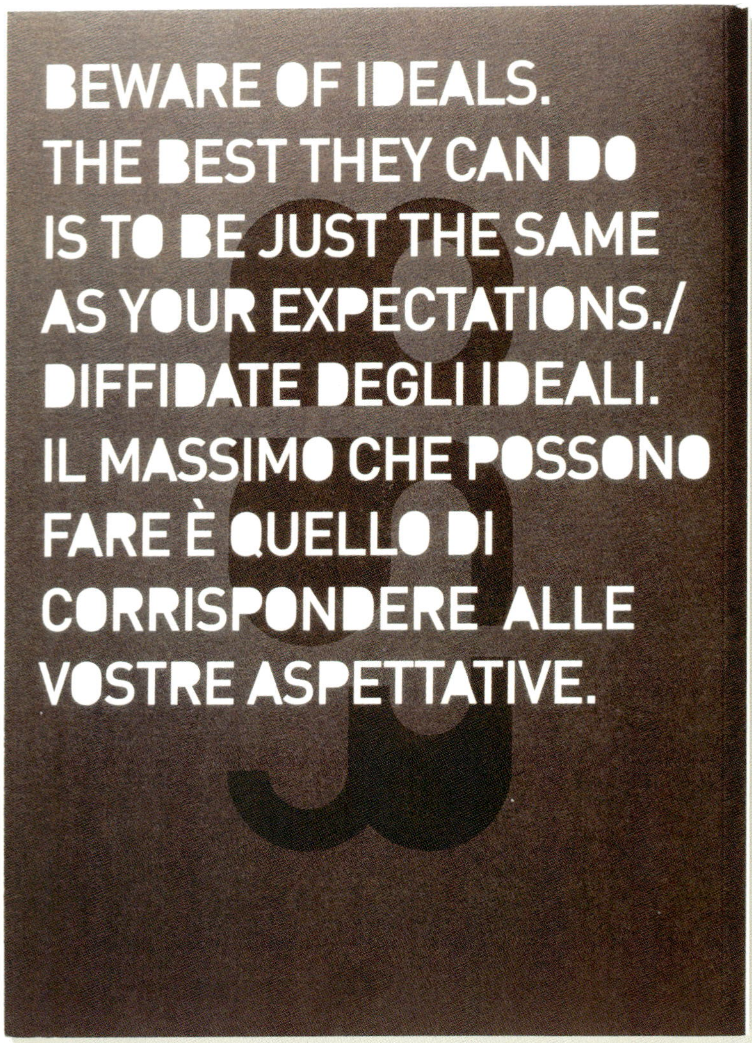
BEWARE OF IDEALS.
THE BEST THEY CAN DO
IS TO BE JUST THE SAME
AS YOUR EXPECTATIONS./
DIFFIDATE DEGLI IDEALI.
IL MASSIMO CHE POSSONO
FARE È QUELLO DI
CORRISPONDERE ALLE
VOSTRE ASPETTATIVE.

Fabrica is an ideal place and, like all ideal places, it stops being ideal as soon as it takes on real forms.
Fabrica è un luogo ideale e, come tutti i luoghi ideali, smette di essere tale non appena prende sembianze reali.

Ideal work: work and have fun
Il lavoro ideale: lavorare e divertirsi
* we're still alive

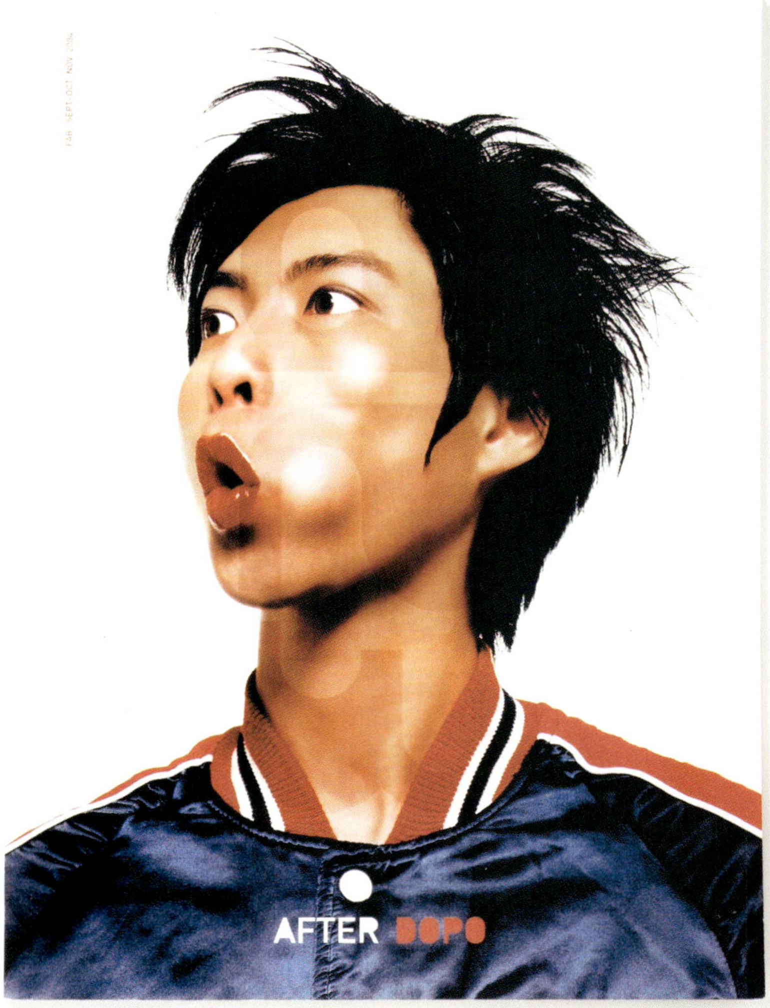

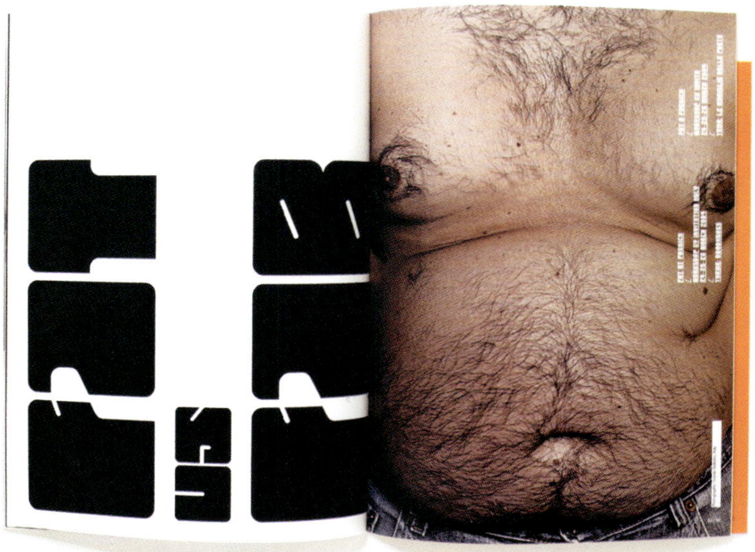

Milkxhake // Hong Kong, Chine // www.milkxhake.org //

Notre devise : « le mélange rend le monde meilleur ». Le « Mix » a toujours fait partie de notre culture, donc notre design est lui aussi un « Mix ». Nous sommes Chinois, mais nous avons grandi sous une forte influence des cultures orientale et occidentale. Le fossé entre l'Orient et l'Occident ne nous intéresse pas vraiment, ce sont les idées intéressantes qui font un bon design. Tout peut être source d'inspiration. Notre environnement de travail est chaotique ; nos bureaux sont couverts de livres et de magazines de design... Un conseil que nous donnerions: « Sois toi-même et crois en ton travail. Ce qui compte, c'est la réflexion, le rêve et le Mix... »

BEople
a magazine
about a certain
Belgium
NOV 01 DEC 01 JAN 02
Europe € 9
US $ 8.25
UK £ 5.60
Belgium BEF 363
France FRF 60
Germany DM 18
Spain PTS 1500
Holland NFL 19.83
Switzerland CHF 13.50
Italy L 17 500
01

***BEople* magazine //**

Le titre de la revue *BEople* publiée par l'entreprise de design Base de Bruxelles est un acronyme de « Belgian People », ce qui donne immédiatement une indication sur le contenu de la publication trimestrielle : un regard sur des personnalités belges s'illustrant dans tous les secteurs créatifs comme le design, la musique, l'art, la science, la mode ou le sport. Outre sa qualité rédactionnelle, *BEople* se distingue aussi des autres magazines concurrents par diverses singularités créatrices. Par exemple, un cercle blanc couvre toujours le visage du mannequin qui figure sur la page de titre, ce qui déplace instantanément le regard sur le titre du magazine.

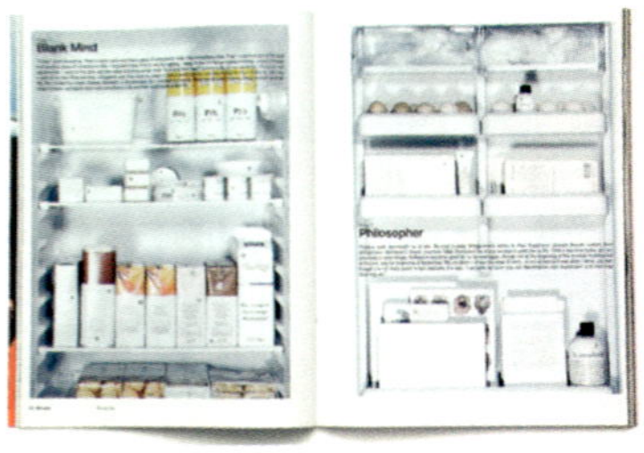

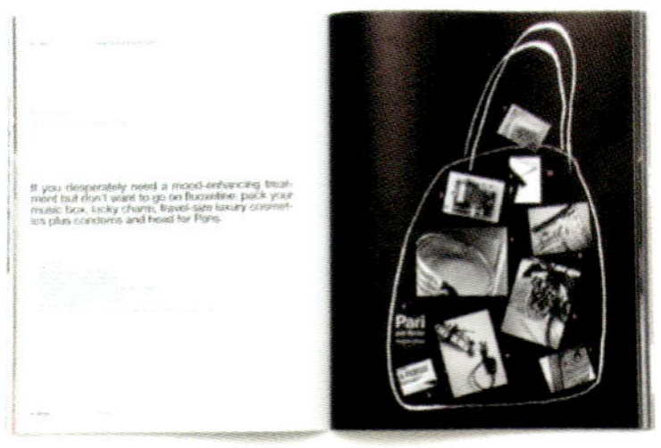

Base // Bruxelles, Belgium // New York, États-Unis // Barcelone, Spain // Madrid, Spain // Paris, France // www.basedesign.com //

Avec des bureaux à Bruxelles, New York, Barcelone, Madrid et Paris, BASE est un grand studio de design qui compte environ 35 collaborateurs. Créé en 1993 à Bruxelles, il s'est spécialisé dans la direction artistique et le développement de marque. En 2004, BASE s'est agrandi d'une rédaction, BaseWORDS ; en 2005 se sont ajoutés le département film et animation BaseMOTION, ainsi que BaseLAB, où sont essentiellement développées, sur mesure, des polices de caractères. Les compétences de Base sont aujourd'hui nombreuses et peu de domaines échappent à son expertise : de la conception de caractères et de logo aux animations et au film, en passant par les identités visuelles d'entreprise et les campagnes publicitaires complexes pour des multinationales. Base réalise par ailleurs des projets plus personnels, comme le *BEople Magazine* ou un ouvrage sur le photographe de mode Serge Leblon.

et Thee to
Nunery

Starting
A
CHARITY
is
SURPRISINGLY
EASY

.copy // 2005 //

Le contenu du magazine de l'entreprise de télécommunications autrichienne Telekom Austria est divisé en six sujets, nommés « labs », séparés par des doubles pages. Ces différents articles sont dédiés à l'art et, chaque mois, le directeur artistique du magazine fait appel à un artiste de renom international. Le graphiste vivant à New York Stefan Sagmeister a conçu plusieurs de ces sujets. Dans l'exemple montré ici, les doubles pages distribuées dans le cahier forment la phrase « Starting/a/charity/is/surprisingly/easy ».

Sagmeister Inc. // Stefan Sagmeister // New York, États-Unis // www.sagmeister.com //

Sagmeister Inc. est un petit studio de design situé à New York qui, contrairement à nombre de ses concurrents, ne souhaite pas s'agrandir. Stefan Sagmeister, fondateur de ce studio et designer souvent primé pour ses travaux, considère qu'il a ainsi la chance de pouvoir choisir ses clients et de travailler avec le même investissement dans chaque projet. Après des études à Vienne et à New York, il a travaillé pour Leo Burnett à Hong Kong et pour Design-Ikone, avant d'ouvrir en 1993 son propre studio. Ses travaux pour des groupes de musique comme les Rolling Stones, Aerosmith, Lou Reed, Pat Metheny et d'autres, ont obtenu des grands prix de design internationaux et quatre Grammy Awards. En 2000, malgré son succès, Sagmeister s'est offert une année sabbatique pour avoir le temps de mener des expériences et de produire un livre. Par la suite, voulant mettre en évidence la responsabilité sociale de la création, il mit son travail au service d'entreprises socialement responsables. L'atout de Sagmeister : des idées engagées, souvent humoristiques et surprenantes, et volontairement basées sur des concepts forts.

ANNI KUAN
HAPPILY INVITES YOU IN THIS YEAR OF THE HORSE TO THE FASHION COTERIE TO PREVIEW THE FALL AND WINTER 2002 COLLECTION
FROM SUNDAY, FEB 24 2002 TO TUESDAY, FEB 26 2002, PIER 92, BOOTH #1638, NEW YORK CITY
REPRESENTED BY
CYNTHIA OCONNOR & COMPANY
147 WEST 36TH STREET, SUITE 12A
NEW YORK CITY, NY 10018
TEL 212·594 4999 FAX 212·594 0770
ANNI KUAN
ANNI KUAN STUDIO
242 WEST 38TH STREET
11TH FLOOR
NEW YORK CITY, NY 10018
TEL 212·704 4038
FAX 212·704 0651

ANNI KUAN

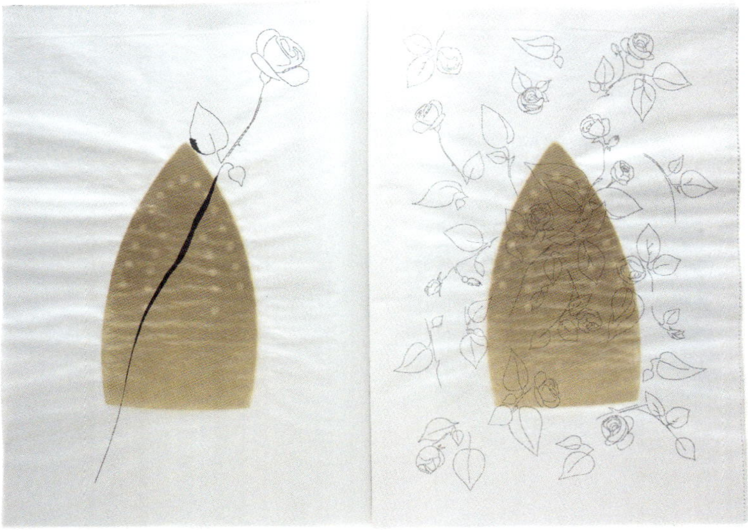

Anni Kuan // 2002 // 2003 //

Pour sa première brochure publicitaire, la styliste de New York Anni Kuan disposait d'un budget à peine suffisant pour l'impression de cartes postales. Le studio Sagmeister Inc. a résolu le problème en s'adressant à une imprimerie spécialisée dans l'impression des journaux, moins chère. Chaque exemplaire fut ensuite plié, pour 12 cents, par un étudiant sur un cintre puis emballé dans du film plastique comme un vêtement. Anni Kuan est restée fidèle à Sagmeister Inc. pour les projets suivants : au cours de l'année chinoise du Cheval, lors de la présentation de la collection, des petits chevaux en plastique ont été enveloppés dans une feuille de papier journal, sur laquelle était imprimée l'invitation et un aperçu de la collection. Pour le catalogue d'hiver 2003, Sagmeister Inc. a développé une « méthode d'impression » originale et économique : une empreinte caractéristique a été appliquée à l'aide d'un fer à repasser à travers les 16 pages de papier journal du catalogue.

***Plus 81** //*

La revue de design *Plus 81* tient son nom du préfixe téléphonique international du Japon et marque ainsi son origine, Tokyo. Cette revue trimestrielle présente essentiellement des designers et des artistes de renom international à travers des interviews et des portfolios. L'objectif de l'éditeur Satoru Yamashita est aussi de présenter efficacement des créatifs importants ainsi que leurs œuvres. Les cahiers *Plus 81 E Code*, qui accordent une place prépondérante aux thèmes écologiques en relation avec le design, complètent aujourd'hui la revue *Plus 81*. Satoru Yamashita s'engage aussi à travers des articles défendant les techniques de production écologiques pour les différents secteurs de la communication visuelle. La revue *Plus 81* paraît en anglais et en japonais.

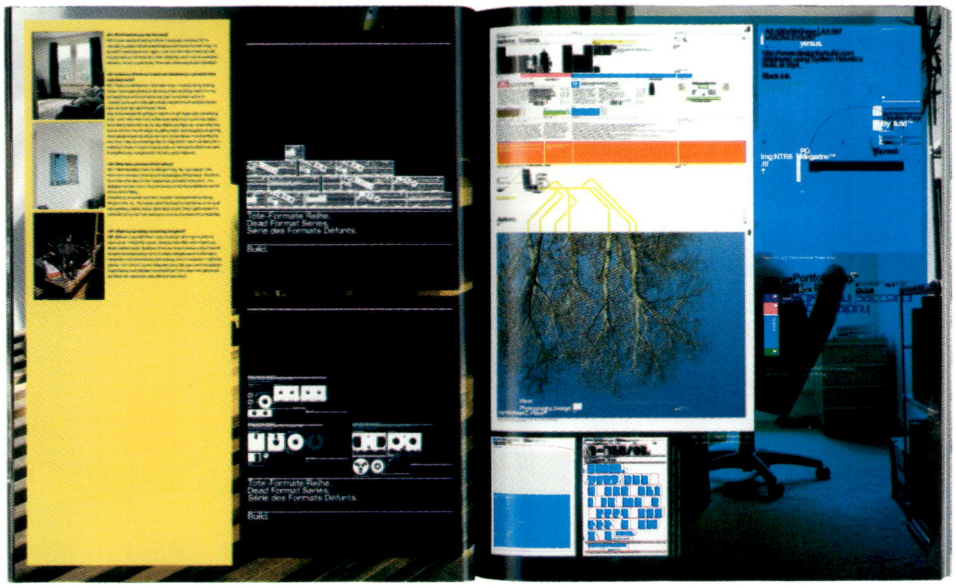
Tote-Formate Reihe.
Dead Format Series.
Série des Formats Défunts.
Build.
Tote-Formate Reihe.
Dead Format Series.
Série des Formats Défunts.
Build.

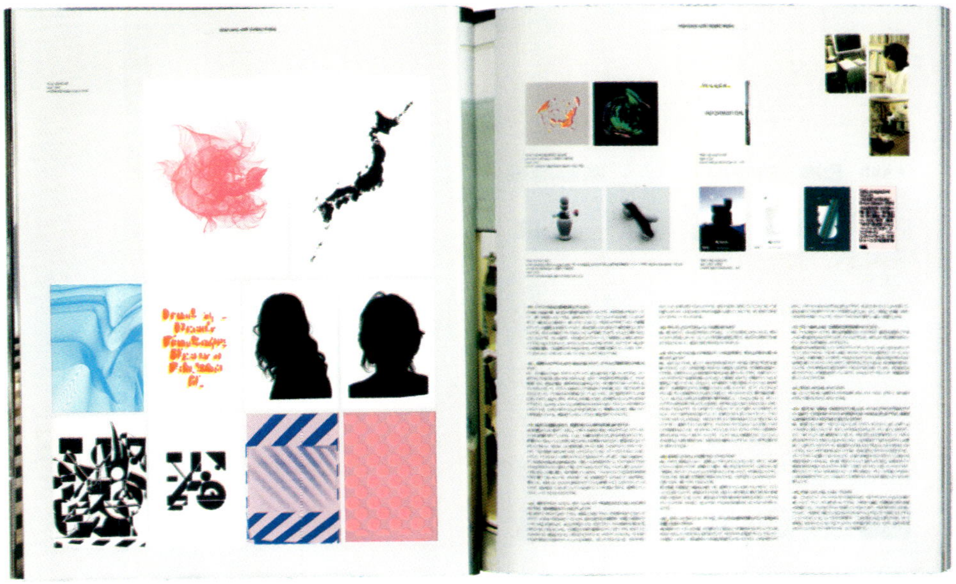

A2-GRAPHICS/SW/HK

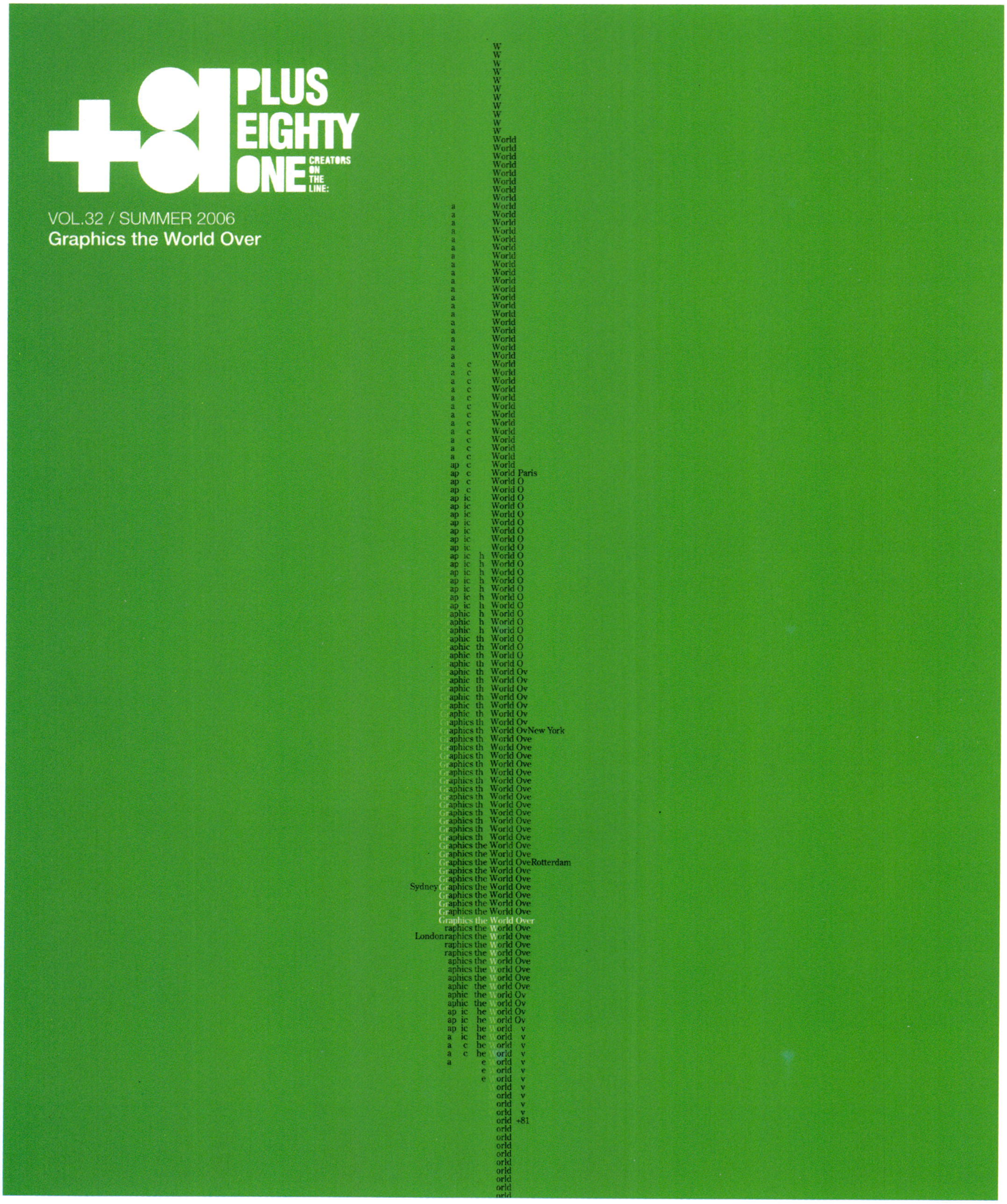

***Plus 81* magazine** // Satoru Yamashita // Tokyo, Japon // www.plus81.com //

Je crois qu'il est important que les jeunes graphistes observent et ressentent le plus grand nombre possible d'œuvres de qualité – d'hier comme d'aujourd'hui. L'une des premières influences a été l'œuvre de Makoto Saito (célèbre graphiste de Tokyo, dont les affiches ont rejoint les collections permanentes des plus grands musées du monde, dont le MoMA de New York, le Museum of Modern Art de San Francisco et bien d'autres encore). Un design imprimé réussi doit être attrayant et beau, tout en faisant preuve d'originalité et d'une touche de provocation.

Mes sources d'inspiration ? L'art et la nature. Mon environnement de travail ressemble à une cabine de bateau. Mon credo : si vous n'arrivez pas à faire avancer les choses en une semaine, vous n'y arriverez jamais.

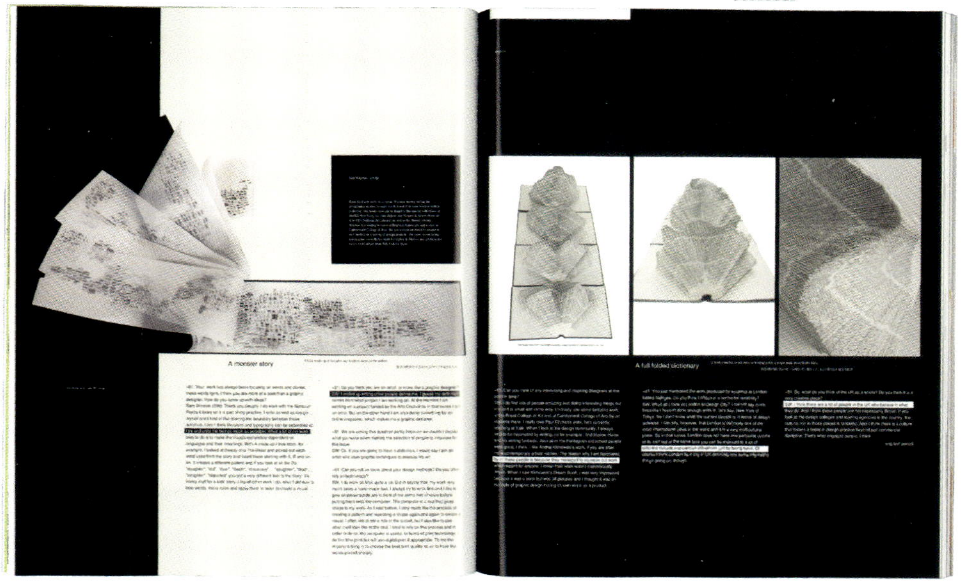
A monster story
A full folded dictionary

Vince Frost
Frost Design
Frost*bite

Interview with Michael Rock from
2×4 Inc.
Interview with Michael Rock from 2×4 Inc.
GUILT people worldwide are dedicated to turning ___ into products and services that take on some of ___'s toughest problems.
Primary
Secondary
Everyone. Everything.
91

les Inrocks
mode
SYLVIE
BRIAN
HEDI

Inrocks Mode //

Dans un supplément de 16 pages pour la revue culturelle française *Les inrockuptibles*, le designer parisien Laurent Fétis met en scène une sélection de stylistes, artistes et musiciens internationaux dont le travail se réfère artistiquement au monde de la haute couture et inaugure ainsi un regard peu banal sur le monde à paillettes du prêt-à-porter.

Laurent Fetis // Paris, France // www.laurentfetis.com //

Laurent Fétis est né en 1970, a étudié à l'École nationale d'architecture à Versailles et à l'École nationale des arts décoratifs à Paris. Il a ouvert son propre studio de design en 1999. En tant que graphiste, il travaille dans des domaines très divers, des supports d'impression pour musiciens et artistes aux campagnes pour des trusts internationaux en passant par les titres de film pour Roman Coppola. De grandes galeries et des musées de renom de Paris à Tokyo exposent ses travaux, et un livre sur son œuvre a été publié sous le titre *ABC* + en Allemagne par Die Gestalten Verlag. Mon travail est très intuitif. Les styles et les modes ne m'intéressent pas. Je travaille sur des concepts. Chacun de mes travaux résulte d'une idée très forte de mon projet. Ce qui m'inspire ? La vie.

NEO2
CREATIVE GENEORATION Marzo 2006 3€ (Spain)
España: 3€
Portugal: 4€
France: 6€
England: 4£
Italy: 4,13€
Holland: 6,27€
Austria: 5,15€
USA: 7$
Switzerland: 10Fs
Morocco: 60Mad
Canada: 10,25$Can
51
JOE COLOMBO
PETER SAVILLE
SPIKE LEE
ASCII DISKO
BRET EASTON ELLIS
VIAJAR POR ESPAÑA
ARTE CHINO
MULTICOLOR
51
MODA x NEO
COLECCIONES

Neo2 //

Ramon Fanc, Javier Abio et Ruben Manrique du studio de design espagnol Ipsum Planet sont les éditeurs et graphistes de la revue *Neo2*. Au cours des treize dernières années, lentement mais sûrement, ils l'ont fait évoluer de la petite revue locale à une revue internationale. La première édition, parue en 1993 sous le titre *Neomania*, était un fanzine de 64 pages en bichromie. Avec une édition bilingue tirée à 60 000 exemplaires et une distribution internationale, *Neo2* est aujourd'hui considérée comme la revue espagnole de tendance la plus importante. Les principaux sujets sont le design, l'architecture, la musique et l'art.

NEO2
FASHION POR LO NUEVO
SEPTIEMBRE 2003 _ 3€ (Spain)
BILINGUAL: SPANISH & ENGLISH MAGAZINE
30
must lo +
para otoño/invierno
9 771138 562005 00030
30
Portugal:3,39€ Korea:20.000Won France:6€ Germany:6€
England:4£ Italy:4,13€ Holland:6,27€ Austria:5,15€ USA:7$
Switzerland:10Fs Morocco:60Mad Canada:10,25$Can

ADNEO

VELVETBANANA

MODA 028

YO, SI FUERA DISEÑADOR, HARÍA CAMISETAS. COMO GARY FERNÁNDEZ. BUSCARÍA UN BUEN CONCEPTO, Y HARÍA CAMISETAS. COMO GARY FERNÁNDEZ. LUEGO CREARÍA UNA BUENA IMAGEN DE MARCA, CON FOTOS CHULAS. COMO GARY FERNÁNDEZ

El concepto de las camisetas VelvetBanana es la música pop-rock: diseños que pretenden reflejar la energía y vitalidad de los conciertos de las bandas favoritas de los fundadores de esta nueva firma de camisetas, Gary Fernández y Nina Zieling. Gary se ocupa más de la parte creativa, y Nina de los negocios. El nombre de la marca supongo que es cosa de Gary: un homenaje a la Velvet Underground, y su primer álbum, Banana. La primera colección de VelvetBanana ya está en la calle. Una pequeña localidad americana próxima a Detroit, Ann Arbor, sirvió de decorado e inspiración para su creación durante el verano 05. Precisamente donde nació Iggy Pop. De hecho esta primera colección es un homenaje a esta leyenda del pop-rock. Por supuesto, la colección tiene banda sonora: Iggy Pop & The Stooges, Interpol, The White Stripes, The Strokes, Bloc Party, Kasabian, Yeah Yeah Yeahs, The Dirtbombs, Blood Brothers, Starling Electrics, Air, Kills, Kings of Leon y Black Rebel Motorcycle Club. Pues eso, me parece muy bien que hagan camisetas. Al fin y al cabo es lo que nos ponemos, para todo, para estudiar, para currar y para bailar.

<www.velvetbanana.net>

Ipsum Planet // Madrid, Espagne // www.neo2.es //

Ipsum Planet a été fondée en 1994 par Ramón Fano, Javier Abio et Rubén Manrique. Les premiers travaux gravitaient autour des maisons de disques et des nightclubs. Aujourd'hui, la société travaille dans les milieux de la mode et des arts.

Qu'est-ce qui fait la qualité d'un design imprimé ? Une bonne idée appliquée de façon cohérente pour répondre aux besoins d'un client ou d'un produit. De la recherche. De l'originalité. Un bon imprimé.

Notre devise ? Javier Abio : Trouver l'équilibre entre le travail qui vous permet de gagner votre vie et celui qui vous permet de créer des choses intéressantes. Ruben Manrique : Fais de ton mieux. Et si tu n'arrives pas à faire ce qu'il y a de mieux, au moins tu auras essayé. Ramón Fano : S'amuser dans ce qu'on fait !

Quel conseil donnerions-nous aux étudiants en art graphique ? Ramón Fano : Prenez du plaisir en travaillant. Ruben Manrique : Écoutez bien ce que disent vos professeurs et faites ce qui vous plaît. Javier Abio : Voyagez, cuisinez, consommez tous les visuels qui vous entourent, laissez tomber la 2D et créez en 3D.

Les cinq choses dont nous raffolons :

Ramón : « Flirter / Ma conjointe / *Neo2* / Mon fotolog / Mes amis »

Javier Abio : «Les plantes / Les magazines / La nourriture/ Le design / Internet »

Ruben Manrique : « Mes enfants / La nature / Le VTT / Les fêtes / Le bon vin »

SLEAZENATION
Inside Vice City
The exclusive story, gossip and secrets behind the new Grand Theft Auto
UK Bass
Miami to Milton Keynes: In booty we trust
Urban warfare
Takin' it to the streets
THE HEAT IS ON
Corey Feldman
Zippy & George
Erlend Øye
Yohji Yamamoto
Bobby Conn
JAN/FEB 2003 £3.95 MADE IN THE UK
Crack Village
The Majesticons
Chiwete Ejiofor
Ray Johnson
Readers Wifes

BACK TO THE OLD SCHOOL

TERRORISM'S FIRST WAVE

text JACK SARGEANT

The late 60s were an unhappy era. In the US and on the streets of Europe crowds of thousands – largely, but not exclusively, made up of students – were protesting against the war in Vietnam, demanding civil rights for racial minorities, and criticising western governments' support (both overt and covert) for oppressive regimes in the developing world.

For some, the possibility of a revolution – and their hatred of the overall direction the system was heading in – meant that capitalism and the war lobby had to be overcome. By any means necessary.

Radical urban guerrilla groups began heading underground to prepare for action against the military machine, the police, and the very State itself. Their exact aims varied, but they were mostly young, ideologically driven, and violent. These now-obscure groups shocked the world and set the stage for the rise of international terrorism in the 1970s, an era fondly remembered by some as The Golden Age of Terrorism.

Those days seem long gone. It's hard to imagine a significant group of people getting excited about any single subject, let alone enough for that issue to spawn violent new cells of extremists. There's no black and white anymore, no clear right and wrong; everything seems to have gone grey. We hate Nike using slave labour but we like wearing their trainers. We're opposed to the notion of a "war on terror," yet we don't want a British September 11. We don't like the idea of invading Iraq, but it has to be done. Doesn't it?

The Iraq issue has the unique potential to forge a new unity amongst a large enough mass of people to stir radicals into action. The last time the US was actively involved in a protracted military campaign to change something they didn't like somewhere else in the world, was in Vietnam. 30 years later, George Bush is planning to do the same thing all over again, whether it's in the name of fighting terrorism, breaking up OPEC or, most alarmingly of all, instigating "regime change." This last is very reminiscent of Vietnam and may at last provide us with something to really get angry about. While Sleaze encourages a peaceful and non-violent solution, we feel it timely to look back at the original guard. The tragedy of these proto-terror groups was in their uncritical embracing of violence. Acting as judges, juries, and executioners, they set themselves up as forces that assumed the moral right to exact justice on the forces of oppression, but in doing so failed to understand that they were enacting the same kind of casual brutality they accused the State of engaging in. Beholden to bombs, guns, kidnapping, hijackings, and cold-blooded murder, these terror groups, rather than offering a genuine alternative, merely iterated the same

078 SLEAZENATION

SLEAZENATION 079

Text Chris Hatherill
Photography Ewen Spencer

The death of COOL

Taking the piss out of cool things is often the coolest thing you can do. It's something we at Sleaze are all in favour of, and it's something the fanzine Shoreditch Twat does superbly well. So, when we found out the Twats had somehow managed to wangle themselves a slot on national telly, we thought we'd spend a bit of time getting to know them that little bit better...

If you've spent any amount of time in a certain neighbourhood in London you'll likely already know about the Shoreditch Twat, the 333 flyer that became a 333 club listing that became a cult monthly fanzine published by 333 (the infamous nightclub located smack-bang in the middle of the area perceived by many as London's, ahem, 'epicentre of cool').

From printing Guy Ritchie's mobile number to printing Judge Jules' mobile number, the select crew behind the Twat (including a fair number of Sleaze-affiliated types) have managed to out-entertain most

086 SLEAZENATION

SLEAZENATION 087

Sleazenation //

Sleazenation était une revue mensuelle de lifestyle londonienne dont le slogan, « An ideal for living through fashion, art, music and design », ne suggère pas seulement le contenu du magazine, mais aussi l'humour et la dérision. Le designer londonien Patrick Duffy a travaillé trois ans pour *Sleazenation* et a largement contribué au look et au succès de la revue. Il a d'abord travaillé sous la direction artistique de Scott King avant de devenir lui-même directeur artistique, jusqu'à ce qu'il quitte la revue en 2003 pour s'intéresser à d'autres projets.

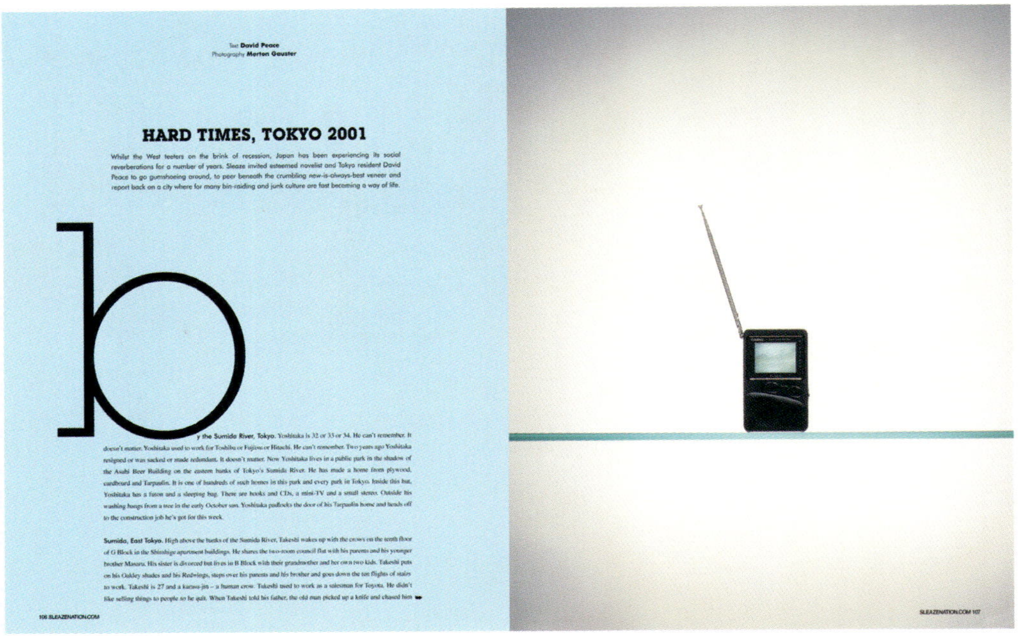

Art direction // Scott King

SLEAZENATION
Inside Vice City
The exclusive story, gossip and secrets behind the new Grand Theft Auto
UK Bass
Miami to Milton Keynes: In booty we trust
Urban warfare
Takin' it to the streets
THE HEAT IS ON
Corey Feldman
Zippy & George
Erlend Øye
Yohji Yamamoto
Bobby Conn
JAN/FEB 2003 £3.95 MADE IN THE UK
Crack Village
The Majesticons
Chiwete Ejiofor
Ray Johnson
Readers Wifes

FUSED MAGAZINE
ISSUE 24
MUSIC, FUNCTION, FASHION
LIFESTYLE, DESIGN, ART, CULTURE
HTTP://WWW.FUSEDMAGAZINE.COM
HTTP://WWW.FUSEDMAGAZINE.COM/STORE
Goldfrapp
Supergrass
Broadcast
The Coral
ArtBrut
Elbow
SAA

Fused Magazine //

Le *Fused Magazine* est une revue culturelle et d'art de vivre publiée à Birmingham, en Angleterre. La musique, l'art, la mode et la culture y sont les principaux sujets traités. L'ancien étudiant en art David O'Coy a créé cette revue en 2000. Son ambition était de créer une revue de grande qualité en termes de contenus et de design, malgré son caractère gratuit. Ainsi, contrairement à nombre de revues gratuites, le *Fused Magazine* a été conçu dès l'origine avec un grand souci du détail et imprimé de manière irréprochable sur du papier de grande qualité. Des graphistes célèbres du monde entier ont collaboré aux illustrations. La marque de fabrique de la revue est l'absence de photographie sur la couverture : le *Fused Magazine* utilise exclusivement les illustrations pour ses titres, ce qui le distingue clairement des produits concurrents. Ces illustrations sont si populaires qu'elles sont reprises sur des affiches, des flyers, des t-shirts et, selon les dires – non confirmés – de David O' Coy, même sur les murs du bureau de Brad Pitt.

FUSED
MAGAZINE
ISSUE 26
MUSIC, FUNCTION, FASHION
LIFESTYLE, DESIGN, ART, CULTURE
HTTP://WWW.FUSEDMAGAZINE.COM
HTTP://WWW.FUSEDMAGAZINE.COM/STORE
INCLUDES 2006 CALENDAR!
Tommy Lee
The Ordinary Boys
Sarah Lucas
Coldcut

LADYTRON

PETE FOWLER

VAULT49

RON JEREMY/ DEEP THROAT

BRUTE NO. 4
FOR THE MAN WHO KNOWS WHAT HE WANTS $3
SENSATIONAL TWO PAGE FULL COLOR CENTRE SECTION
SUNGLASSES £4.00 NEW LOOK SALE
EXCLUSIVE EVERYTHING A MAN NEEDS TO KNOW ABOUT WOMEN'S LIB
UNDERWEAR FROM A SELECTION AT DEBENHAMS
FOR THE ADULT READER

Frolic
VOL. 1 ISSUE 3
PRICE ONE DOLLAR
ADULTS ONLY
Glamour Girls For The Discerning Gent
ORANGE BUTTERFLY CLIP STYLIST'S OWN
GREEN POLKA-DOT NIGHTWEAR VEST AND FRILLY PANTIES £5.00 LA SENZA SALE
ORANGE BT 700 SERIES TELEPHONE £65.00 URBAN VILLAGE
WHITE SCHOOL SOCKS £5.00 FOR PACK OF 5 MARKS & SPENCERS
Intimate close-ups of Britain's most intimate girls

Fused Magazine // Birmingham, Royaume-Uni // www.fusedmagazine.com //

Mes premières influences ? Quand j'étais étudiant aux Beaux-Arts, j'ai été extrêmement influencé par Warhol, Larry Rivers et les artistes du Pop Art. Sans oublier la théorie de Malcolm McLaren selon laquelle tout doit inclure les 3 S : Sexe, Style et Subversion. Ajoutez une touche de John Waters et de musique électro-pop du début des années 1980, et vous y êtes ! Nos bureaux sont situés dans une pépinière de « créateurs » appelée The Greenhouse (la Serre). Les murs du siège de *Fused* sont tapissés d'agrandissements d'anciennes couvertures et d'illustrations produites par Newtasty. Nos bureaux sont chargés de centaines de livres d'art et de design, de piles de CD et de magnifiques ordinateurs Apple de toutes les couleurs.

Un design de qualité est un design élégant. Rien de trop compliqué ni de trop brouillon. Les gens ont souvent peur du blanc. Nous, on adore !

Mes cinq coups de cœur ? La liste change à chaque instant. Pour le 28 avril 2006 à 15 h 34, ce sont : Copter (www.coptercentral.com) / Jeremyville (www.jeremyville.com) / Nick Cave / Charles Bukowski / Primal Scream

Kitten catalog // 2001 //

Le look Streetwear décontracté de la marque australienne Kitten, créée en 1999, se singularise par l'élégance des illustrations qui sont imprimées sur ses t-shirts. Quelques-unes de ces illustrations proviennent du studio de design Rinzen, qui a également élaboré le catalogue de la collection été 2001. Dans ce catalogue, Rinzen abolit les frontières entre l'illustration et la photographie, et transpose ainsi le look tendance dans le design imprimé. Il en résulte que le catalogue n'est plus seulement destiné à présenter les vêtements, il devient lui-même un objet de la mode.

KITTEN

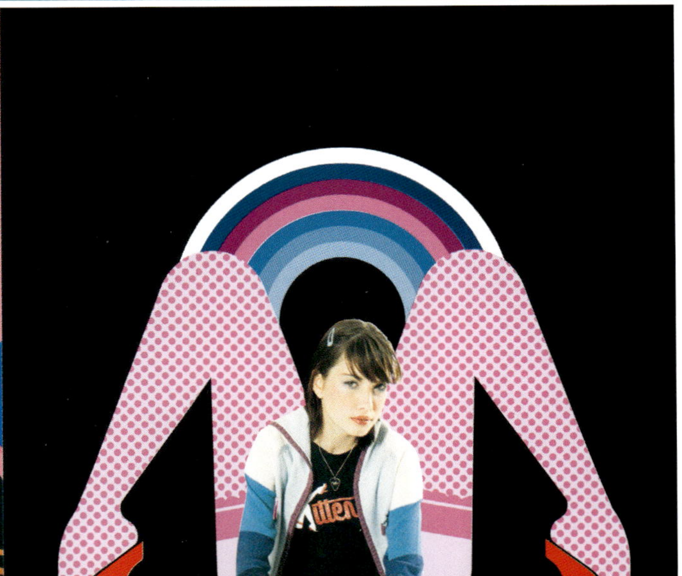

KiTTEN
KiTTEN

***Territory* //**

Derrière le *Territory* Design Bookazine se cache l'équipe de designers malaisiens du Bigbrosworkshop. Ils ont conçu leur revue multimédia comme un terrain de jeux pour des designers sélectionnés dans le monde entier. L'attention se porte autant sur les nouveaux talents de Malaisie que sur les designers plus établis. Chaque publication est consacrée à un sujet précis et donne carte blanche aux designers présentés. De la revue locale confidentielle, le *Territory* Design Bookazine est devenu, en quelques éditions, un objet culte rapidement épuisé. Aujourd'hui, il est considéré comme la première revue de design malaisienne à l'échelon international.

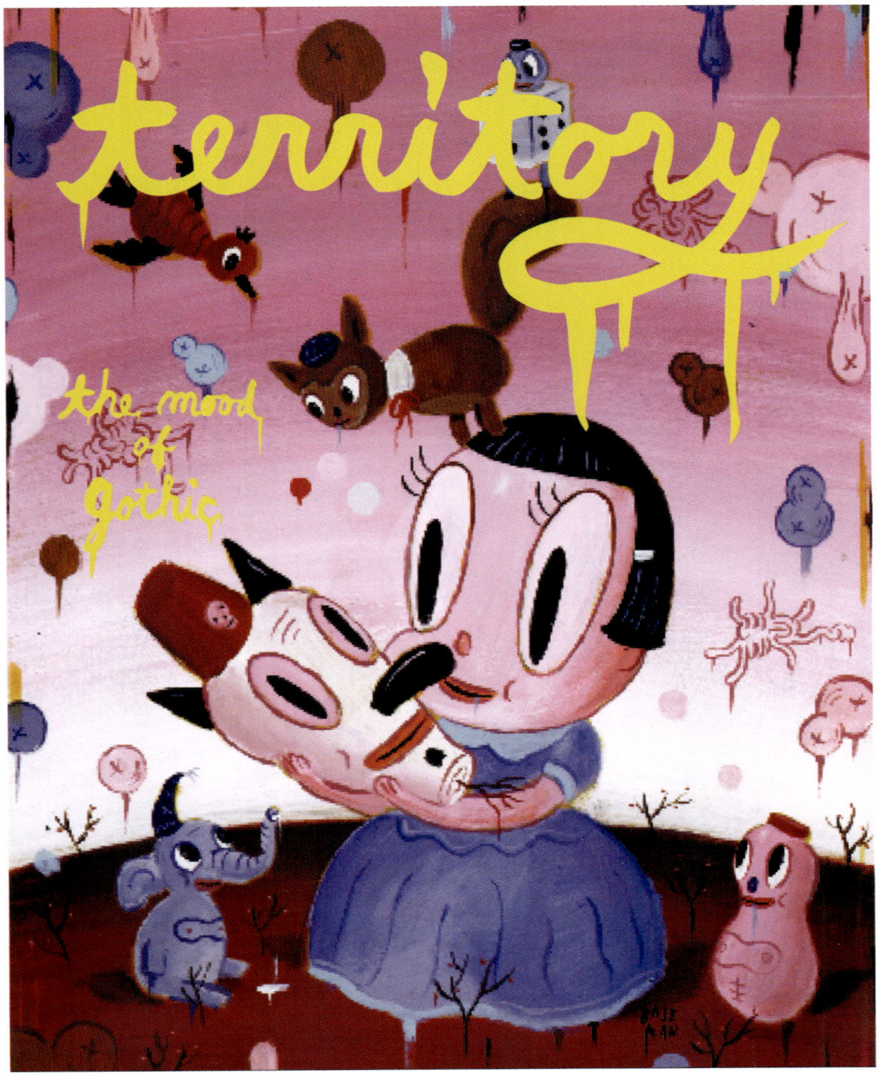

Bigbrosworkshop // Kuala Lumpur, Malaysia // Nouvelle-Zélande // www.bigbrosworkshop.com //

Pour moi, le jeu constitue l'environnement idéal pour la créativité. Chez BBWS, il est normal de s'amuser en travaillant. Mon univers de travail ressemble plus à un entrepôt qu'à une véritable agence de design. Il s'apparente plus à une usine en sous-sol. Au fil des années, j'ai collectionné de nombreux jouets et je les étale sur mon bureau – et ailleurs. J'entasse aussi des autocollants, des papiers, des crayons, des vitamines, des livres, des cigarettes et des dossiers. Dans les premières années, j'ai subi l'influence de la communauté du design locale et de la culture du travail de la région – un milieu (c'est triste à dire) un peu lent et sans grande confiance en soi. Cela m'a obligé à m'aventurer vers de nouvelles idées et de nouveaux concepts. Un bon design imprimé est un design qui donne confiance aux gens. Mon pire cauchemar, c'est d'avoir à organiser une conférence sur le design. Cela me met beaucoup de pression sur les épaules. Pour moi, c'est un immense défi que d'avoir à gérer des tâches généralement effectuées par cinq personnes.

Cinq choses que j'adore : J'adore les gens qui ont des pensées et des idées folles / J'adore les manèges à sensations fortes / J'adore les jouets et les produits branchés / J'adore la nourriture / J'adore développer des produits branchés!

The Very First Magazine 2006 //

Le fabricant de papier Antalis Ltd, qui opère dans le monde entier, a commandé au studio Milkxhake un calendrier pour l'année 2006. Au lieu de réaliser un calendrier conventionnel, les graphistes de Hong Kong ont associé le concept du calendrier avec celui de la revue et ont créé *The Very First Magazine 2006*. L'ensemble est constitué d'une revue par mois de l'année. Chaque cahier a été conçu par un autre designer de la zone Asie-Pacifique. Le résultat reflète les acquis et les styles des designers de Hong Kong, de Chine, de Singapour, de Malaisie et de Thaïlande. Malgré une édition limitée à 1 000 exemplaires, le projet a retenu l'attention du milieu du design lorsque Milkxhake a mis la revue sur un site Internet en téléchargement libre.

THE VERY FIRST MAGAZINE 2006
JAN ISSUE
REX KOO HONG KONG
antalis

20

THE VERY FIRST MAGAZINE 2006
FEB ISSUE
PENG&CHEN CHINA
antalis

THE VERY FIRST MAGAZINE 2006
MAR ISSUE
DANIEL KOH, UNIT STUDIO SINGAPORE
antalis

Real LOSER

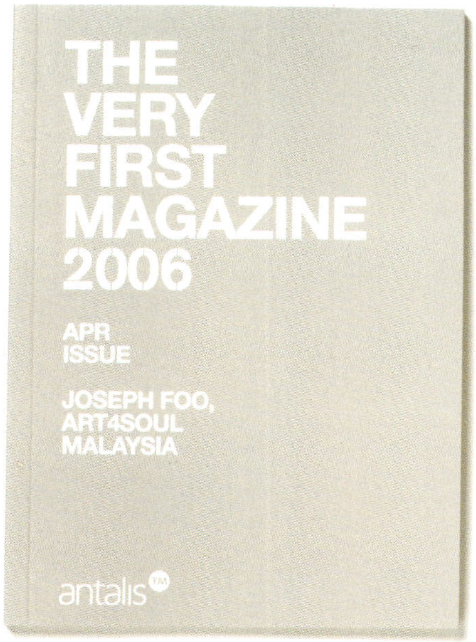
THE VERY FIRST MAGAZINE 2006
APR ISSUE
JOSEPH FOO, ART4SOUL MALAYSIA
antalis™

THE VERY FIRST MAGAZINE 2006
MAY ISSUE
B.O.R.E.D. THAILAND
antalis™

14
God dies
15
Man lives

THE VERY FIRST MAGAZINE 2006
JUN ISSUE
TOPAZ HONG KONG
antalis™

THE
VERY
FIRST
MAGAZINE
2006
JUL
ISSUE
JIANG JIAN
CHINA
antalis

425.-
FCUK
SALE
WHERE IT'S ALL COMING OFF!

THE
VERY
FIRST
MAGAZINE
2006
AUG
ISSUE
MOMOROBO
SINGAPORE
antalis

THE
VERY
FIRST
MAGAZINE
2006
SEP
ISSUE
+CLICKPROJECT
MALAYSIA
antalis

FREE RIDE FOR MERRY-GO-ROUND
ROCK N' ROLL STAR PLAYED IT LOUD

THE
VERY
FIRST
MAGAZINE
2006
OCT
ISSUE
FFURIOUS
SINGAPORE
antalis

MOMOROBO

THE
VERY
FIRST
MAGAZINE
2006
NOV
ISSUE
MILKXHAKE
HONG KONG
antalis

THE
VERY
FIRST
MAGAZINE
2006
DEC
ISSUE
GUANG YU
CHINA
antalis

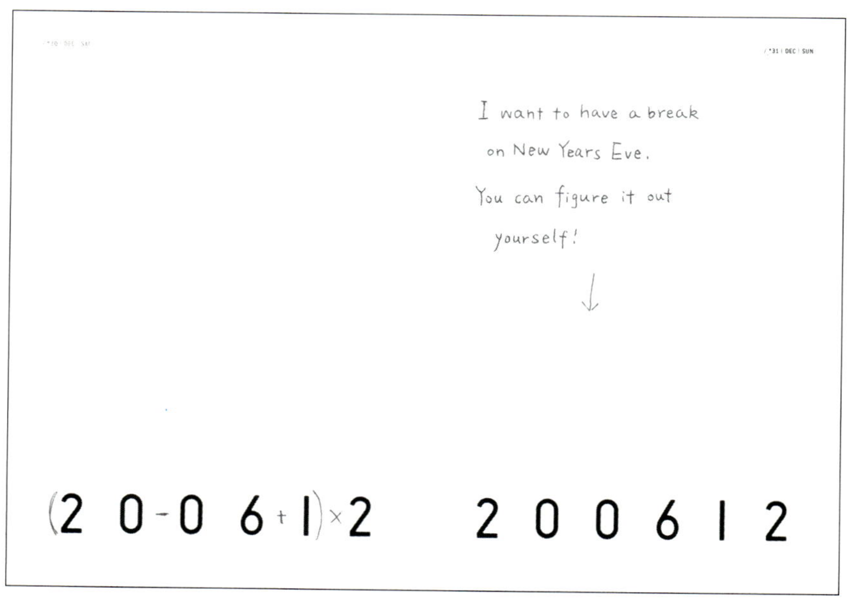
I want to have a break
on New Years Eve.
You can figure it out
yourself!
(2 0-0 6+1)×2
2 0 0 6 1 2

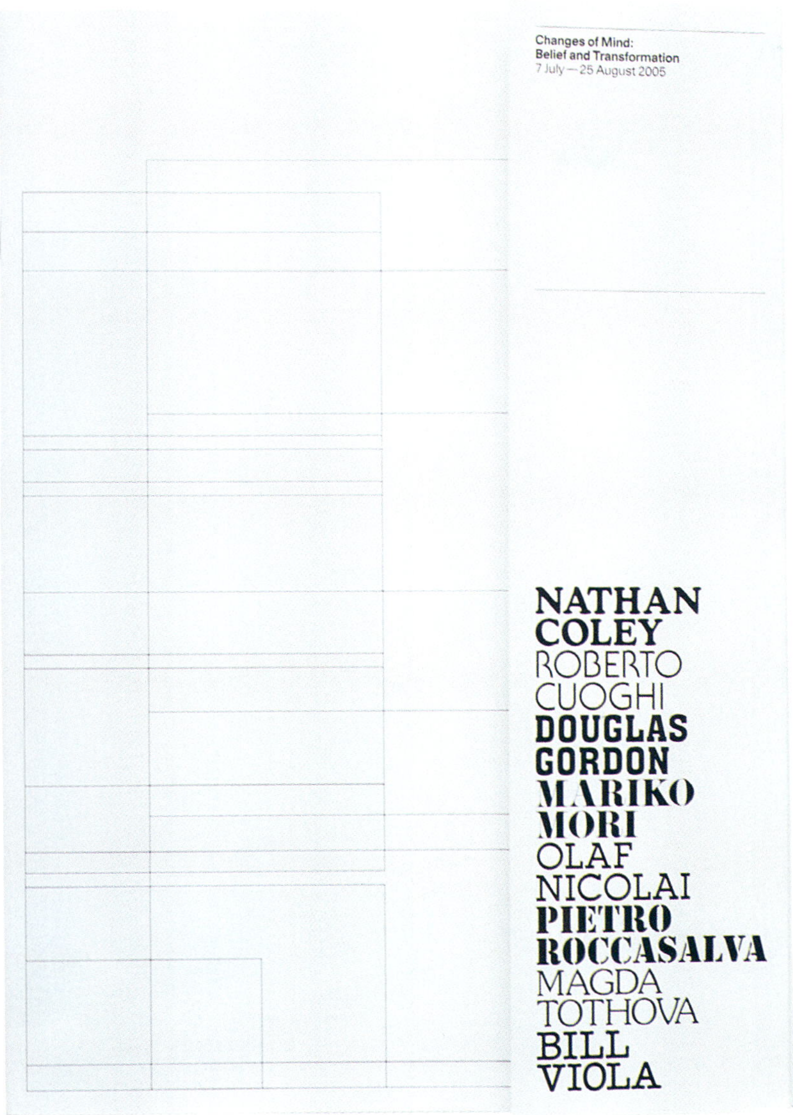

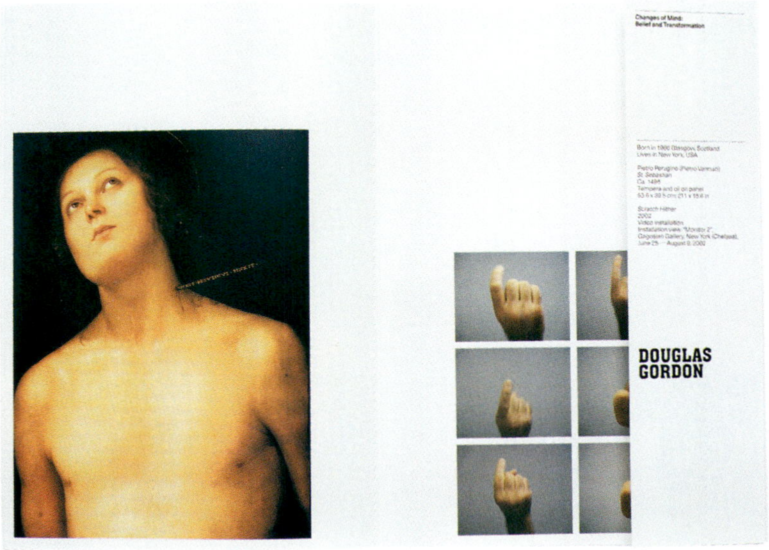

Changes of Mind //

« Changes of Mind » était le titre d'une exposition collective d'artistes internationaux qui s'est déroulé dans la galerie Haunch of Venison à Londres et dont le thème était l'identité et le changement. L'origine personnelle, géographique et spirituelle des artistes étant visible dans leurs travaux, la diversité et l'évolution de l'identité sont également devenus des caractéristiques de l'exposition. Dans la conception du catalogue, le studio de graphisme londonien Spin a souligné cette caractéristique en assignant une écriture propre à chaque artiste. Sur la couverture, une grille de silhouettes superposées indique la position des images au sein du catalogue. Le pli fait office de marque-page intégré et permet de séparer clairement le texte et l'image.

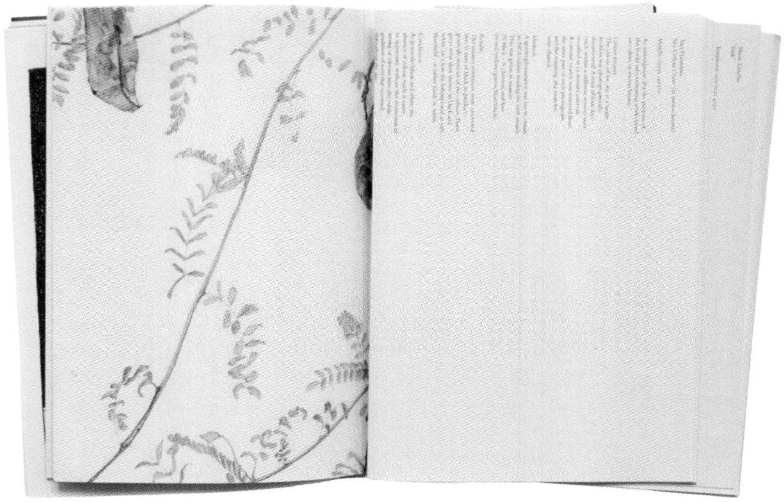

RCA Catalogue // 2001 //

Le Royal College of Art (RCA) est une université renommée d'art et de design de Londres. Pour réaliser un catalogue du département Communication Art & Design, le studio de design binational Brighten The Corners a donné à chacun des graphistes désignés pour le projet une page DIN A4 à remplir. Tous les textes ont été imprimés au dos des travaux graphiques et les 38 feuilles sans fixation ont été insérées les unes dans les autres. Ainsi, l'ensemble peut être consulté comme un catalogue traditionnel ou chaque double page être utilisée individuellement.

Brighten the Corners // Anastasios Billy Kiossoglou, Frank Philippin // Londres, Royaume-Uni // Stuttgart, Allemagne // www.brightenthecorners.com //

L'agence Brighten The Corners a été fondée en 1999 par Anastasios Billy Kiossoglou et Frank Philippin. Notre petite structure gère des projets de grande envergure comme des projets plus petits. Qu'il s'agisse de concevoir un livre, un timbre ou l'identité visuelle d'une marque, nous pensons que la communication se doit d'être claire et directe, et qu'un design de qualité fait toujours la différence.
Ce que nous considérons comme un bon design ?
Billy : Quand il est tellement réussi qu'on ne le remarque même pas.
Frank : Quelque chose qui a été soigneusement pensé à tous les niveaux.
Nos premières influences ?
Billy : Lucky Luke et Astérix.
Frank : Jésus et Jan Tschichold.
Notre devise ? Vivons avec notre temps ! Chantons tous en chœur !
Nos sources d'inspiration ? Frank : Cela dépend, mais potentiellement tout ce qui m'entoure.
Ce qui nous exaspère ? Billy : Rotis Sans Serif utilisé partout.
Frank : Cela dépend, mais potentiellement tout ce qui m'entoure.
Notre cauchemar ? Billy : Rotis Sans Serif utilisé partout.
Frank : Que le FC Cologne ne remporte pas la Ligue des Champions de mon vivant.
Cinq choses que nous adorons :
Billy : Sabon Italic / Sabon Regular / Le pain frais / Le beurre / Univers Regular
Frank : Les tomates / Le vin / Le FC Cologne / Le bifteck / Univers Regular

How
Things
Work

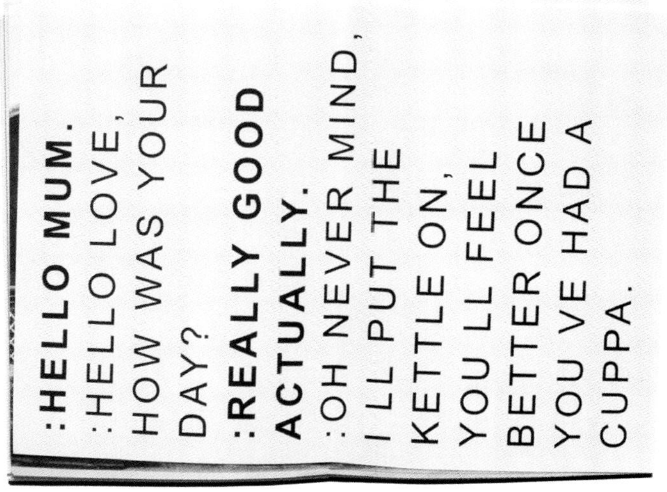
:HELLO MUM.
:HELLO LOVE, HOW WAS YOUR DAY?
:REALLY GOOD ACTUALLY.
:OH NEVER MIND, I LL PUT THE KETTLE ON, YOU LL FEEL BETTER ONCE YOU VE HAD A CUPPA.

TION

33 R

BASSERA

KI

NORUM

POW

RÓS

RKA

LIVRE

Gas Books //

À partir de 1996, la collection « Gasbook » a commencé à présenter des travaux multimédias et informatiques d'artistes venant du Japon sous une forme que l'on peut difficilement qualifier de « livre ». Les Gasbooks, toujours livrés dans un emballage peu orthodoxe, ne contenaient pas seulement du matériel imprimé, mais aussi des CD-ROM, des DVD, des vidéos, des posters et même des t-shirts ou des objets design. Motivée par le succès des onze premières éditions, l'initiative s'est développée en 2001 en Gas Project, qui produit des DVD, des t-shirts, des expositions et même des programmes de télévision. Aujourd'hui, Gas As Interface Co. Ltd est devenu un géant du design, qui rassemble des artistes, des villes et le public du monde entier.

Gas As Interface Co., Ltd. // Yumiko Ohchi // Tokyo, Japon // www.hellogas.com //

Nos créations doivent être belles, surprenantes et humbles. Nous voulons maintenir en permanence la communication. Ma principale motivation, c'est continuer à approfondir la communication entre les artistes, les clients et nous (Gas As Interface). Ce qui m'inspire ? Les personnes avec qui je collabore. La nature qui nous entoure. À quoi ressemble mon environnement de travail ? À un bosquet dans le sanctuaire d'un village.

GAS BOOK 01
BIG ACTIVE

GAS BOOK 03
GEOFF McFETRIDGE

GAS BOOK 04
TOM HINGSTON STUDIO

GAS BOOK 07
TOMATO

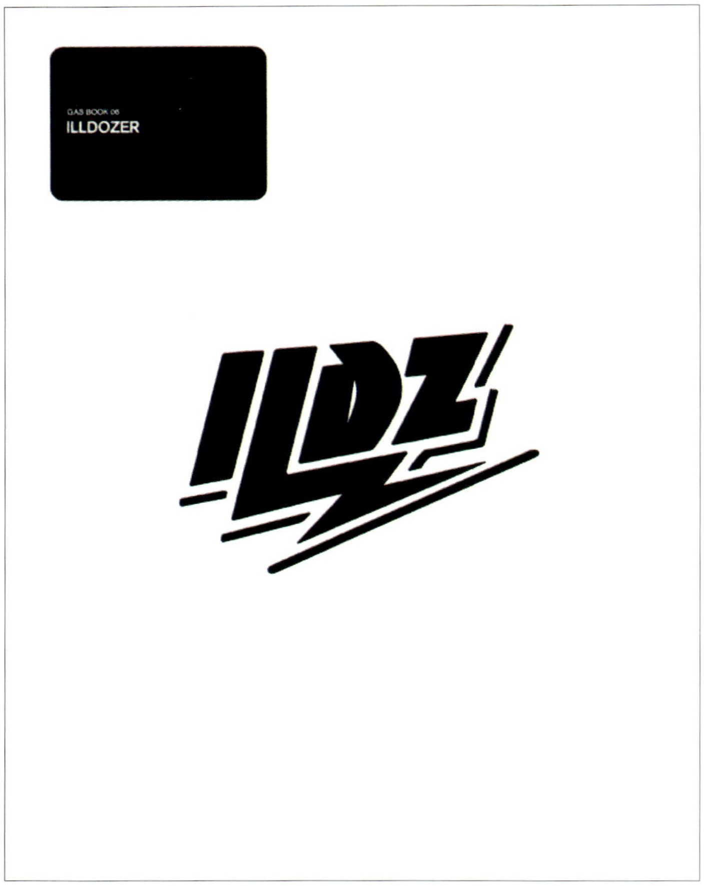
GAS BOOK 06
ILLDOZER
ILDZ

GAS BOOK 07
UKAWA NAOHIRO
OLHO SECO
pike
7

GAS BOOK 08
BLUE SOURCE

GAS BOOK 10
RYAN
McGINNESS

GAS BOOK 10
WORK IN PROGRESS

GAS BOOK 11
MIKE MILLS
NEITHER OF US CAN GO TO HEAVEN UNLESS THE OTHER GETS IN.

GAS BOOK 12
ELISABETH ARKHIPOFF &
LAURENT FÉTIS

GAS BOOK 13
JULIE VERHOEVEN
13% OFF
NEW

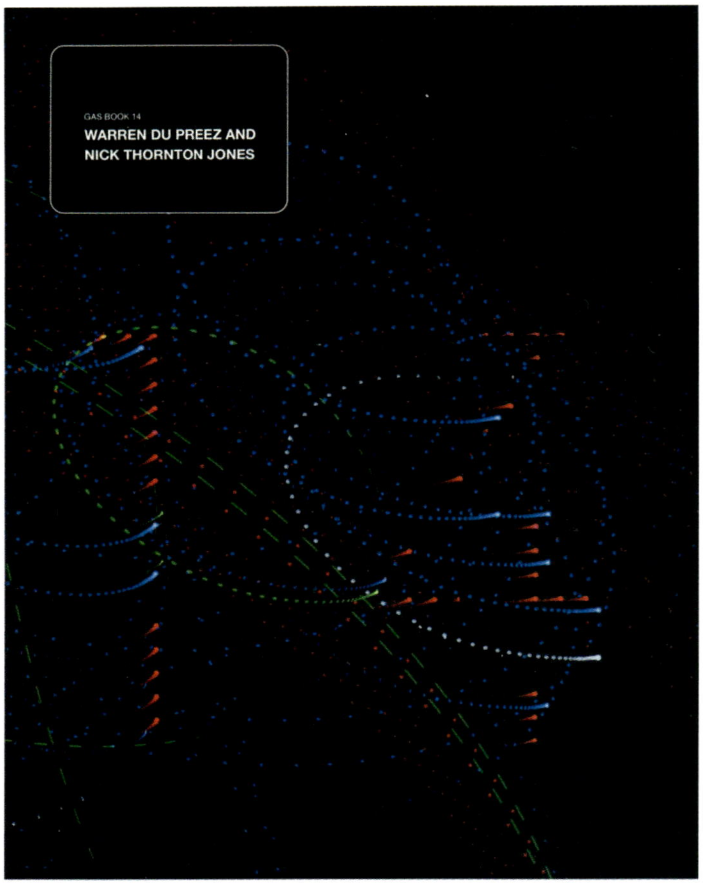
GAS BOOK 14
WARREN DU PREEZ AND
NICK THORNTON JONES

GAS BOOK 15
GENEVIÈVE GAUCKLER
15

GAS BOOK 16
MAROK
16
ON.

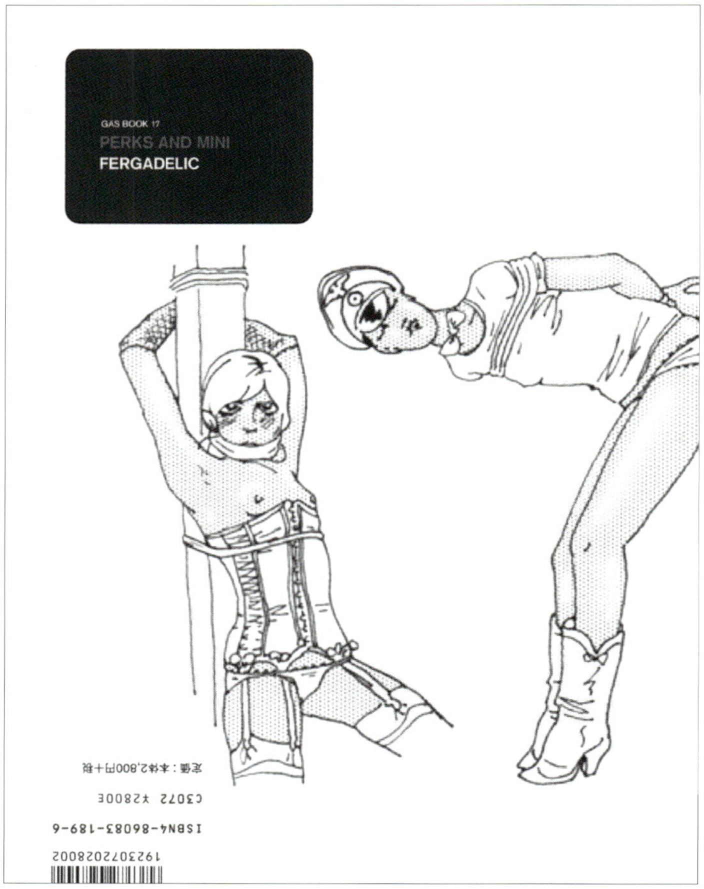
GAS BOOK 17
PERKS AND MINI
FERGADELIC

GAS BOOK 18
H5
18
Made in France
フランス製

GAS BOOK 19
MADSAKI
JUN TAKAHASHI

Gasbook
20
SUSUMU MUKAI
&
WILL SWEENEY
20

GAS BOOK 22
NAGI NODA

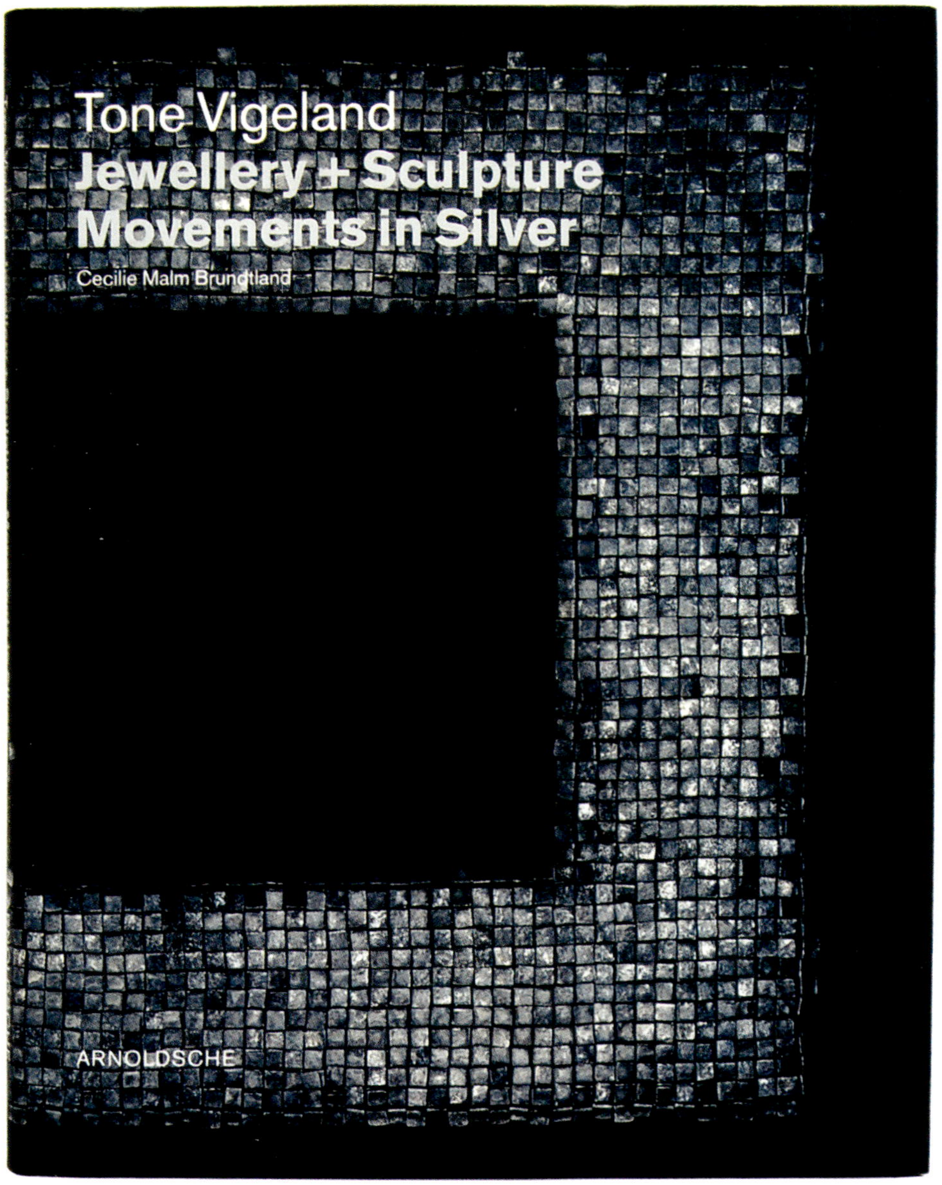

Movements in Silver // 2004 //

En 2003, la maison d'édition allemande Arnoldsche Art Publishers consacra une monographie détaillée à l'artiste Tone Vigeland. Cet ouvrage fut conçu par Brighten The Corners, un studio de graphisme installé à Stuttgart et à Londres. Cette monographie présente environ cinquante ans de travaux de la Norvégienne, depuis ses débuts dans la pure tradition du design scandinave jusqu'à ses sculptures de jeunesse, en passant par son activité de création de bijoux Les textures, les formes et les couleurs des travaux de l'artiste se reflètent subtilement dans le design du livre, que Brighten The Corners a réalisé sur deux types de papier.

Jewellery and
Sculpture
Schmuck und
Skulptur

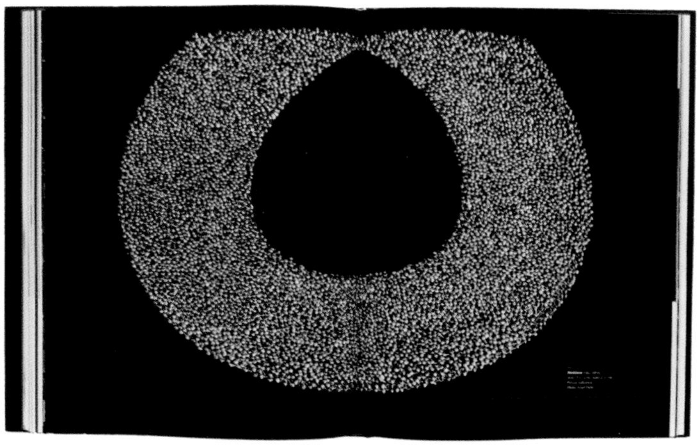

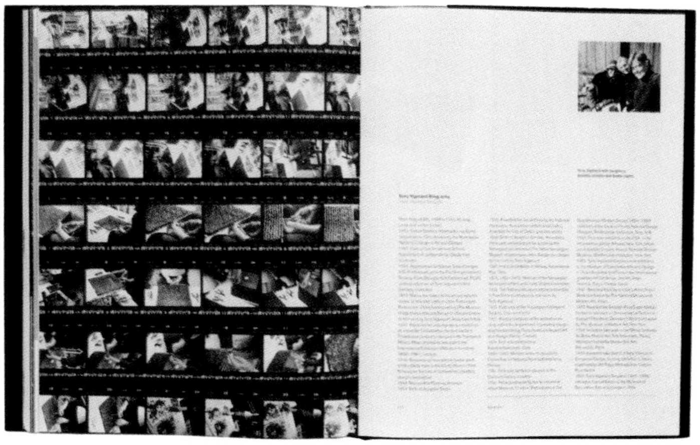

Nueva Ola //

Lors de la réalisation du catalogue *Nueva Ola* sur les travaux de l'artiste médiatique espagnol Joan Morey, le designer Albert Folch de Barcelone a mis son travail de création au service de l'esthétique de l'artiste. En transposant strictement les signes esthétiques caractéristiques de Joan Morey dans un format de livre, il a créé un catalogue qui est non seulement une documentation sur des œuvres d'art mais est aussi une œuvre de l'artiste. De ce fait, l'édition a été limitée à 500 exemplaires numérotés et signés. D'ailleurs, l'engagement de Joan Morey est tel qu'il a réalisé lui-même les photographies du catalogue présentées dans *Layout Look Book*.

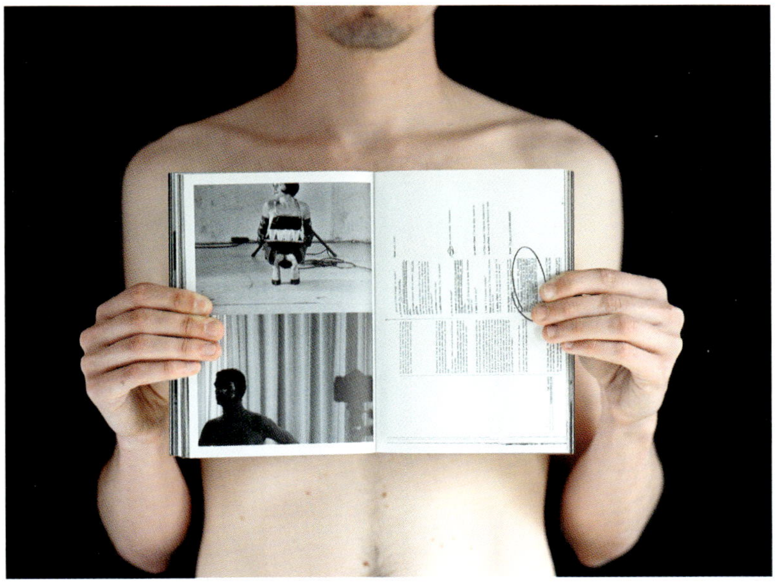

TOUT
ET RIEN D' AUTRE

Albert Folch // Barcelone, Espagne // www.albertfolch.com //

Pour moi, un bon design imprimé implique de laisser le style et le bon goût de côté. Ces concepts sont trop subjectifs pour qu'on puisse porter un jugement sur quoi que ce soit. Ce que j'exigerais et que j'espère offrir : la clarté du message et la subtilité. À mon avis, ce sont la fonctionnalité et la bonne compréhension qui doivent présider à chaque réalisation graphique – en adéquation bien sûr avec la commande et les exigences de chaque projet. Un bon travail typographique, c'est-à-dire une bonne application et lisibilité de la typologie, est la clé de toutes ces exigences.
Tous les travaux que j'ai réalisés présentent plusieurs aspects qui me satisfont. Mais je suis plus particulièrement content de certains projets. C'est le cas, par exemple, du catalogue et de l'aspect graphique de *Nueva Ola* et de la coopération très étroite avec Joan Morey qui m'avait confié ce projet. De même, les catalogues *Chikaku*, *Le Paradis perdu*, *El Edad Perversa*, *True Freaks* et le site Internet d'Ignacio Uriarte sont quelques-uns des projets qui m'ont apporté beaucoup de satisfaction. Sans vouloir dévaloriser ou omettre de mentionner autre chose, j'aimerais mettre l'accent sur le site www.adlerfresneda.com. Il a été le premier site que l'on m'a commandé, et le résultat a été très satisfaisant aussi bien pour le client que pour moi.
Ce qui m'inspire ? Le rythme, le travail et la pression. Pour travailler, j'ai besoin que mon espace ne soit pas visuellement surchargé ; c'est pourquoi je dissimule autant que possible ce dont j'ai besoin pour mon travail, du moins j'essaie de ne pas l'avoir exactement sous les yeux. Mon bureau est une petite pièce de 30 m2 dans Poblenou, l'ancienne zone industrielle de Barcelone. Je suis toujours face à un mur blanc. L'étagère avec tous les livres, les revues, et autres, est derrière moi. Quant au reste de mon bureau : comme partout dans le monde... Une grande table, pleine de papiers.
Je dirais aux étudiants en design qu'après leurs études un long chemin les attend. L'école offre seulement un aperçu de ce que l'on peut trouver en fait par soi-même. Il est très important de bien choisir au début les bureaux pour lesquels on travaille. Car c'est là que l'on apprend le contact avec le client, le déroulement d'un projet, la présentation, la solution et la mise en œuvre.
Cinq choses que j'aime beaucoup ? Les îles Galapagos (je n'y ai jamais mis les pieds, mais j'adorerais y aller) / Le Grand Canyon au Colorado (idem) / Les gens sympas/ Les couleurs noir, blanc et rouge / La musique

NUEVA
OLA
DESEN-
CERT

NUEVA
OLA
DESEN-
CERT

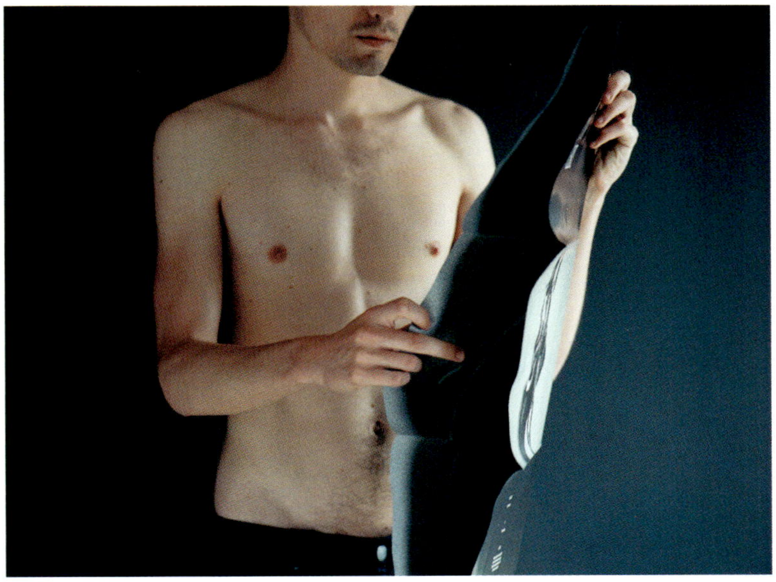

2points // Martin Lorenz // Barcelone, Espagne // www.twopoints.net //

Parmi les premières créations qui m'ont influencé, je me souviens des travaux de Lyonal Feininger, en particulier ceux qu'il a réalisés pour le *New York Times*. À l'époque, je n'étais pas capable d'expliquer cette fascination, mais avec le recul, je pense que c'était sa façon de construire un univers. Et aussi sa manière de composer la page sur laquelle il plaçait cet univers.
Je suis né à Hanovre, en Allemagne, et l'influence de Kurt Schwitters a toujours été présente. Sa façon d'envisager la création, son refus des restrictions stylistiques, son énergie et son besoin d'enquêter n'ont cessé de m'influencer. Tout peut être source d'inspiration. Pour moi, l'inspiration est la capacité de transformer une information perçue en une idée exploitable. Si vous avez une idée que vous jugez importante, vous devez la défendre. Le projet le plus stimulant du moment est probablement « The One Weekend Book Series », un projet qui suscite beaucoup d'intérêt. C'est une chance extraordinaire que de pouvoir travailler avec d'autres créatifs et explorer ensemble de nouvelles voies qui s'écartent de la routine professionnelle.
Le conseil que je donne souvent à mes étudiants est le suivant : évitez la solution évidente, efforcez-vous toujours d'atteindre un niveau supérieur.
Cinq choses que j'adore ?
Le lieu où je vis, Barcelone / L'amour de ma vie, ma femme et mes chats / La passion de la création et de la communication / Les cuisines des différentes régions du monde / Le café que j'ai bu à Milan

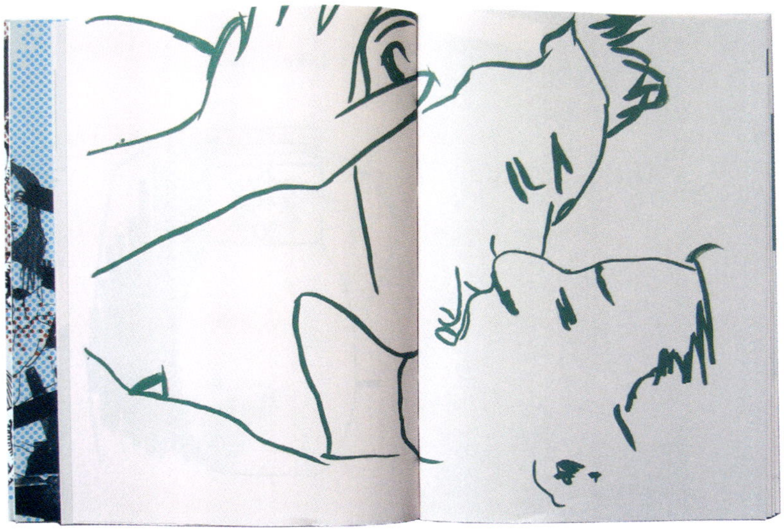

The One Weekend Book Series // 2006 //

Pour chaque parution de la collection des *One Weekend Book*, le designer Martin Lorenz du studio 2points quitte Barcelone, où il réside, pour une autre ville. Aidé d'un artiste, il se donne ensuite 48 heures pour transposer le caractère de la ville en question dans un carnet de voyage illustré de 48 pages. Au moyen de dessins, de photos, de collages et de textes, des portraits de ville très personnels ont vu le jour : entre autres de Francfort, Copenhague, New York et La Haye. La maison d'édition espagnole Actar s'est passionnée pour « One Weekend Book Series » et a édité les cinq premiers volumes avec en supplément du matériel et des interviews avec les auteurs. Chaque nouvelle parution suscite tellement d'intérêt dans le public qu'elle est mise en scène comme un événement.

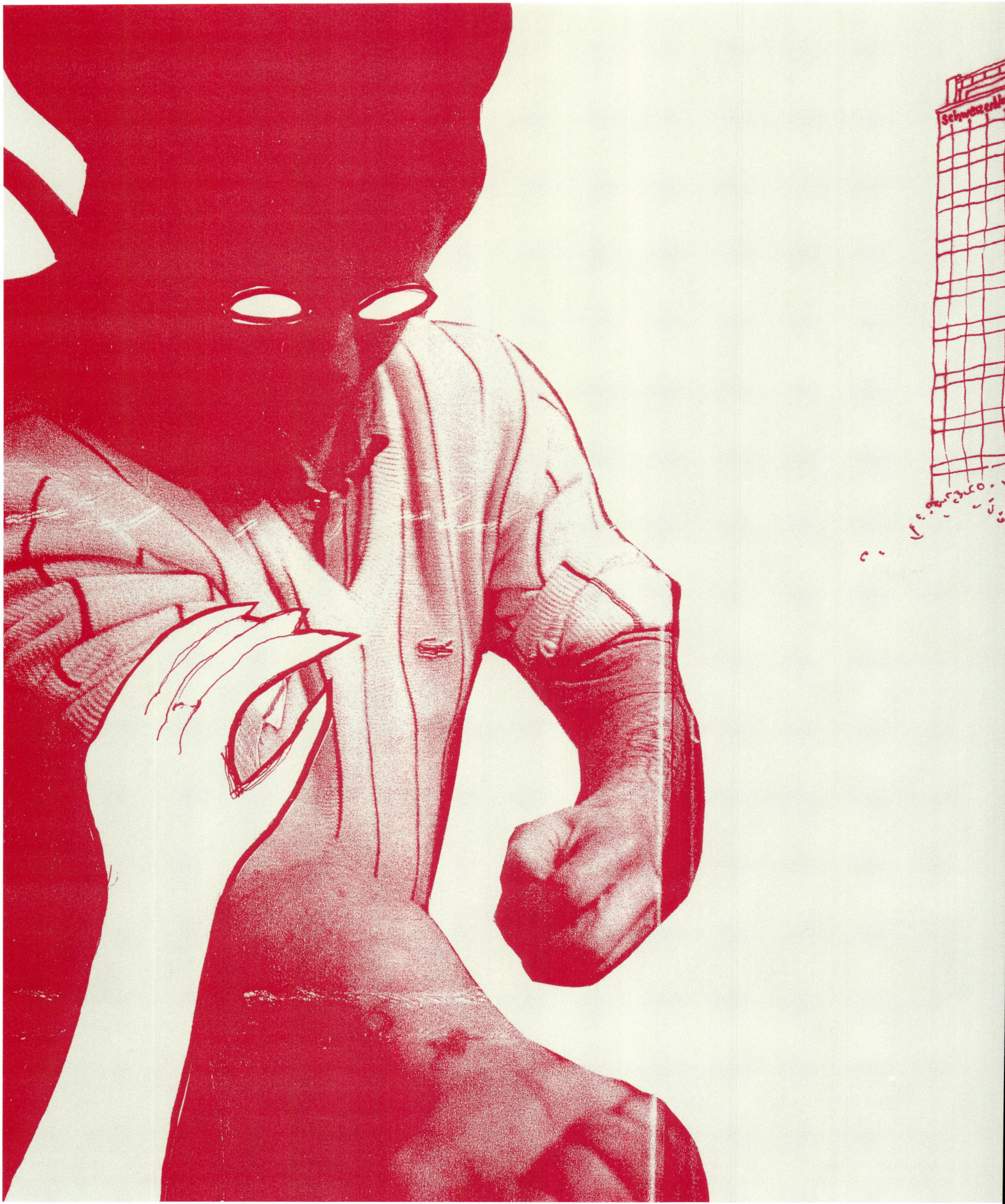

2POINTS

The Ultimate Body Plan
No To Torture

Francesca Llopis: ***Bearing a City in My Mind*** // 2006 //

La graphiste Rosa Llado Surós qui vit à Barcelone a passé beaucoup de temps avec l'artiste Francesca Llopis pour concevoir son catalogue. Elles ont étudié ensemble de nombreuses variantes de l'élaboration technique jusqu'à ce qu'elles puissent réaliser la transposition idéale de leurs idées dans un livre avec différents papiers et impressions.

Rosa Lladó i Surós // Barcelone, Espagne // www.salondethe.net //

Pour moi, le design d'impression est réussi s'il y a une bonne harmonie entre le design et le contenu ; plus une bonne impression et une bonne reliure.
J'ai travaillé onze ans pour Ramon Prat de Actar à Barcelone. Auprès de lui, j'ai appris tout ce qui était important. À part ça, j'aime bien le design néerlandais, j'admire tout particulièrement Irma Boom.
Pour chacun de mes projets, je cherche toujours la solution graphique qui explique le mieux le projet en question. Je peux être inspiré par n'importe quoi. Des histoires qui me viennent à l'esprit, la vie dans la rue, du graphisme que je vois tous les jours autour de moi, des livres et de l'Internet…
Ce que je conseillerais aux étudiants ? C'est un métier très fatiguant qui exige beaucoup d'heures de travail. Il faut y mettre beaucoup d'enthousiasme. Ce qui compte le plus, c'est pouvoir être en mesure de se passionner de nouveau pour chaque projet qu'on fait.

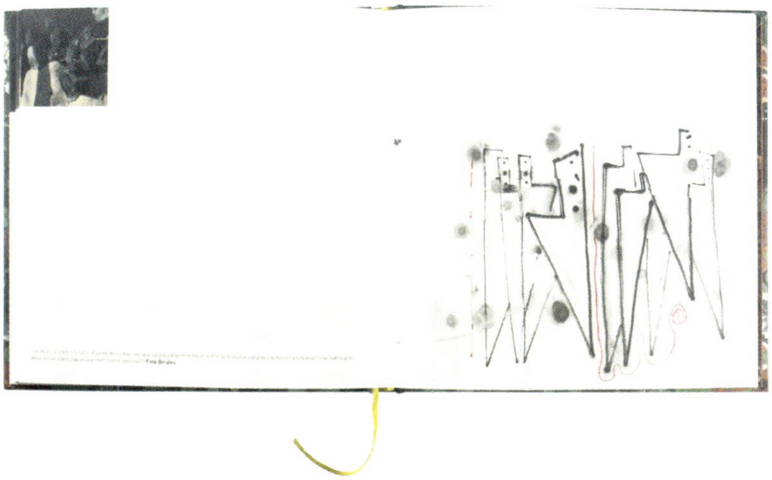

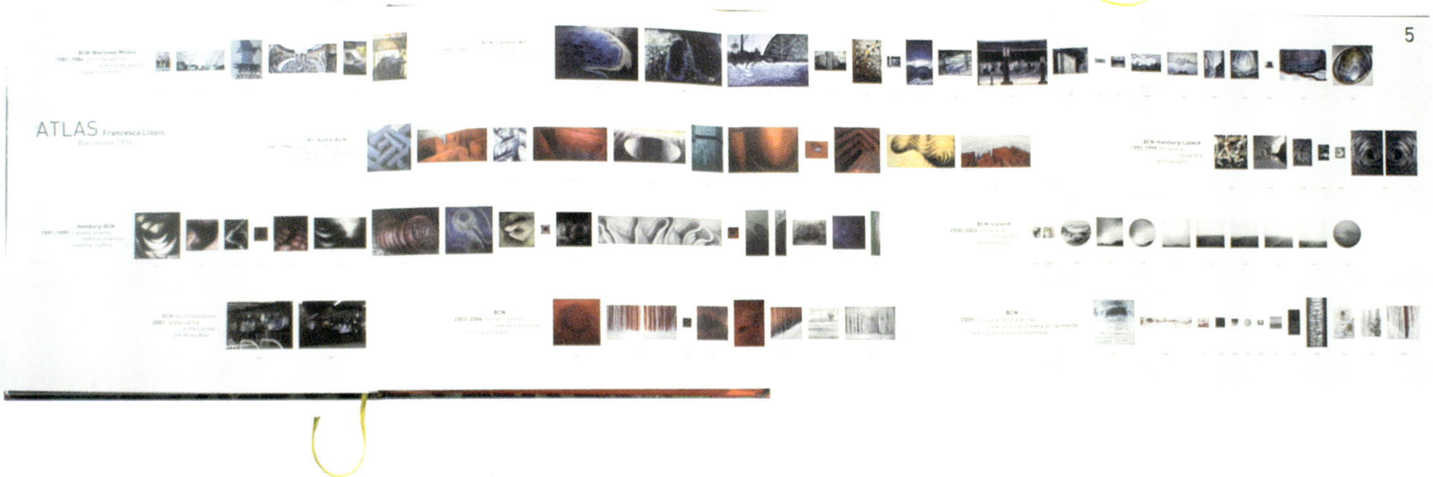
5
ATLAS Francesca Llopis

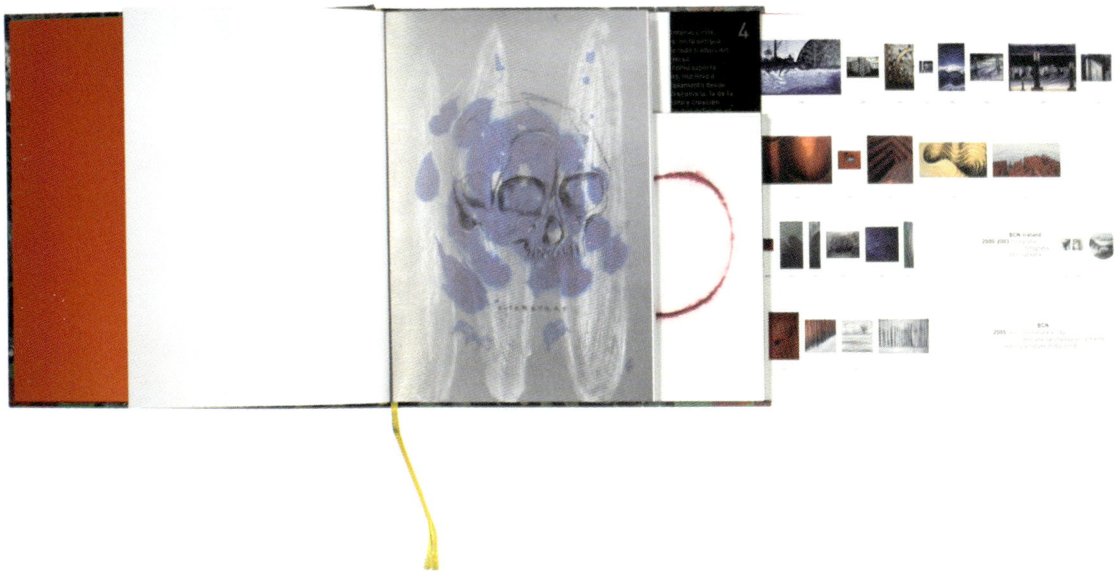

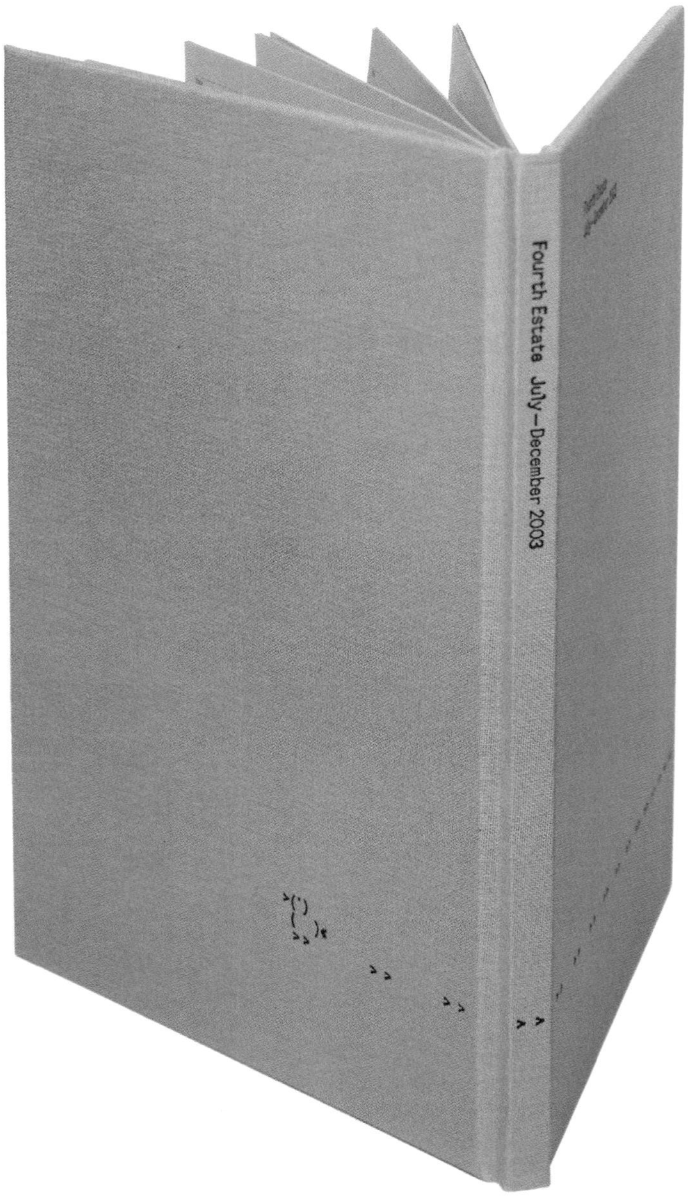

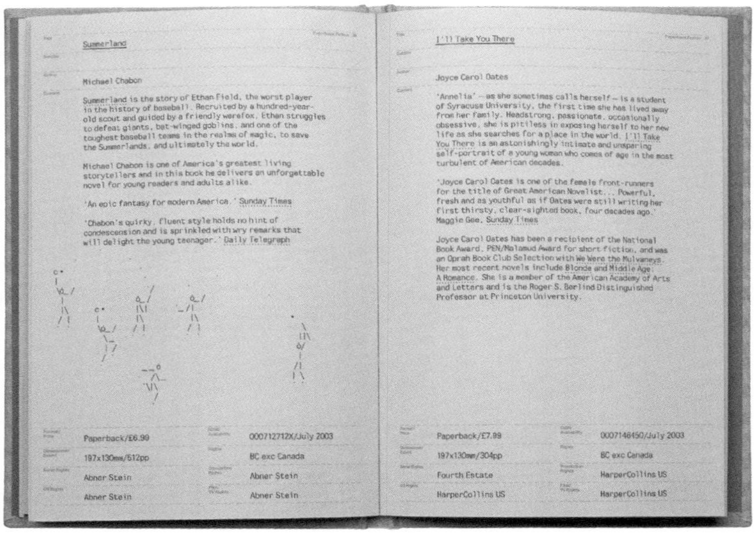

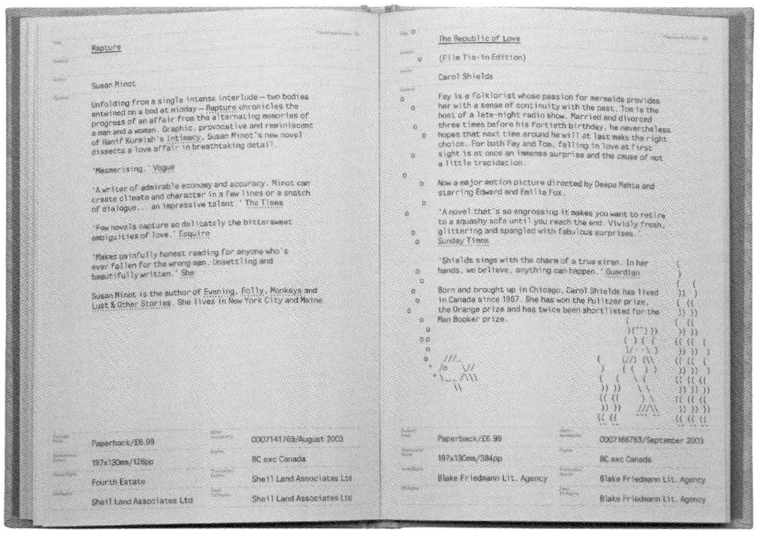

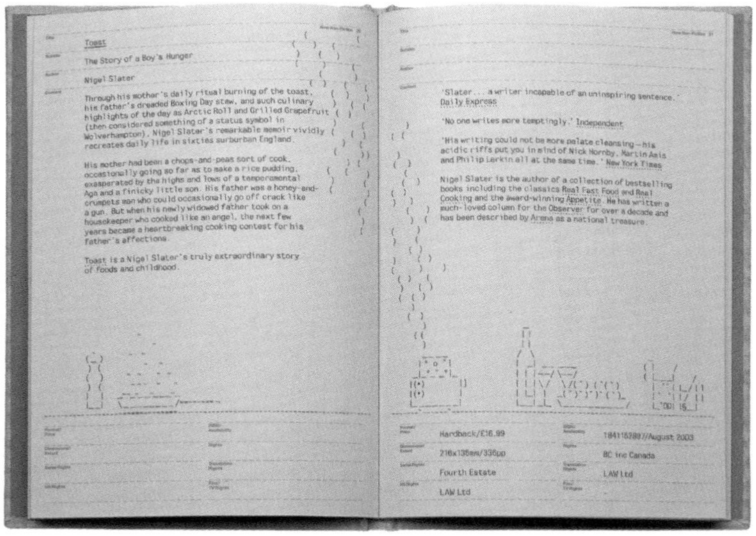

Fourth Estate // 2003 //

L'éditeur Fourth Estate a assis sa réputation en publiant de très bons auteurs de roman américains en Angleterre, en Amérique et en Australie. Pour le catalogue 2003 de la maison, la compagnie de design londonienne Tom Hingston Studio a trouvé un langage visuel qui rappelle les outils des auteurs de roman : la machine à écrire et le papier. Tout le catalogue est conçu, illustrations et typographie comprises, comme s'il avait été tapé à la machine. Le livre est illustré seulement par de nombreuses images ASCII. Des pictogrammes précis sont nés de la disposition de l'écriture et des blancs sur le papier. La simplicité de la conception typographique, ainsi que les couleurs et la qualité du papier soulignent également cette impression d'intemporalité qui se place au-delà de la fièvre de la communication numérique.

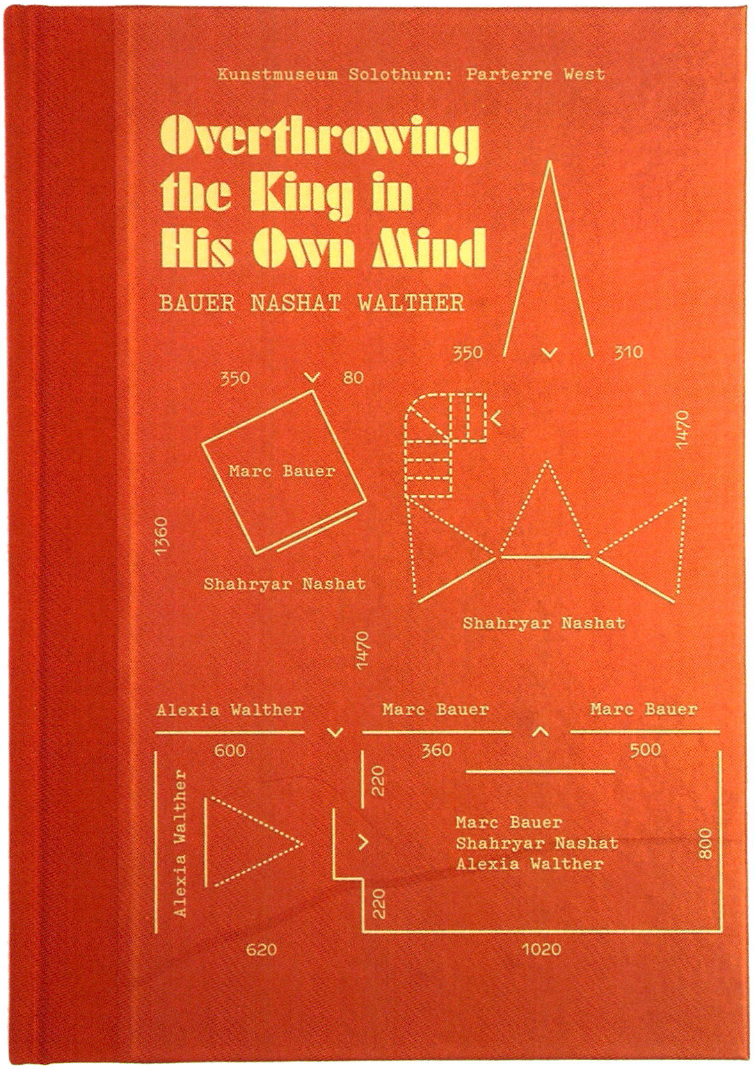

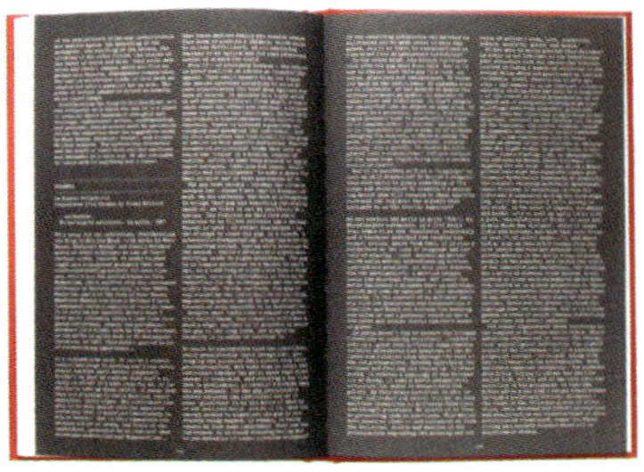

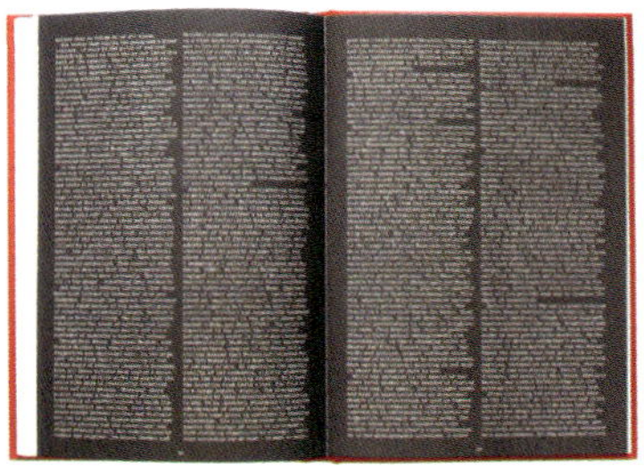

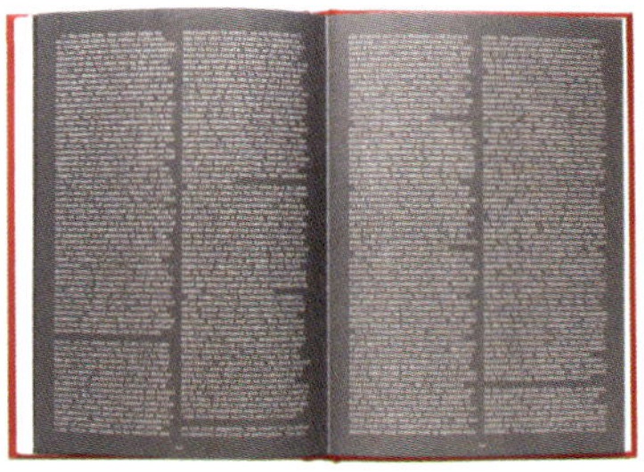

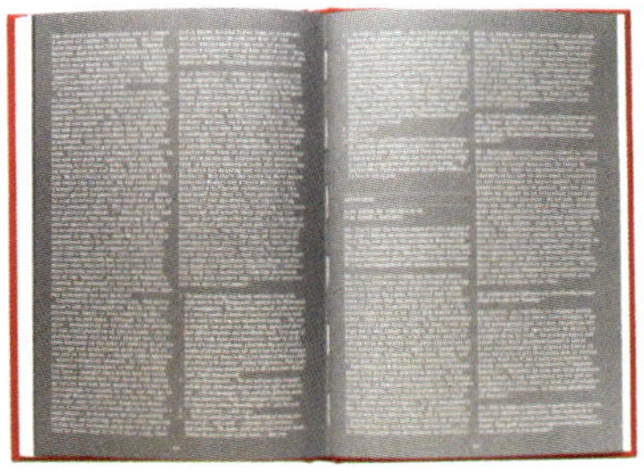

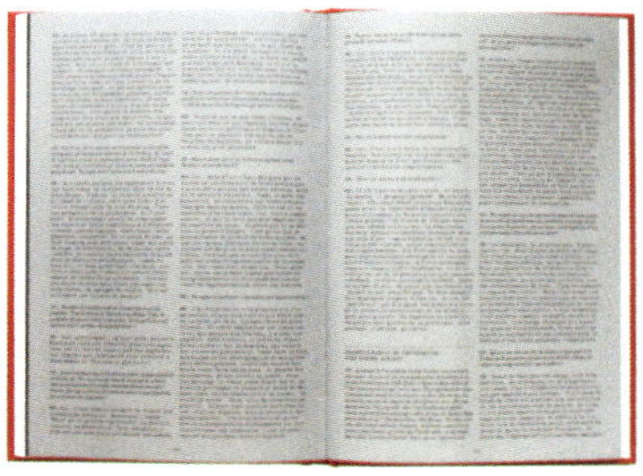

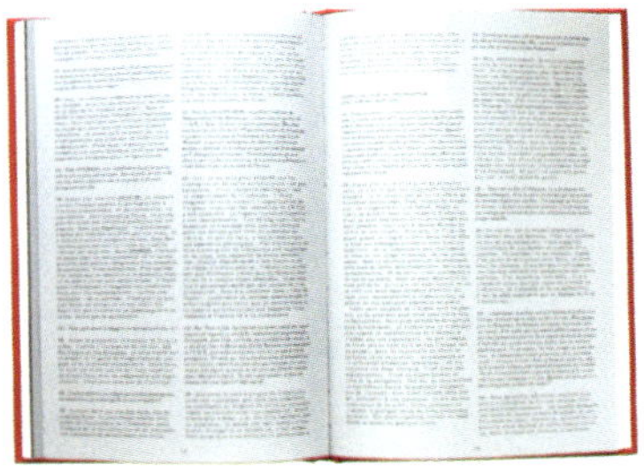

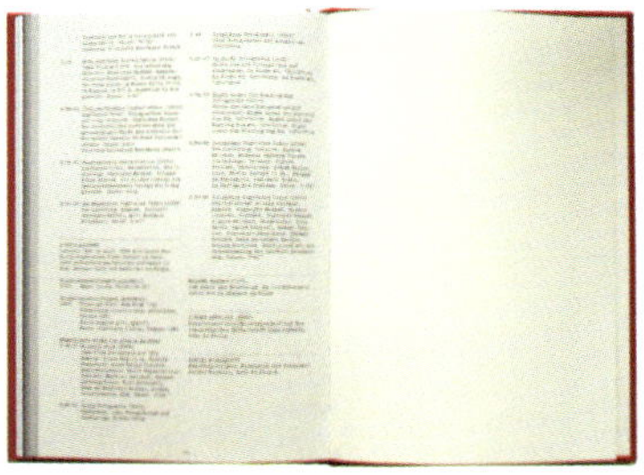

Overthrowing the King in His Own Mind // 2005 //

« Overthrowing King in His Own Mind » était une exposition collective des artistes Marc Bauer, Shahryar Nashat et Alexia Walther, tous primés au Concours fédéral d'art suisse, et ayant lieu au Kunstmuseum Solothurn. La graphiste londonienne Sara de Bondt s'est référée, dans sa réalisation d'un catalogue de 112 pages, directement et de diverses manières aux travaux exposés. À l'instar d'une des œuvres, la couleur de l'arrière-plan dans la dernière partie du livre passe par exemple sur seize pages du noir au blanc. Mais c'est à l'organisation de l'exposition qu'elle a accordée le plus d'importance. En effet, Sara de Bondt l'a rendue en imprimant en or sur la reliure du livre les plans schématiques des deux étages avec l'emplacement des œuvres d'art.

Dit als ook dat // 2001 //

En 2003, la Néerlandaise Karen van de Kraats a écrit et conçu un livre intitulé Dit als ook dat comme travail de fin d'études à la Arnhem Academy of Art and Design. Le sujet du livre est l'architecture japonaise et son contexte traditionnel. Le titre « This as well as that » (ceci autant que cela) est une expression japonaise, selon laquelle toutes les choses peuvent coexister, ce que Karen van de Kraats conçoit aussi bien au niveau culturel que comme possibilité visuelle. Inspirée des traditions japonaises, elle a limité la palette de couleurs de son livre au noir, blanc et gris, et a mis en scène le titre comme une sorte d'« architecture dans le livre ». Le livre est d'ailleurs né sur une photocopieuse qui peut imprimer à l'encre blanche au lieu de l'encre noire.

Karen van de Kraats // Pays-Bas // www.karenvandekraats.com //

Je ne peux pas citer un unique projet qui me tiendrait particulièrement à cœur. Je dirais qu'en règle générale, je suis très satisfaite des projets que j'ai personnellement initiés. J'ai beaucoup appris en menant de front les fonctions de photographe, éditrice, écrivain, traductrice et designer. Cela m'a permis de prendre conscience de la quantité de travail nécessaire pour lancer sa propre maison d'édition ou simplement publier un livre. Mais quel plaisir !
Actuellement, je travaille dans trois studios différents et je suis en permanence entourée de charmants jeunes designers. Sur mon bureau, vous trouverez mon ordinateur portable, ma tablette WACOM personnalisée, une bouteille d'eau, quelques crayons, mon téléphone portable, mon agenda MOLESKINE 2006 et quelques feuilles blanches pour dessiner. Sur mon ordinateur, j'ai mis en fond d'écran une superbe photo d'un immense tas de cubes en papier. Un bon design imprimé témoigne de son temps. Si je devais donner un conseil aux étudiants en art graphique, je leur dirais : ne restez pas collés à votre ordinateur ! Allez voir plus loin !
Ma devise ? « Kill your darlings ! »
Voici les cinq choses que j'adore : Antoine / L'art graphique / La pluie par une chaude journée d'été / La musique, tout le temps / Une longue conversation avec des amis

Mondriaan Foundation // 2005 //

La Fondation Mondriaan soutient les arts visuels, le design et le patrimoine culturel des Pays-Bas en accordant une aide financière à des institutions, des entreprises et des services publics aussi bien nationaux qu'internationaux. La diversité des projets promus est évidente à la lecture du rapport qui décrit plus de mille mesures de promotion par an. Le rapport annuel de 2004, conçu par l'agence de design néerlandaise Lust, rend compte de cette variété dans une explosion de couleurs : chaque page est imprimée sur un papier de couleur différente. Les couleurs sont choisies selon un ordre aléatoire et différent dans chaque exemplaire du rapport. La couverture est déclinée en huit couleurs, et les pages intérieures, en plus de vingt. Tout au long du livre, Lust a distingué les différents niveaux d'information par un système typographique spécialement adapté. Un diagramme circulaire à trois ronds représente précisément les dépenses engagées par la fondation sur chaque projet.

The Course of Human History Personified: Marcel Dzama // 2006 //

Rob Giampietro et Kevin Smith du studio de design new-yorkais Giampietro + Smith ont conçu le catalogue de l'exposition de Marcel Dzama, *The Course of Human History Personified*, en collaboration étroite avec l'artiste lui-même. Cette exposition à la galerie new-yorkaise de David Zwirner fut la plus importante de toute la carrière de Marcel Dzama. Pour le catalogue, il avait songé à un type de reliure très particulier : il s'agissait en fait d'un livre broché dans une reliure cartonnée, avec un panoramique à neuf volets incorporé. Giampietro + Smith ont fait de multiples essais avant de trouver la solution entièrement satisfaisante.

Giampietro + Smith // Rob Giampietro, Kevin Smith // New York, États-Unis // www.studio-gs.com //

Pour ce qui est de nos premières influences, quand nous étions plus jeunes, nous étions tous deux fans de BD. C'est ainsi que nous avons appris comment raconter une histoire par l'assemblage de mots et de visuels. Dessiner, c'est très important. Savoir prendre des photos, c'est également très important. Nous sommes époustouflés par les artistes comme Sol LeWitt et John Baldessari. Nous sommes également influencés par les grands écrivains, en particulier ceux qui mettent leur éloquence au service du visuel, à l'image de Lawrence Weschler. Parmi les travaux que nous avons réalisés jusqu'à maintenant, les deux projets qui se détachent invariablement sont *Topic Magazine* et notre participation à la candidature olympique de New York pour les Jeux de 2012. Le premier concerne un magazine citadin très modeste qui connaît de grosses difficultés de publication. Le second est lié à un projet colossal vu par des millions de New-Yorkais. Mais ce qui nous plaît, c'est que nous avons tiré autant d'enseignements dans les deux cas. Avec *Topic*, nous avons énormément appris sur l'aspect économique des magazines et sur la façon d'éveiller le lecteur, tandis que la candidature olympique de New York 2012 nous a ouvert les yeux sur la valeur de la simplicité. Pour nous, le design est un outil d'apprentissage, aussi bien pour les designers que pour le public auquel ils s'adressent. Tous nos travaux doivent pouvoir répondre aux deux questions suivantes : qu'avons-nous appris en faisant ce travail ? Et qui a tiré des enseignements de nos travaux ? Pour ce qui est de la qualité dans le design imprimé, tout se résume à l'essentiel : une bonne typographie et une bonne impression. Un designer doit aimer les détails. Le savoir-faire le plus important qu'un étudiant puisse acquérir est la composition des caractères. Après, il suffit d'apprendre tout ce qu'un artiste doit savoir : s'astreindre à gérer son temps de travail, déterminer le moment où un travail est achevé, savoir si ce travail est bon ou pas. Le talent n'a rien à voir avec la technologie. La technologie ne sert à rien si vous ne savez pas ce que vous voulez en faire. Cinq choses que nous adorons : Mylo, « Destroy Rock & Roll » / Fedra Serif / Dot Dot Dot / 195 Chrystie Street / Cafe Habana

Made Magazine //

Avec sa couverture cartonnée et plus de 250 pages, le *Made Magazine* est plus un livre qu'une revue. Imaginé en 2001 par le directeur artistique Raif Adelberg à Vancouver, il a été voulu comme un Bookazine indépendant destiné à se situer entre la conversation de salon et l'exposition collective d'artistes de différents domaines du design, de la mode, de la musique et de l'art. Avec Mark Gainor, Cathee Scrivano, Michelle Evers et d'autres sont nés six *Made Magazine* tout à fait différents.

Made Magazine // Mark Gainor // Vancouver, Canada // www.mademag.com //

Professionnellement, c'est à *Made Magazine* que je me sens le mieux. C'est mon travail le plus stimulant sur le plan humain. Par exemple, j'ai pu écrire l'article sur les catacombes de Paris du numéro 19 grâce à une succession de rencontres : un ami m'a présenté un ami, qui m'a présenté un autre ami, etc. C'est ainsi que j'ai finalement pu me rendre à Paris pour faire la connaissance d'Alex et passer du temps dans les catacombes. Dans une certaine mesure, cette interaction humaine et cette activité se retrouvent dans tous les domaines. C'est pour moi une source d'inspiration. Mon travail en tant que designer consiste à coucher sur le papier cet échange d'inspiration et de transpiration. J'y échoue lamentablement, car la réalité des situations dépasse de très loin toutes mes illustrations. C'est à la fois une source de contrariété et d'immense satisfaction : ma vie est si riche que je commence à peine à en saisir le sens. Si j'ai une devise ? Faire le tour du monde en gagnant de l'argent et en m'amusant. Voici le conseil que je donnerais aux étudiants en art graphique : laissez tomber vos études, prenez l'argent de votre prêt étudiant et partez à la découverte du monde. Il y a suffisamment d'étudiants, de critiques et de meneurs dans ce bas monde. Ce qui nous manque, ce sont des participants.Cinq choses que j'adore : Se lancer à fond dans de nouvelles expériences / Les parties de rigolade / Les nouveaux amis / Les vieux amis / Ma femme Gina

Ten Pages
From Peter Funch

Smoke Some Dope & Go To Sleep
THE HOLY TRINITY
OF THE ART WORLD
FAVORITISM
TREND–WHORING
GREED

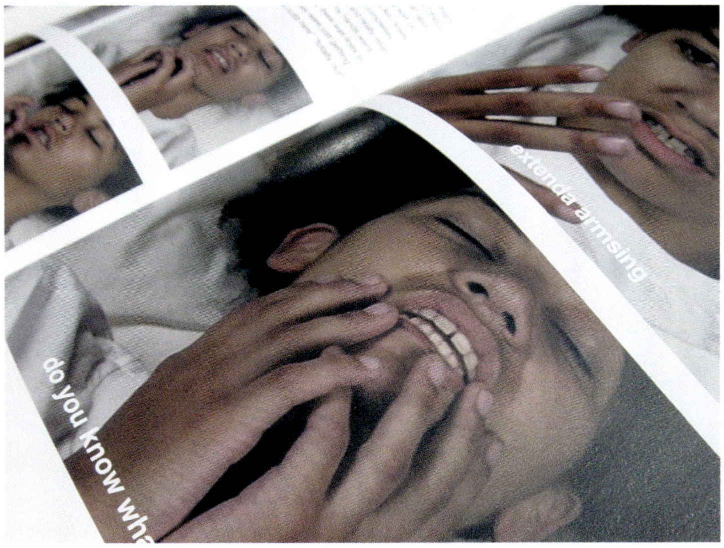
extenda armsing
do you know

Plugzine No. 1 // 2005 //

Plugzine est un livre sur la culture visuelle actuelle publié par Joyn : Design et le designer chinois interdisciplinaire Qian Qian. Toutefois, la désignation de « livre » est incomplète pour cette première édition limitée à 2 000 exemplaires, car en plus des 300 pages de ce livre on trouve dans le Plugzine n° 1 des stickers, signets, pins et posters. Sous le titre *Where to Start*, le Plugzine n° 1 présente vingt artistes de renom international à travers des interviews bilingues, accompagnées d'illustrations de leurs travaux les plus récents. C'est sans doute la première publication de ce genre qui a été entièrement écrite, conçue et publiée en Chine.

Qian Qian // Missouri, États-Unis // www.q2design.com //

Je m'appelle Qian Qian. Je suis un graphiste chinois et je vis aujourd'hui à Springfield, dans le Missouri, avec ma femme et mes deux chats. Je réalise des graphismes et des illustrations pour les imprimés, l'animation et le web. Lorsque j'ai débuté dans le design j'ai été profondément influencé par les travaux et la façon de penser du collectif Designers Republic. Pour moi, la qualité réside dans le bon équilibre entre le contenu et le design, ainsi que dans le choix adéquat du papier et la qualité de l'impression. Je travaille à domicile, dans un appartement que nous partageons à plusieurs. Rien de particulier. Une devise ? Je n'en ai pas. Peut-être plus tard… Mes sources d'inspiration ? Le design, l'art et la musique, les voyages, les amis, mes chats. Ce qui m'exaspère ? La malhonnêteté. Mon cauchemar : les interros à l'école ! Un conseil que je pourrais donner aux étudiants en art graphique : travaillez dur sans perdre votre esprit d'amateur. Prenez du plaisir en travaillant.

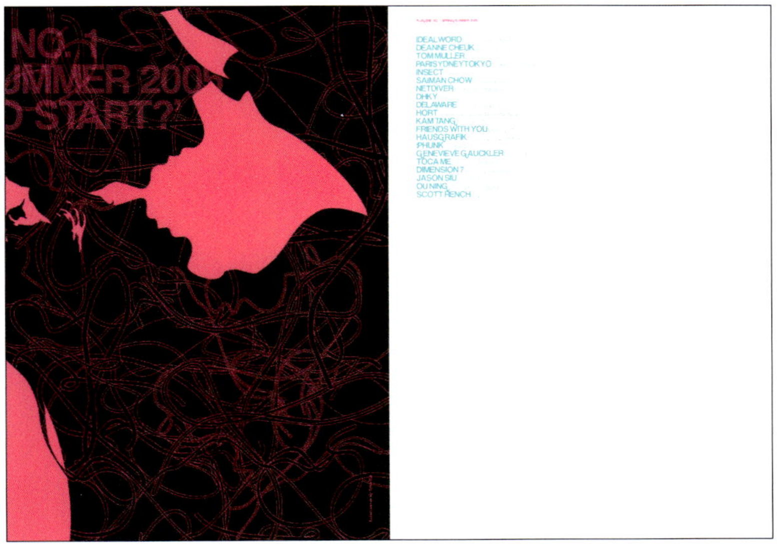
NO. 1

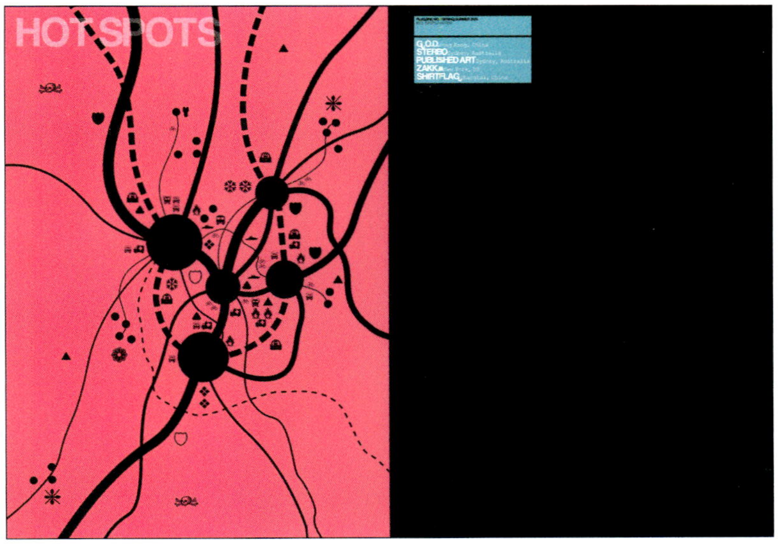
HOT SPOTS

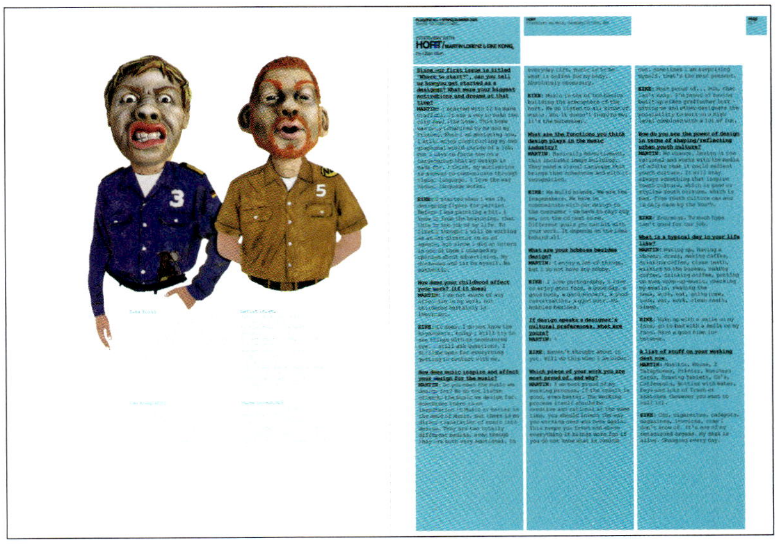
HORT

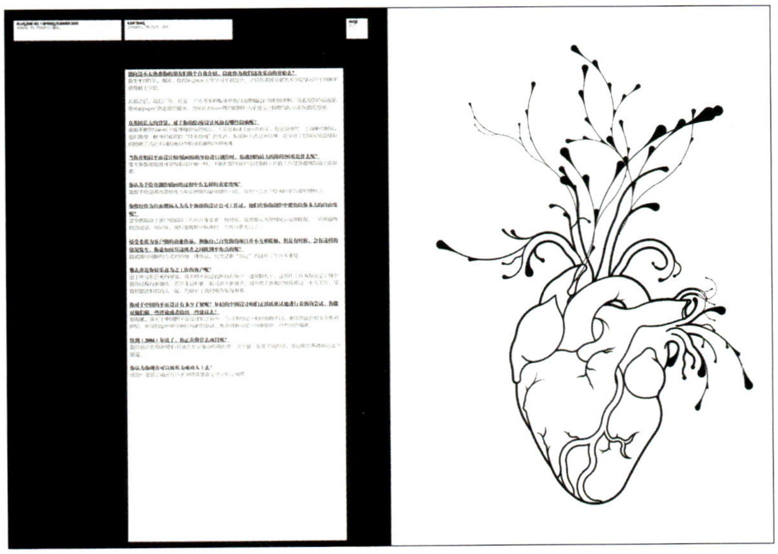

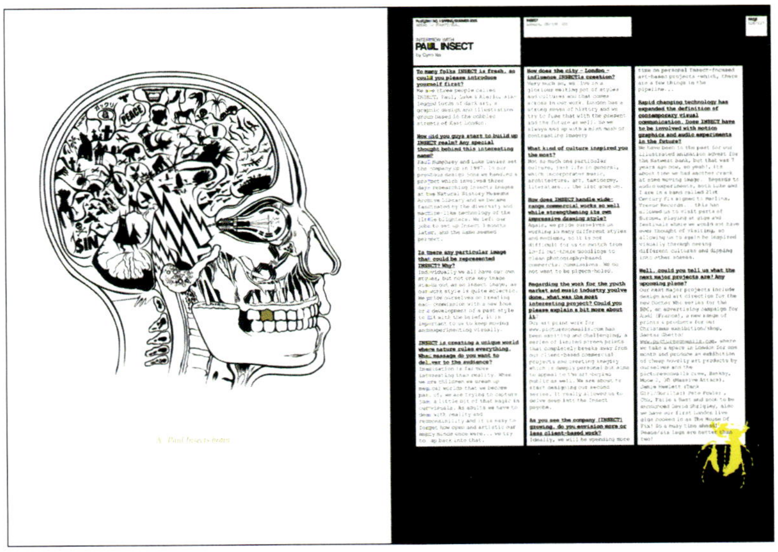
PAUL INSECT

helloMuller

To Be Confirmed—New York London Tokyo

***To Be Confirmed** //*

« To be Confirmed » est un salon alternatif de la mode dont le but est de présenter une nouvelle mode, non commerciale. C'est ainsi qu'il accorde une place aux grands noms comme aux petites marques et aux jeunes entreprises. L'objectif de cette foire est de renoncer largement à l'ultra-chic habituel du secteur pour présenter une mode dans un environnement jeune et décontracté, et correspondant mieux au public recherché qu'aux porte-monnaie des grands designers. Entre 2001 et 2005, les invitations et les affiches, ainsi qu'un livre sur l'événement, ont été conçus par le studio de design londonien Tom Hingston.

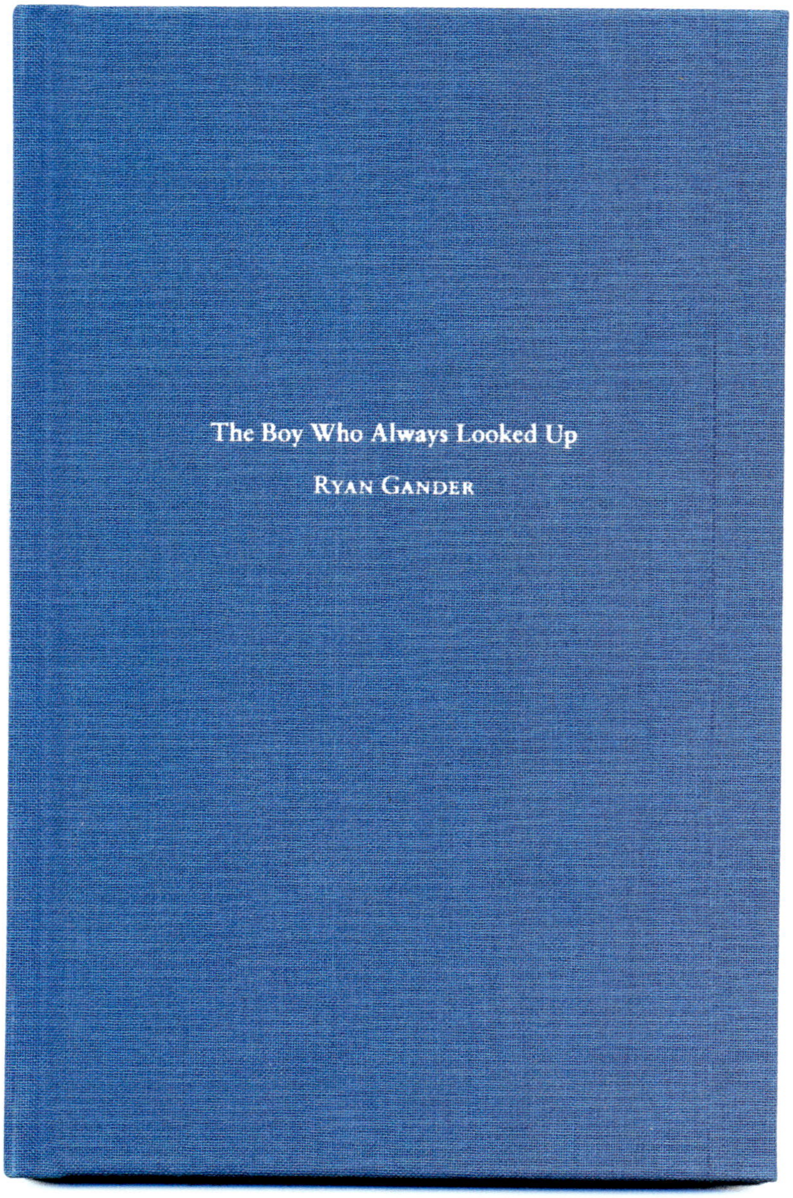

The Boy Who Always Looked Up // 2004 //

À l'occasion de son exposition personnelle « An Incomplete History of Ideas » à Manchester, l'artiste britannique Ryan Gander publia en 2004 le livre *The Boy Who Always Looked Up*. On y décrit les circonstances qui ont conduit au décès de l'architecte Erno Goldfinger du point de vue d'un enfant et dans le style typique d'un livre pour enfants. La maquette et les illustrations de la graphiste belge Sara de Bondt suivent le principe stylistique d'un livre pour enfants mais pour des adultes.

Sara De Bondt // Londres, Royaume-Uni // www.saradebondt.com //

Pour moi, un bon design naît de l'attention qu'on accorde au moindre détail. Je veux produire un travail sincère et je m'efforce chaque jour de me rapprocher de cet objectif. Les travaux réussis sont ceux qui n'ont pas besoin d'être expliqués. Je puise mon inspiration partout autour de moi. Quant à mes premières influences, beaucoup de choses me viennent à l'esprit : Wolf Erlbruch, Fiep Westendorp, Marcel Broodthaers, Paul Elliman, Richard Hollis, des drapeaux du Ghana, plusieurs livres du Corbusier, Antoine de Saint-Exupéry, le livre de jardinage de mon père, la signalisation routière en Belgique, Joseph et Anni Albers, la maison d'Erno Goldfinger, de Slegte, l'Alhambra, Jonathan Monk, Fischli et Weiss, Bruno Munari, Piet Zwart…Mon conseil aux étudiants ? N'écoutez pas ce que vous disent vos professeurs.

DESIGN AND ARCHITECTURE

Autumn 2005

BRITISH COUNCIL

DESIGN & ARCHITECTURE

Emily Campbell (1)
Head of Design & Architecture
emily.campbell@britishcouncil.org

Sorrel Hershberg (2)
Senior Design Curator & Project Manager
sorrel.hershberg@britishcouncil.org

Alison Moloney (3)
Design Curator & Project Manager
alison.moloney@britishcouncil.org

Catherine Ince (4)
Design Curator & Project Manager
catherine.ince@britishcouncil.org

Anna Mears (5)
Design Project Assistant
anna.mears@britishcouncil.org

Tom Lipscomb (6)
Design Project Assistant
tom.lipscomb@britishcouncil.org

We lead a design and architecture programme for the British Council's thirteen geographical regions made up of exhibitions, educational activities, collaborative projects and specialist visits to the UK. We also provide information on British design and architecture to a wide variety of customers all over the globe. Our aim is to initiate dialogue and collaboration between British designers and their counterparts overseas and to engage British designers in the international context for design, craft and the creative industries.

BRITISH COUNCIL
Art, Architecture & Design
British Council
10 Spring Gardens
London SW1A 2BN
T +44 (0)20 4389 3162
F +44 (0)20 7389 3164

THE DESIGN & ARCHITECTURE ADVISORY GROUP

Alice Rawsthorn Design Museum (Chair)
Brian Boylan Wolff Olins
Lucas Dietrich Thames & Hudson
Tom Dixon Tom Dixon Ltd / Art & Technology
Clive Grinyer Orange
David Kester Design Council
Fred Manson
Susan McCormack Victoria and Albert Museum
Stuart McDonald The Lighthouse
Stuart McDonald The Lighthouse
Farshid Moussavi Foreign Office Architects
Jeremy Myerson InnovationRCA
Daljit Singh Digit
Frances Sorrell The Sorrell Foundation
Deyan Sudjic Kingston University / The Observer
Louise Taylor Crafts Council
Susanne Tide-Frater Harrods

EDITORIAL **AUTUMN 2005**

The progress of our commissions for the exhibition *My World: The New Subjectivity in Design* gave the brilliant London-based Belgian graphic designer Sara De Bondt the perfect reason to undertake a task some might regard as insane: the painstaking hand-rendering of the whole of our publication. All the text and all the images. We are curious to know if you feel better — or worse — informed by images that are drawn not photographed; more or less edified by text that is handwritten not typeset. In the thesis circulated to each of the participating countries of *My World*, we claimed that 'globalisation and the rapid advance of digital technologies have created an anxiety about loss of identity... Products, environments and media increasingly share visual languages from which traces of geographical or personal origin have been erased'. Is there more palpable identity or sense of origin in this handmade thing? Is its identity in conflict with what we today expect information to be? We know how easy it is to conflate the hand-made and the real. How easily one mistakenly slurs the — hitherto marvellous and revolutionary — digitally or industrially mass-produced. What a conundrum this whole craft issue is. Meanwhile, how exactly does it relate to the trend for simplification in design that Tom has described under *Design in Britain Now*? Perhaps via the essential and universal question of how best to honour the proper dignity of individuals. Which brings us neatly to our biggest question of the season. *How Global is Design?* For enlightenment, see page 7 and then attend our star-studded critical debate at the V&A in October!

emily.campbell@britishcouncil.org

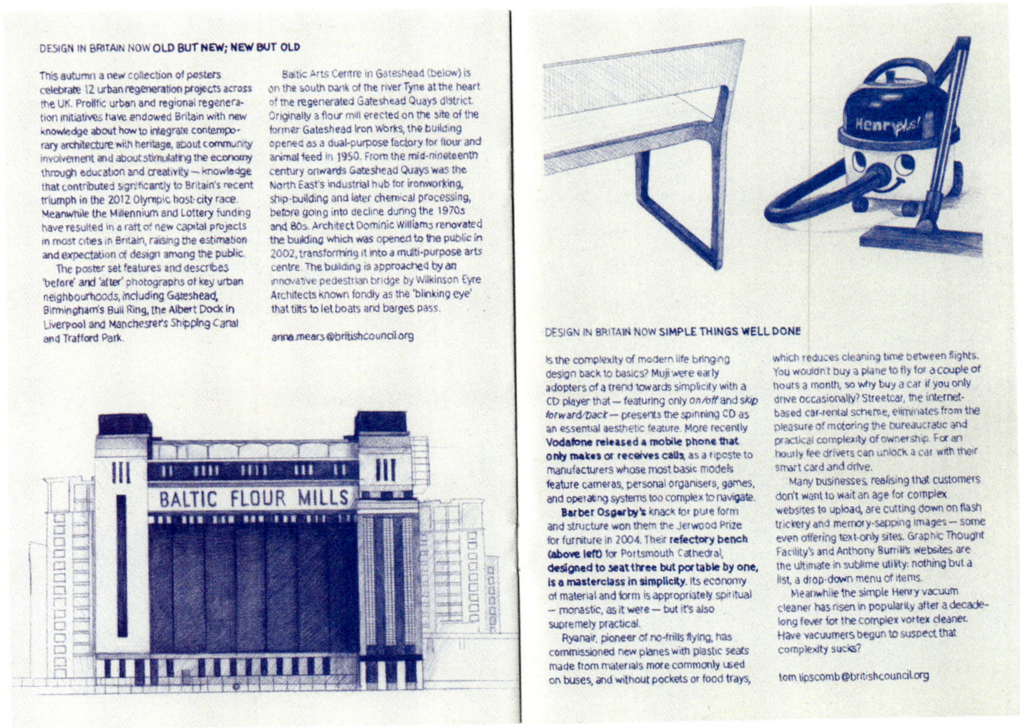

DESIGN IN BRITAIN NOW **OLD BUT NEW; NEW BUT OLD**

This autumn a new collection of posters celebrate 12 urban regeneration projects across the UK. Prolific urban and regional regeneration initiatives have endowed Britain with new knowledge about how to integrate contemporary architecture with heritage, about community involvement and about stimulating the economy through education and creativity — knowledge that contributed significantly to Britain's recent triumph in the 2012 Olympic host-city race. Meanwhile the Millennium and Lottery funding have resulted in a raft of new capital projects in most cities in Britain, raising the estimation and expectation of design among the public.

The poster set features and describes 'before' and 'after' photographs of key urban neighbourhoods, including Gateshead, Birmingham's Bull Ring, the Albert Dock in Liverpool and Manchester's Shipping Canal and Trafford Park.

Baltic Arts Centre in Gateshead (below) is on the south bank of the river Tyne at the heart of the regenerated Gateshead Quays district. Originally a flour mill erected on the site of the former Gateshead Iron Works, the building opened as a dual-purpose factory for flour and animal feed in 1950. From the mid-nineteenth century onwards Gateshead Quays was the North East's industrial hub for ironworking, ship-building and later chemical processing, before going into decline during the 1970s and 80s. Architect Dominic Williams renovated the building which was opened to the public in 2002, transforming it into a multi-purpose arts centre. The building is approached by an innovative pedestrian bridge by Wilkinson Eyre Architects known fondly as the 'blinking eye' that tilts to let boats and barges pass.

anna.mears@britishcouncil.org

BALTIC FLOUR MILLS

DESIGN IN BRITAIN NOW **SIMPLE THINGS WELL DONE**

Is the complexity of modern life bringing design back to basics? Muji were early adopters of a trend towards simplicity with a CD player that — featuring only *on/off* and *skip forward/back* — presents the spinning CD as an essential aesthetic feature. More recently **Vodafone released a mobile phone that only makes or receives calls**, as a riposte to manufacturers whose most basic models feature cameras, personal organisers, games, and operating systems too complex to navigate.

Barber Osgerby's knack for pure form and structure won them the Jerwood Prize for furniture in 2004. Their **refectory bench (above left)** for Portsmouth Cathedral, **designed to seat three but portable by one, is a masterclass in simplicity.** Its economy of material and form is appropriately spiritual — monastic, as it were — but it's also supremely practical.

Ryanair, pioneer of no-frills flying, has commissioned new planes with plastic seats made from materials more commonly used on buses, and without pockets or food trays, which reduces cleaning time between flights. You wouldn't buy a plane to fly for a couple of hours a month, so why buy a car if you only drive occasionally? Streetcar, the internet-based car-rental scheme, eliminates from the pleasure of motoring the bureaucratic and practical complexity of ownership. For an hourly fee drivers can unlock a car with their smart card and drive.

Many businesses, realising that customers don't want to wait an age for complex websites to upload, are cutting down on flash trickery and memory-sapping images — some even offering text-only sites. Graphic Thought Facility's and Anthony Burrill's websites are the ultimate in sublime utility: nothing but a list, a drop-down menu of items.

Meanwhile the simple Henry vacuum cleaner has risen in popularity after a decade-long fever for the complex vortex cleaner. Have vacuumers begun to suspect that complexity sucks?

tom.lipscomb@britishcouncil.org

Design and Architecture // 2005 //

Le British Council organise dans le monde entier des coopérations entre l'Angleterre et d'autres pays dans les domaines de l'art et de la culture, ainsi que la formation et l'apprentissage de l'anglais en tant que langue étrangère. En septembre 2005, le département de design et architecture publia une Newsletter que la graphiste Sara de Bondt avait complètement conçue à la main, illustrations et textes compris. Les 16 pages sont imprimées en monochromie sur du papier journal.

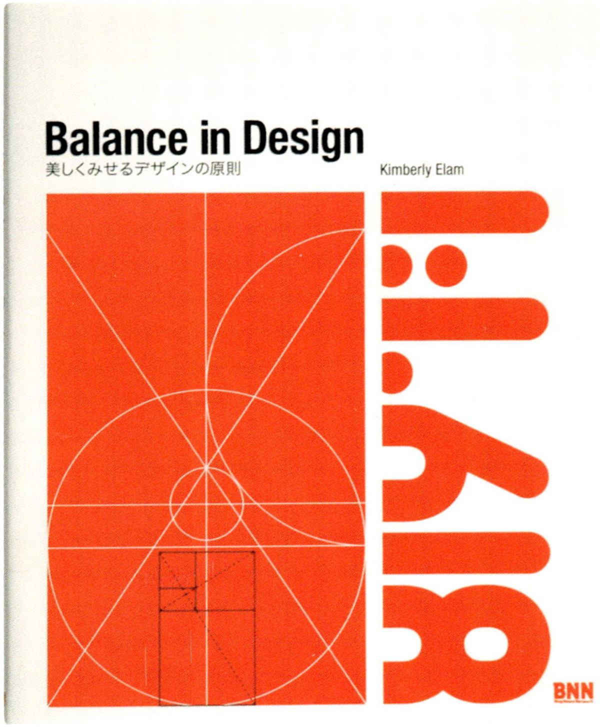

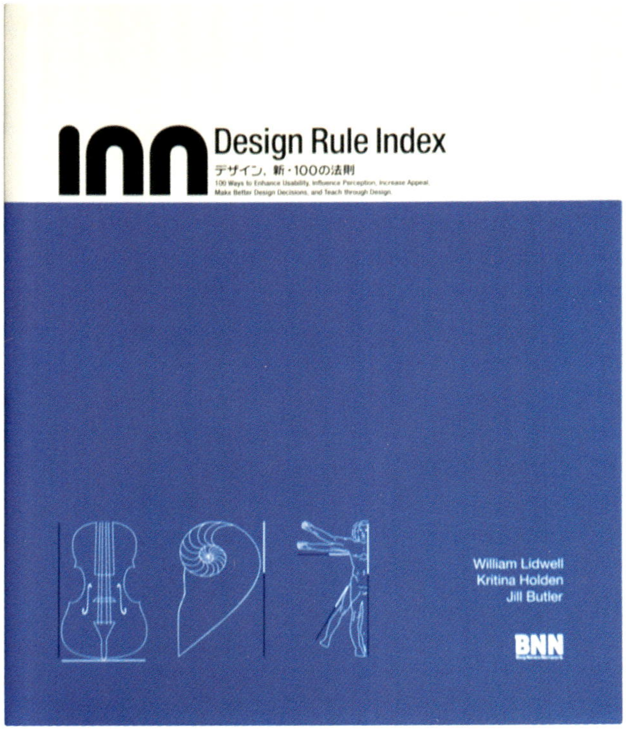

Balance in Design // 2005 // ***Design Rule Index*** // 2004 // ***Pattern Library*** // 2005 // ***Shade Architecture*** // 2005 // ***Destination*** // 2003 //

Dans l'équipe de graphistes japonaise Graphixx, Masahito Hanzawa né en 1975 est l'un des spécialistes des supports imprimés. La sélection présentée ici montre surtout des couvertures de livres pour des publications parues chez BNN, une maison d'édition de Tokyo spécialisée dans les livres de design.

Power Graphixxs // Masahito Hanzawa, Hiroyuki Nagatake, Yoshiyuki Komatsu, Junya Saito // Tokyo, Japon // www.power-graphixx.com //

L'agence de design japonais Graphixx a été fondée en 1996 par Masahito Hanzawa, Hiroyuki Nagatake, Yoshiyuki Komatsu et Junya Saito. Bien qu'ils aient tous suivi des études d'architecture, ils se sont d'abord fait remarquer avec des designs de flyers et de logos. Après avoir remporté un appel d'offres pour la création de la nouvelle identité visuelle d'une chaîne de télévision musicale japonaise, ils ont étendu leur gamme de produits avec beaucoup de succès au motion graphics, à l'animation et au film. Aujourd'hui, cette équipe aux multiples talents produit toutes sortes de design de logo et d'impression, des séquences titres pour des films, des vidéos de musique et d'événements, et même du design de meubles. Tandis que Hiroyuki Nagatake est principalement responsable du design de meubles et de produits, et Yoshiyuki Komatsu du motion graphics et du film, la plus grande partie du design imprimé relève de Masahito Hanzawa et de Junya Saito.

AFFICHE

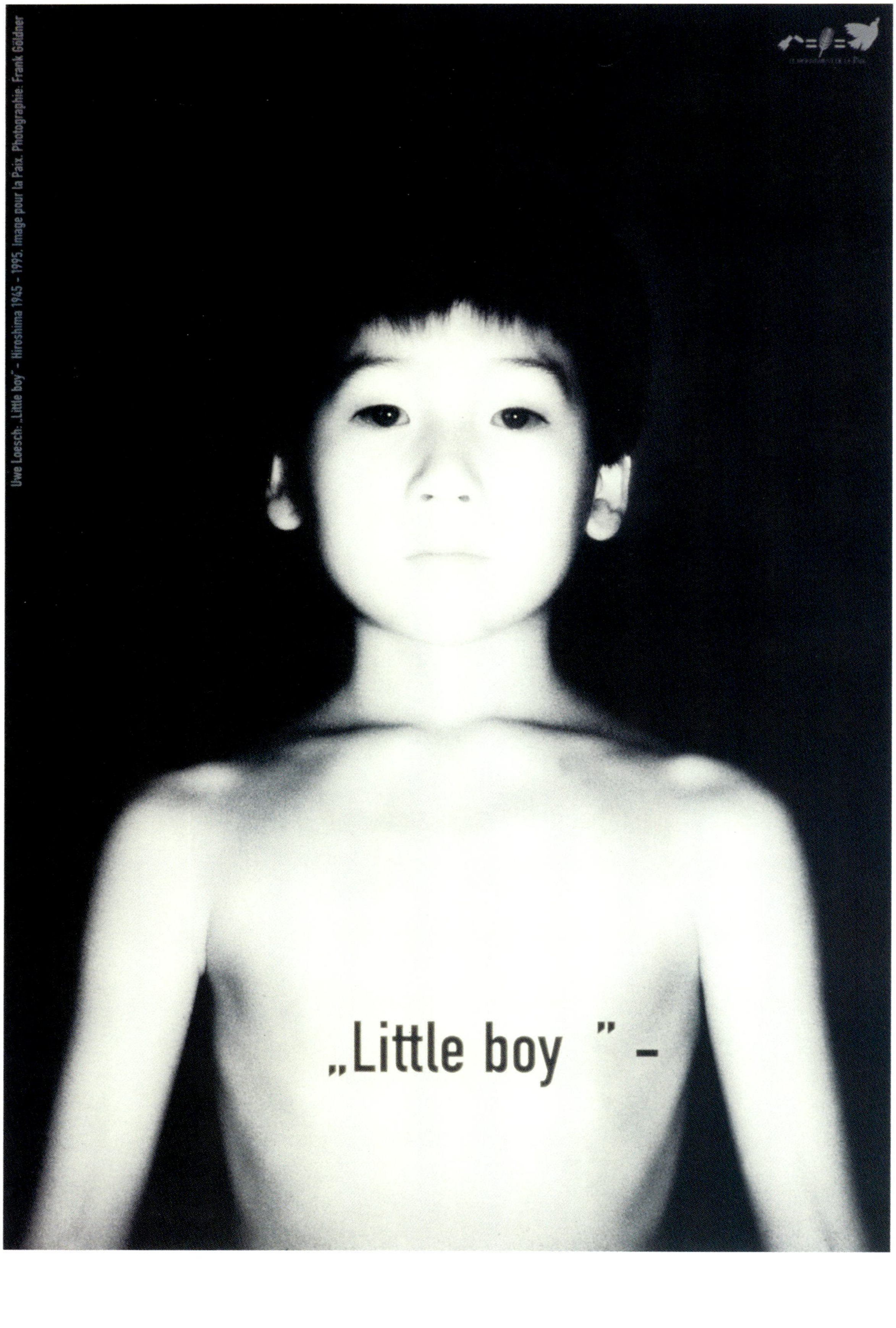

***Little boy** // **Geschichte als Argument** // **www.scheisse.de** // **Faire le beaux** // **Vogelfrei** // **Istanbul bye bye!** //*

Les affiches d'Uwe Loesch communiquent avec une extrême efficacité : peu d'éléments visuels impliquent le spectateur dans les méandres de la signification. Souvent, les différentes parties de l'affiche ne se composent que dans la tête du spectateur en un tout passionnant. La typographie transporte le contenu, qui va bien au-delà de ce que disent les lettres imprimées, soit elle entretient une relation très étroite avec l'image, soit elle devient elle-même l'image. Le premier exemple est donné sur l'affiche primée qui rappelle le 50e anniversaire du lancement de la bombe atomique sur Hiroshima : Loesch écrit le nom de code de la bombe, « Little Boy », sur la photo iconique d'un petit garçon asiatique innocent. L'affiche tient sa puissance déconcertante de l'interaction entre la typographie et l'image. Avec un

tel raccourci ciblé, même un blanc dans la typographie prend de l'importance. L'affiche du congrès des historiens allemands en 1996 est un autre exemple, sur lequel la typographie devient elle-même image : le slogan du congrès, « L'Histoire comme argument », passe dans un broyeur jusqu'à en être méconnaissable. Cette affiche fait elle-même partie intégrante des débats du congrès. Les affiches de Loesch ne sont jamais seulement décoratives ou informatives. Elles ne sont pas moins que ce que sont les discours distillés à l'image : des expressions visuelles qui soulèvent des questions, irritent, inspirent et font prendre position.

Uwe Loesch // Düsseldorf, Allemagne // www.uweloesch.de //

Plus de 30 expositions particulières et plus 100 expositions groupées inscrivent Uwe Loesch, lauréat de prix de design internationaux, au palmarès des plus grands affichistes contemporains. Né à Dresde en 1943, Uwe Loesch travaille depuis 1968 dans son studio de design situé à Düsseldorf pour des maisons d'édition, des entreprises et des organismes sociaux et culturels. Depuis le début des années 1980, ses affiches lui valent une reconnaissance internationale. Son langage imagé, ciblé et significatif n'appartient pas à un style particulier, mais anticipe plutôt de quelques décennies de nombreuses tendances ultérieures, comme l'utilisation du clair et du flou, la réévaluation de la typographie en un élément auquel on peut conférer de multiples sens, des formats peu orthodoxes, comme un poster qui peut être découpé en livre, etc. Des musées de renom international comme le Museum of Modern Art de New York rassemblent et présentent ses travaux dans leurs expositions.

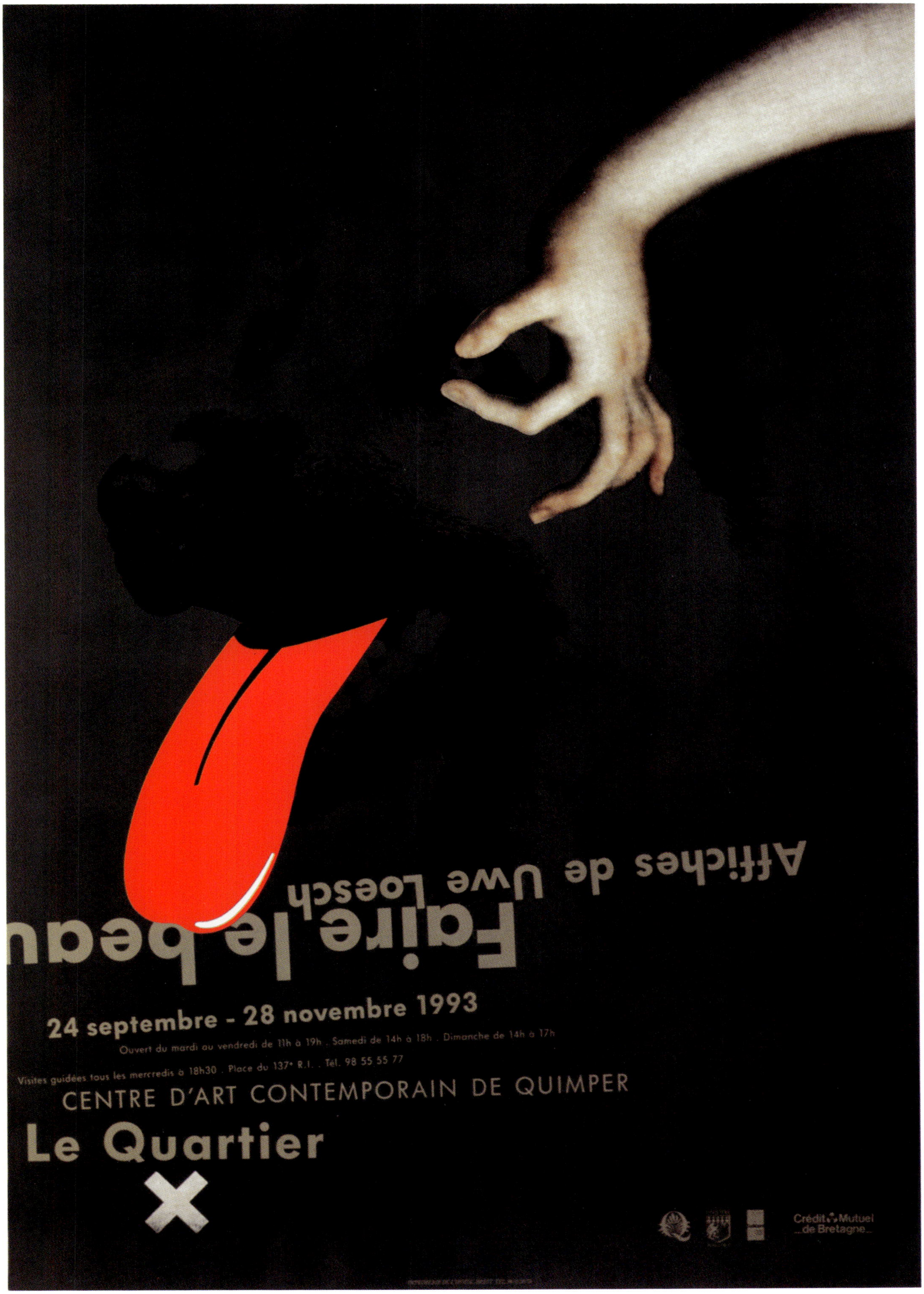
Affiches de Uwe Loesch
Faire le beau
24 septembre - 28 novembre 1993
Ouvert du mardi au vendredi de 11h à 19h . Samedi de 14h à 18h . Dimanche de 14h à 17h
Visites guidées tous les mercredis à 18h30 . Place du 137e R.I. . Tél. 98 55 55 77
CENTRE D'ART CONTEMPORAIN DE QUIMPER
Le Quartier
Crédit Mutuel de Bretagne

Uwe Loesch: Vogelfrei.
www.chineseredcross.org.cn

Istanbul bye bye! by Uwe Loesch

Beck: Sea Change // 2002 //

Pour la tournée « Sea Changes » du chanteur-compositeur et multi-instrumentaliste Beck, le designer parisien Laurent Fétis a conçu l'affiche en mélangeant volontairement des photographies, des illustrations et de la typographie inspirées de l'esthétique psychédélique des années 1960 et 1970. L'affiche a été imprimée dans une édition limitée à 2 000 exemplaires.

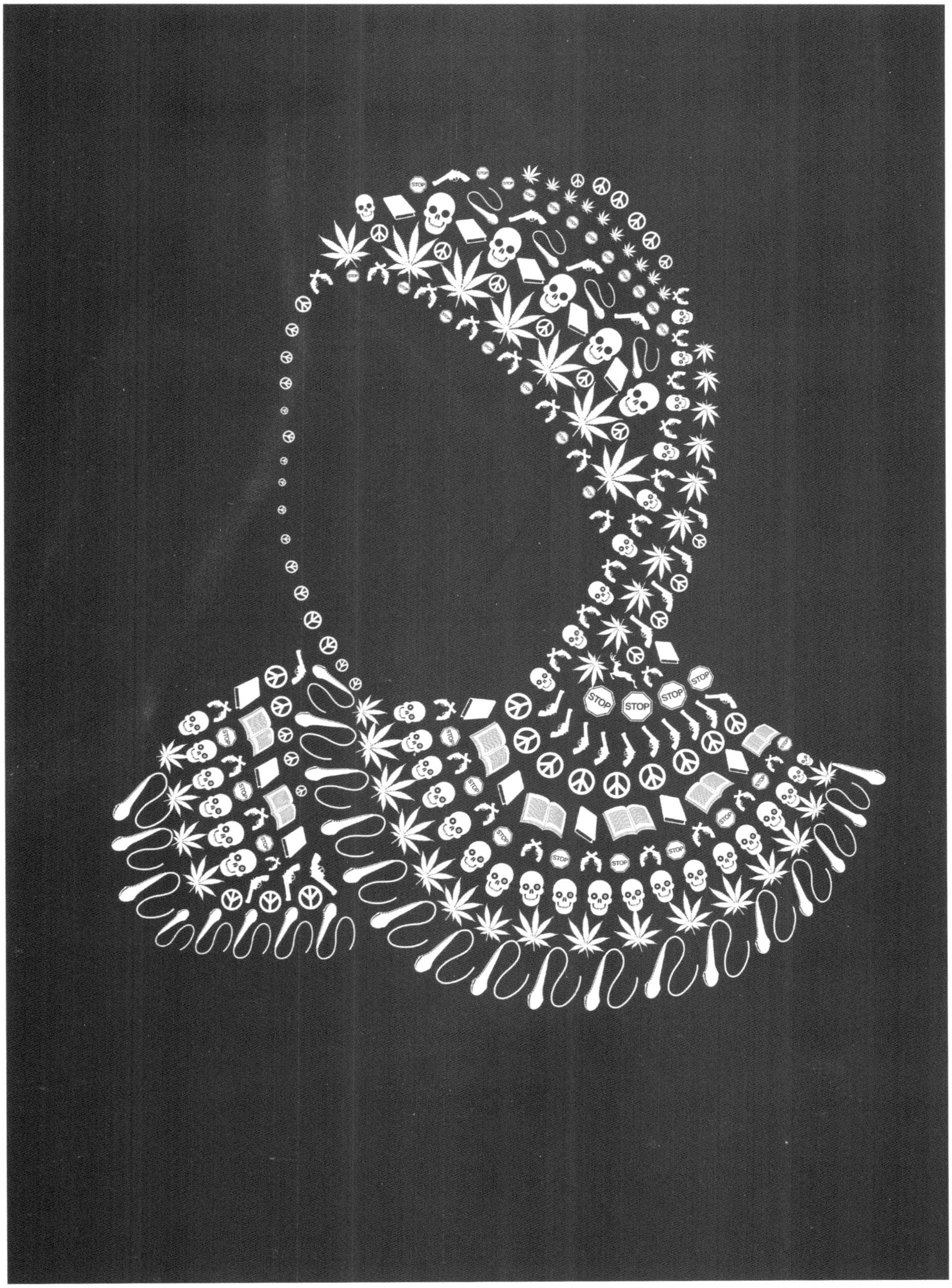

Volksbuurtmuseum: Buitenspel // 2003 //

Le studio de design néerlandais NLXL a conçu les supports imprimés pour *Buitenspel*, une production théâtrale du Volksbuurtmuseum, basée sur les interviews d'une trentaine de jeunes de De schilderswijk, un quartier résidentiel multiculturel de La Haye. Dans ces interviews, les jeunes se prononcent sur leurs attentes de l'avenir. Sous la direction d'un professionnel, les mêmes jeunes ont joué des extraits de leurs interviews sur scène.

1Xtra //

Le studio de design Blue Source de Londres a élaboré une nouvelle identité visuelle pour 1Xtra, un émetteur de radio numérique de la BBC qui, en passant de la « black music » actuelle, s'adresse essentiellement à un public jeune.

1Xtra
BBC
DIGITAL RADIO
1XTRA.
NEW BLACK
MUSIC.

Filmstad presenteert
tischePoë,
menteleExperi
en zinnigeKunst film
filmFESTIVAL
18 & 19 november
vrijdag 14.00 - 01.00 uur
zaterdag 12.00 - 01.00 uur
Filmhuis Den Haag
www.filmstad.org
ontwerp: www.studioduel.nl | still: GONAH-E MARYAM van Parisa Shahandeh
STICHTING
FILM
STAD

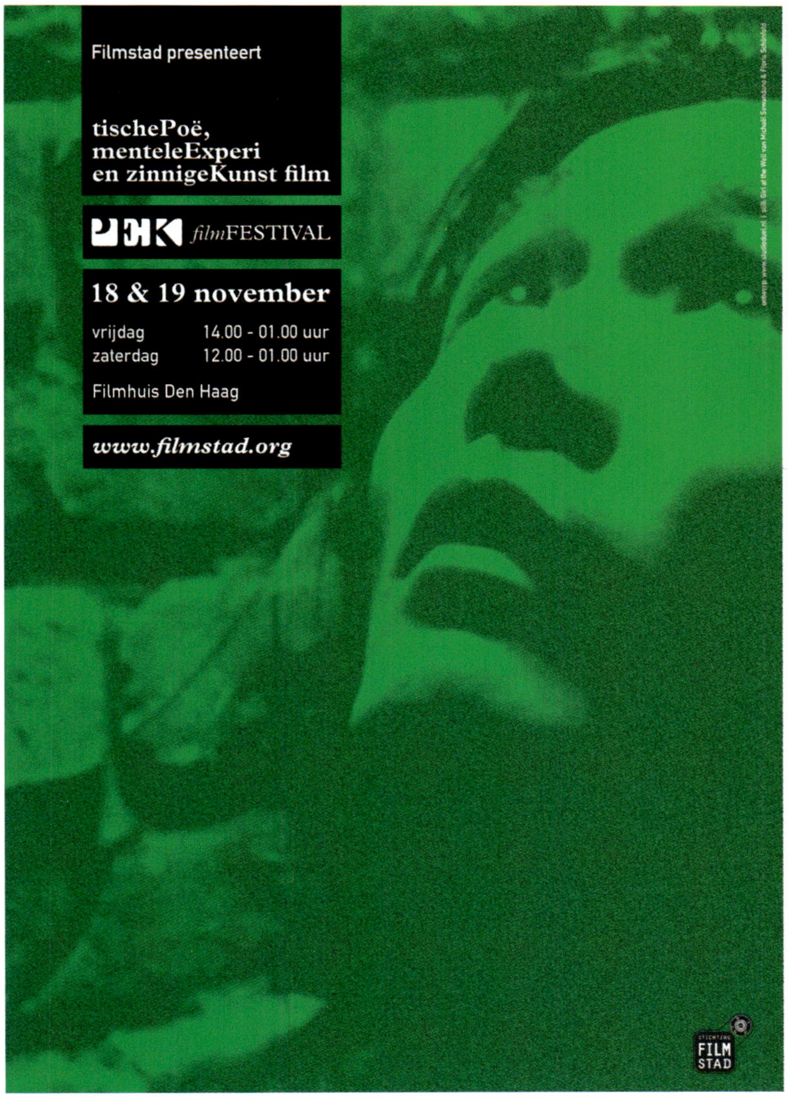

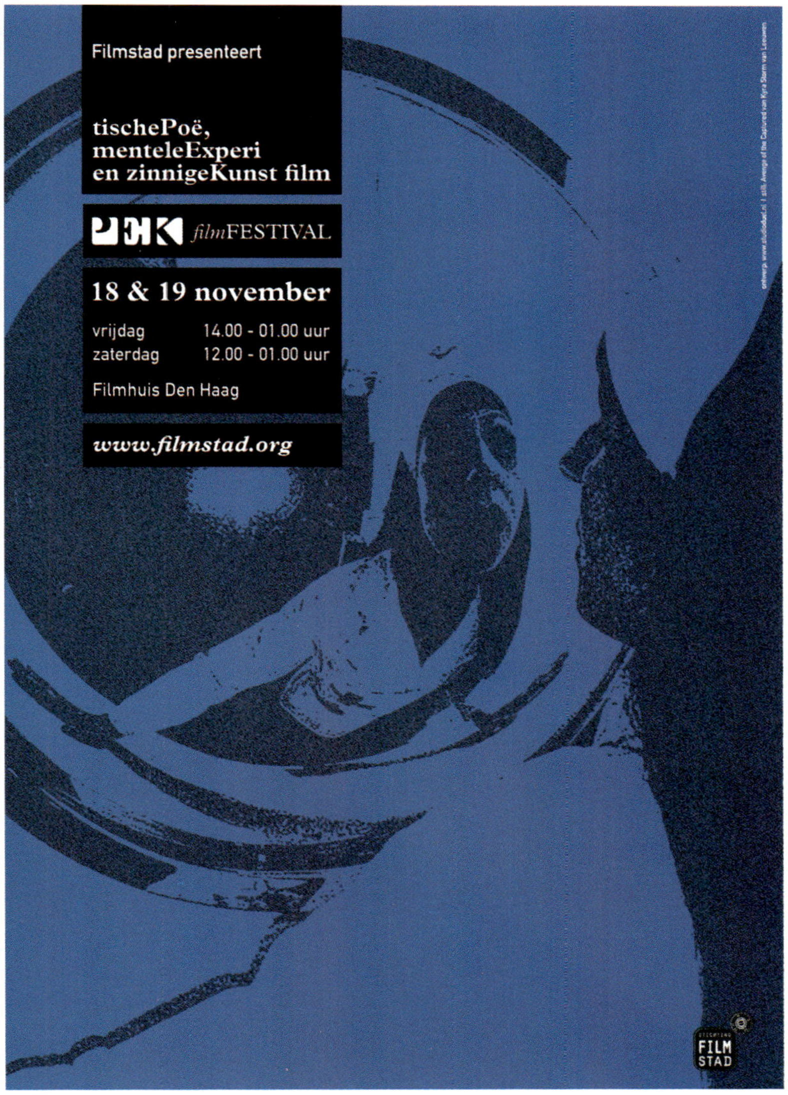

PEK Film Festival // 2006 //

Dans le film, toutes les couleurs naissent de l'addition des trois couleurs rouge, vert et bleu. À partir de différentes quantités de ces trois éléments de base, il est possible de représenter le spectre de la lumière dans son ensemble. Le concept du studio de graphisme duel repose sur ce principe conçu pour les médias publicitaires du festival du film PEK de La Haye. Ainsi, les textes du programme sont typographiés sur des images en pleine page, traitées en monochromie et mises en arrière-plan. Cette mise en page reflète les couleurs du spectre de lumière : en commençant par le rouge sur la page de titre, puis en passant par le vert dans le milieu du cahier jusqu'au bleu pour la fin. Les affiches suivent le même principe : chacune des trois affiches est réduite à une des trois couleurs de base.

Duel // Hederik van der Kolk & Bas de Koning // La Haye, Pays-Bas // www.studioduel.nl //

Quand nous étions étudiants à l'académie des Beaux-Arts d'Arnhem, on nous a confié le dessin de la couverture d'une nouvelle Bible pour la jeunesse. Notre collaboration s'est révélée si fructueuse qu'à la fin du contrat nous avons décidé de travailler ensemble sous le nom de Duel.
Duel est essentiellement une agence d'art graphique, mais nous nous intéressons à tout ce qui concerne le visuel. Jusqu'à présent, nous avons réalisé des dépliants, des affiches, des brochures, des logos d'entreprise, des maquettes de livres, des rapports annuels, des sites web, des clips vidéo et bien d'autres choses encore.
Nous sommes plus particulièrement satisfaits de la ligne d'imprimés que nous produisons pour Workspace. Chaque imprimé que nous concevons pour cet événement annuel constitue une nouvelle tentative de capturer la tridimensionnalité de la salle d'exposition dans une image en deux dimensions. Nous avons un faible pour les designers qui savent se remettre en question. Qui osent commettre des erreurs. Qui s'aventurent hors des sentiers battus. Il est important de bien connaître les limites de son champ d'action avant de passer outre.
Nos bureaux comportent essentiellement un ordinateur et un grand fouillis. Souvent, ce dernier recouvre toute la surface de travail. Nous avons également une sorte de salle de conférence, de relaxation et d'inspiration. On y trouve une grande table, un réfrigérateur (garni), de nombreux livres et plein de magazines.
Mon cauchemar ? Me réveiller un jour et découvrir que tout n'était qu'un rêve, trouver mes collègues en costume-cravate, en train de boire du café dans un gobelet en plastique et de faire des horaires de bureau.

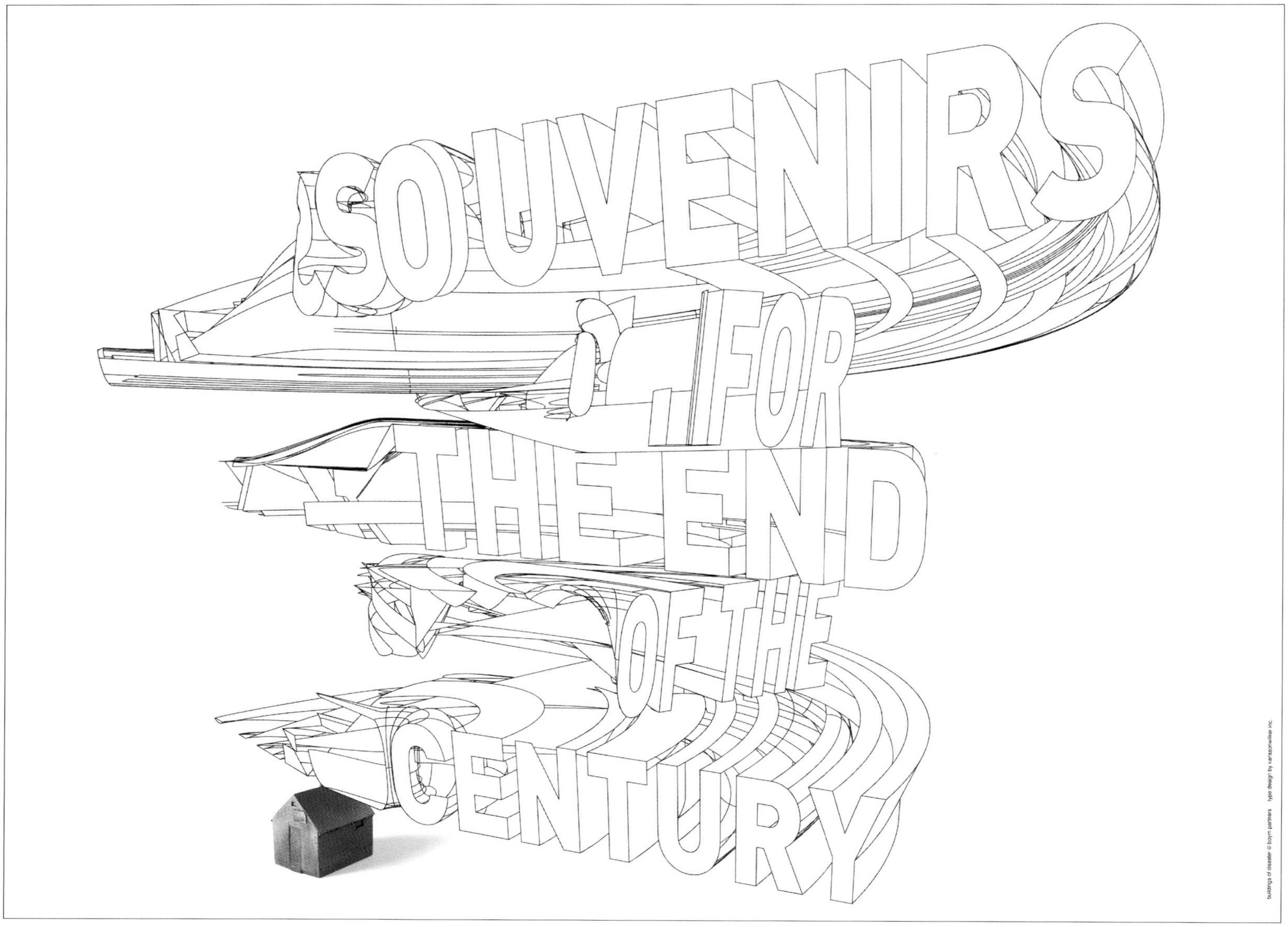

Souvenirs for the End of the Century //

Au tournant du siècle, le studio de design Boym de New York a imaginé le catalogue Souvenirs for the *End of the Century* et a commandé la conception de sa couverture à des collègues de l'agence KarlssonWilker Inc. Ceux-ci ont travaillé fiévreusement à un titre en 3D qui devait paraître d'une manière ou d'une autre « cassé ». La solution a été apportée par un petit défaut dans le logiciel 3D que KarlssonWilker a pu utiliser pour le projet.

Tatlin's Tower // 2005 //

La tour Tatlin est considérée comme l'Atlantis du constructivisme russe : une utopie jamais construite, conçue dans les années 1920 par Vladimir Tatlin selon des critères purement esthétiques et en référence visuelle à la tour de Babel faisant écho à la réconciliation de tous les peuples. La tour est en outre considérée comme statiquement irréalisable. Malgré tout ou peut-être pour cette raison, le groupe d'artistes anglais « Henry VIII' s Wives » s'est consacré à la construction de cette architecture légendaire, mais sans en assembler toutes les parties et en les dispersant dans le monde entier. En 2005, le métro londonien attira l'attention sur une campagne d'affichage réalisée par le groupe d'artistes dans le cadre de leur « Platform for Art ». Les deux projets de la graphiste Sara de Bondt ont plus tard été intégrés par le « Henry VIII' s Wives » dans l'exposition « Populism », présentée dans des musées de renom à Amsterdam, Oslo, Vilnius et Francfort.

CultuurNacht // 2003 //

La Cultuurnacht est une manifestation annuelle de la ville de La Haye dont le but est d'inciter un public jeune à se rendre dans les musées ou au théâtre, et à participer aux spectacles de danses et aux concerts organisés par la ville. Le studio de design NLXL est responsable de toute la communication visuelle du festival. Les affiches publicitaires de 2003 sont particulières : elles ont d'abord été imprimées en monochromie. Elles ont ensuite été mises en couleurs, une par une, à l'aérographe. Grâce à cette idée de graffiti, chaque affiche de cette année-là est unique.

NLXL // Bob van Dijk, Oscar Smeulders, Joost Roozekrans // La Haye, Pays-Bas // www.nlxl.com //

Nous travaillons dans un grand espace ouvert, une ancienne galerie d'art au toit entièrement vitré. Notre environnement est un mélange d'ordre et de chaos. En total nous sommes 8 personnes à NLXL.

Bob : En ce moment, mon bureau est à peu près rangé mais, normalement, c'est le bazar. J'ai une importante collection d'oiseaux empaillés au studio, ainsi qu'une collection de membres artificiels. Je suis quelqu'un de curieux, je veux tout savoir et je m'intéresse à plein de choses.

Oscar : J'aime prendre des photos et je change souvent celles qui sont sur mon bureau. En plus, j'ai une soixantaine de documents et de dossiers qui traînent. C'est assez désordonné…

Joost : Je suis quelqu'un d'organisé. Sur mon bureau, on trouve essentiellement les dossiers en cours et seulement quelques travaux à archiver.

Avons-nous une devise dans le travail ?

Bob : ma devise, c'est que je ne veux pas avoir l'impression de travailler. Je veux m'amuser et inventer.

Oscar : ma devise est simple : « S'amuser en travaillant. » S'amuser avec les produits que nous concevons et s'amuser pendant la création.

Joost : sois curieux !

Pour nous, comme dans tous les domaines du design, c'est une idée forte qui fait la qualité d'un design imprimé.

Quel conseil donnerions-nous aux étudiants en art graphique ? Bob et Oscar : aucun conseil, lancez-vous ! Gardez votre bonne humeur et étonnez-vous !

Joost : N'étudiez que ce que vous voulez étudier. Je présume que c'est valable pour toutes les formes d'enseignement.

Kong // 2006 //

Kong est une récente galerie commerciale de Mexico dédiée à tout ce que le design peut mettre en scène, du jouet jusqu'au t-shirt, en passant par des livres de design. À l'occasion de son inauguration en mai 2006, Kong a commandé, à trente designers de renom du monde entier, des affiches qui avaient pour sujet le fabuleux nom de cette galerie. Le studio de graphisme australien Rinzen a également apporté sa contribution et a conçu une illustration dont l'effacité est typique du savoir-faire de l'agence : peu d'éléments y sont très marquants.

Feist // 2006 //

Andrio Abero, un jeune designer qui a créé son studio, le 33rpm, à Seattle, est sorti de l'ombre depuis qu'il a reçu de nombreux prix comme le Young Guns Award du Art Director Clubs NY et est passé d'une réputation locale aux feux de la rampe internationale. Sa spécialité est la conception d'affiches, particulièrement pour les festivals de musique et les groupes. Bien que complètement informatisé, son travail donne souvent l'impression d'être réalisé à la main, notamment en raison de sa passion pour la technique traditionnelle de la sérigraphie. Dans ce contexte, on remarque sa peédilection pour les surfaces colorées, les formes claires et les palettes de couleurs restreintes. Généralement, il n'utilise que très peu de texte, qu'il met en scène dans des polices de caractères simples qui s'intègrent à l'image.

POSTER: 33RPM

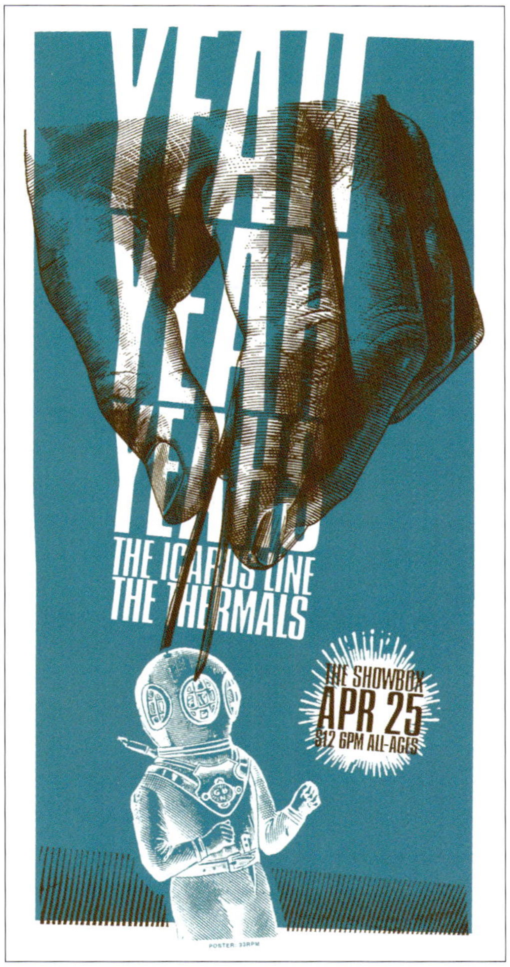

***Pedro the Lion** // **Catpower** // **Yeah Yeah Yeah** // **U.S.E.** //*

33rpm // Andrio Abero // Seattle, États-Unis // www.33rpmdesign.com //

Mes premières influences esthétiques datent de l'époque où je vivais à Portland, dans l'Oregon. J'écoutais alors beaucoup de rock indépendant. Je voyais également beaucoup d'affiches de Mike King, sans savoir qui il était. Les disques que j'achetais avaient souvent un design ahurissant. J'ai également été fortement influencé par les couvertures de Built to Spill de Tae Won Yu. Quand je suis venu m'installer à Seattle, j'ai découvert les travaux de Jeff Kleinsmith ; j'admirais sa parfaite maîtrise de l'espace négatif, sa typographie et son utilisation audacieuse de l'imagerie et de la couleur.
Parmi les travaux qui m'ont procuré le plus de satisfaction, je citerais Primrosa et Drew Victor, deux de mes premières affiches sérigraphiées. C'était passionnant de travailler avec les mains et cela a finalement changé ma façon d'envisager le processus du design.
Mon poste de travail ? Je suis un puriste et je n'aime pas le désordre. J'utilise l'affichage par défaut avec des raccourcis vers les travaux en cours. Je viens de m'installer dans un nouveau studio que je partage avec quatre designers. Il est situé dans une ancienne usine de pâtes qui a brûlé, il y a 20 ans, et qui a été rénovée par un groupe d'artistes. Nous sommes à l'angle du bâtiment. Juste derrière moi, il y a un morceau de lino pour smurfer. Je n'ai pas beaucoup de matériel : un bureau informatique, une table à dessin, une grande base de données et quelques étagères. Ma devise ? Je n'en ai pas. Est-ce que je devrais ? Ce qui m'exaspère ? Les clients qui vous demandent d'agrandir un petit peu leur objet dans l'image ! Mes cinq coups de cœur :
Un bon repas thaïlandais / Un fou rire / Le beau temps / Les produits Apple / Mes amis et ma famille

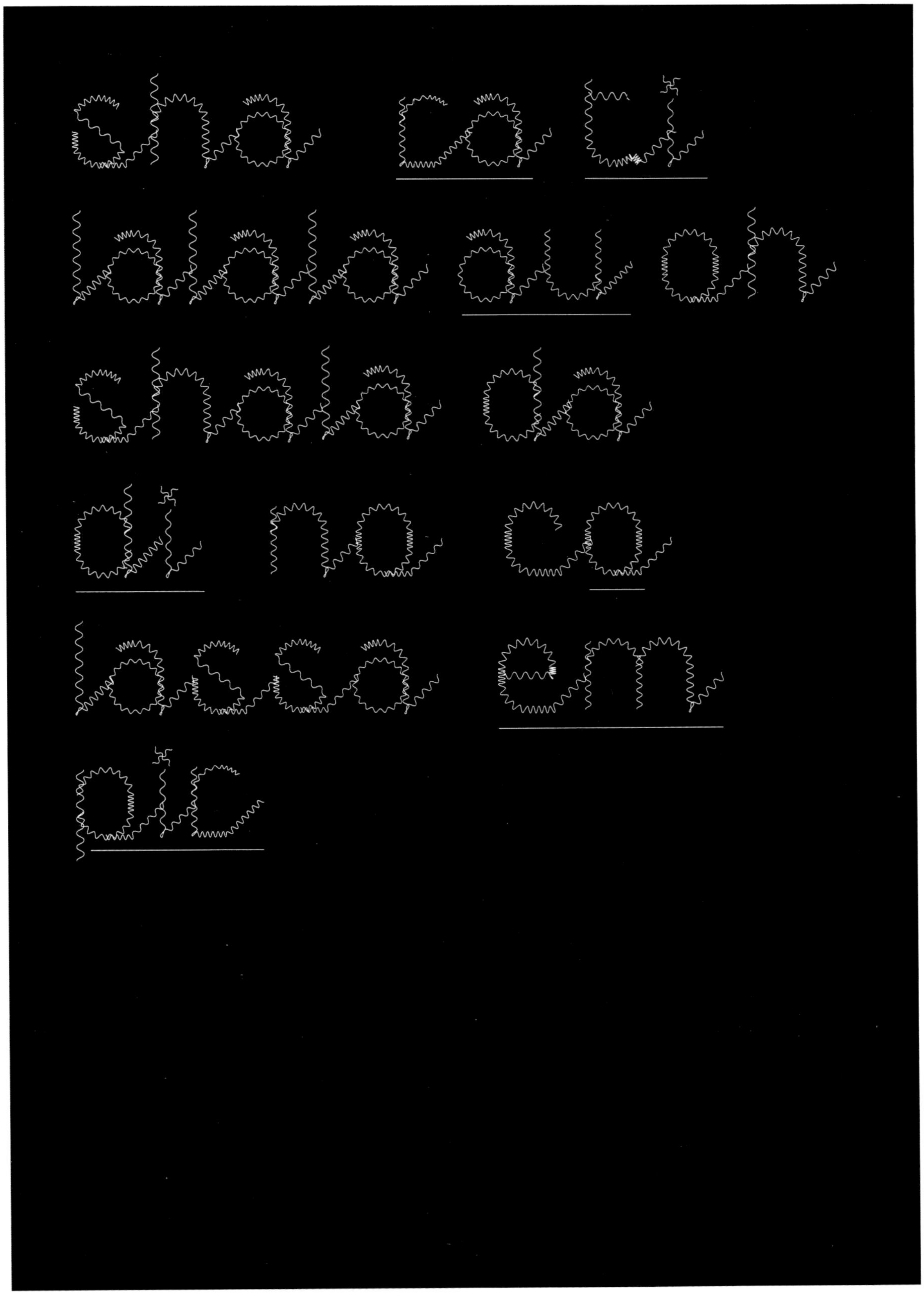

Ratiaudio Empir //

Le « Ratiaudio Empir » est un projet de spectacle multimédia du groupe créatif néerlandais Sonido Gris, dans lequel Remco van Bladel et Freek Lomme réduisent de la musique rock sous une forme plus abstraite avec leurs quatre ingrédients de base typiques : batterie, basse, guitare et chant. Ils parviennent à cet effet avec l'aide de spectateurs choisis au hasard qui écoutent un morceau de musique dans un casque et indiquent la participation de chaque « ingrédient » en appuyant sur les voix enregistrés énonçant les mots « batterie », « basse », « guitare » et « chant ». Le public entend alors un assemblage de mots parlés comme une abstraction du morceau de rock d'origine. Remco van Bladel a de la même façon conçu quatre affiches typographiques qui visualisent le concept du collage du spectacle.

Sonido Gris // Remco van Bladel // Amsterdam, Pays-Bas // www.sonidogris.com //

Raymond Pettibon, Ed Fella, Karel Martens, Purple Magazine et Sonic Youth comptent parmi mes premières influences. Aujourd'hui, je puise surtout mon inspiration dans l'art contemporain et la musique d'avant-garde.
Je travaille à la fois chez moi et à Solar Initiative, qui est installé dans un vieil entrepôt du XVIe siècle près de la gare centrale d'Amsterdam. C'est un loft magnifique avec d'immenses poutres en bois. Sonido Gris est un groupe et un petit collectif qui travaille sur la musique et les sons, la vidéo et l'art graphique. Pour moi, ce qui fait la qualité d'un design imprimé, c'est le mariage du talent créatif et de l'originalité dans la reliure, le choix du papier et des encres.
Si j'ai une devise dans mon travail ? Pas vraiment. Il faut juste être passionné et essayer d'en apprendre toujours plus. Ce qui m'exaspère, ce sont les personnes qui n'ont pas de passion dans la vie.

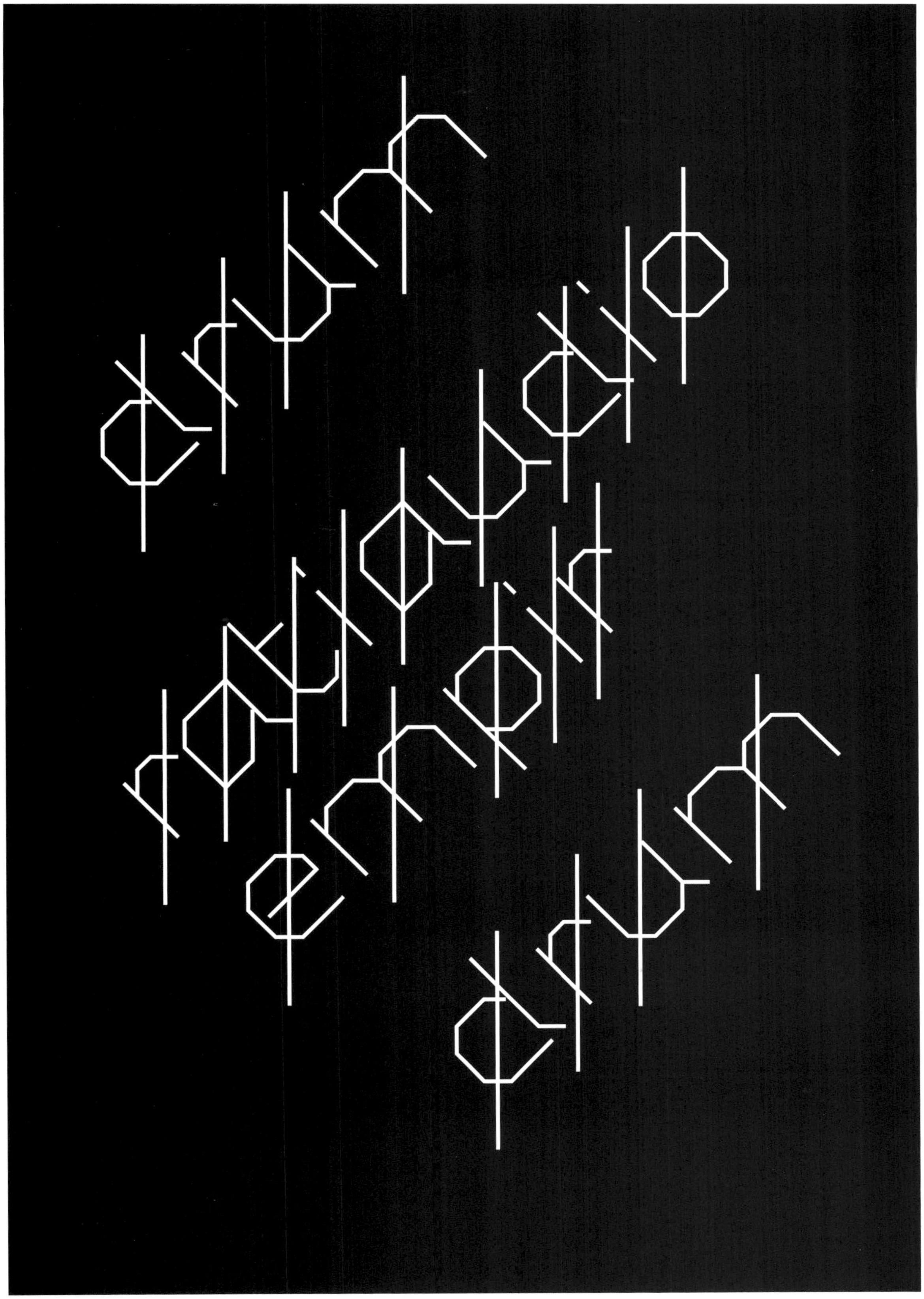

Mon pire cauchemar ? Devenir aveugle, je suppose.
Quel conseil je donnerais aux étudiants en art graphique ? Ce que Roger Willems (ROMA) m'a enseigné : concentre-toi sur tes qualités et apprends à prendre plaisir à concevoir et à lancer tes propres projets.
Voici mes cinq coups de cœur :
Susanne / Faire de la musique, à la fois en solo et avec Sonido Gris / La sérigraphie / Découper des caractères en papier / Écouter Tortoise en faisant du vélo dans Amsterdam

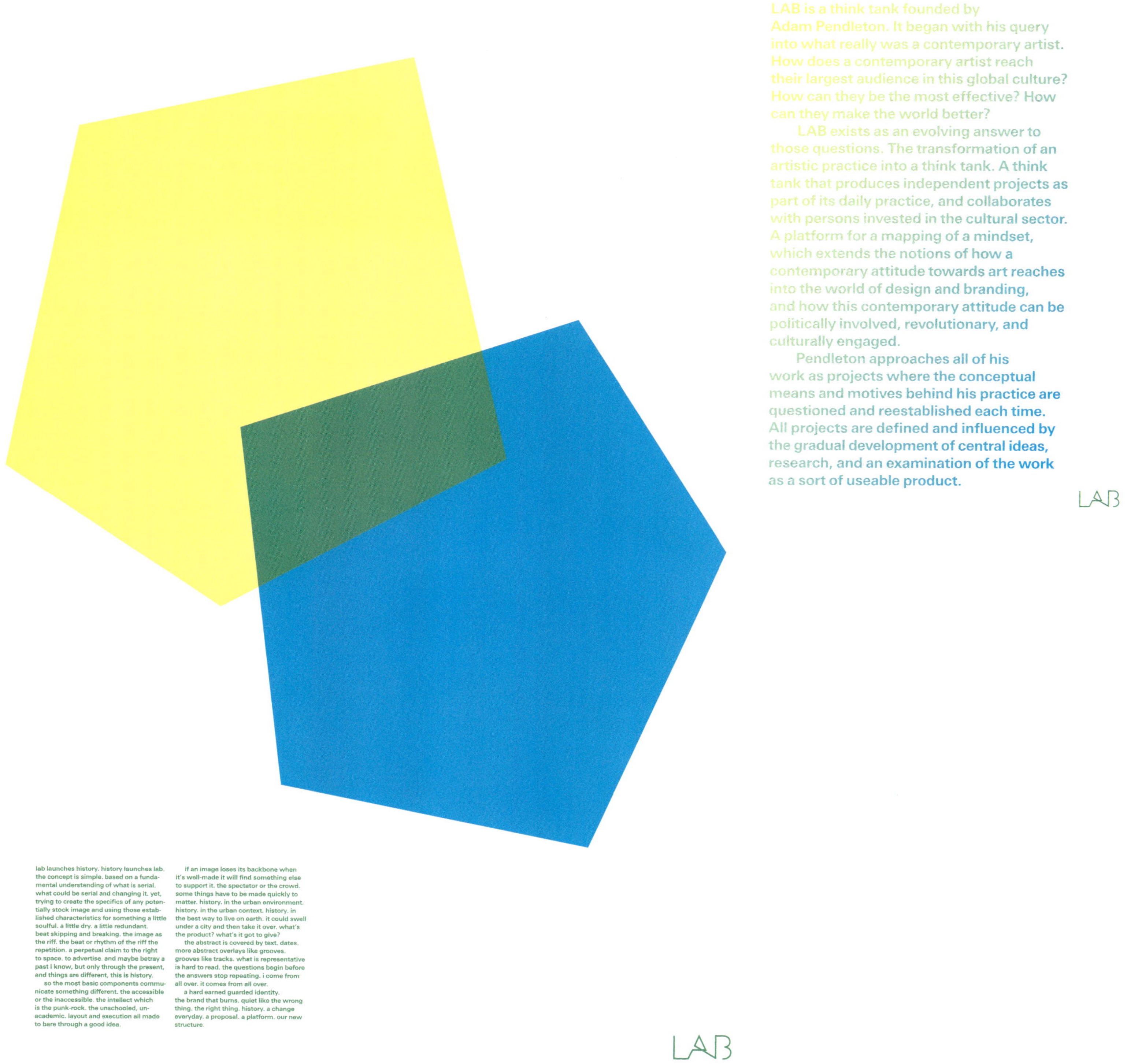

LAB Posters //

Lorsque le studio new-yorkais de Project Projects a reçu la commande de deux affiches destinées à informer de la création d'un *think tank* artistique sous la direction de l'artiste conceptuel Adam Pendleton, le projet n'existait pas encore. D'une certaine manière, l'affiche pouvait ainsi elle-même contribuer à lui donner forme. Pour leur travail, les designers de Project Projects se sont inspirés du modernisme institutionnel.

Project Projects // Prem Krishnamurthy // New York, États-Unis // www.projectprojects.com

Nous sommes installés dans un petit studio au sein d'un collectif d'artistes, dans le quartier financier de New York. Nos travaux de design portent principalement sur les imprimés, l'environnement et les projets interactifs. La plupart de nos clients sont dans le secteur culturel, mais nous travaillons également sur toute une gamme de projets indépendants, notamment des conférences, des publications et des événements. Pour nous, ce qui fait un bon design imprimé, c'est l'attention portée aux détails, le choix des matériaux et le concept. Les projets qui nous plaisent le plus sont ceux qui nous permettent de nous impliquer totalement, de la conception à l'exécution.

Si nous avons une devise ? Non. Un conseil à donner aux étudiants ? Travaillez tout le temps et pour toujours ! Un cauchemar ? L'anéantissement par le nucléaire, ou la destruction nucléaire suivie d'une lente extinction des espèces...

Cinq choses que nous adorons : Muriel Cooper / Hawkwind / HfG Ulm / Vérités et Mensonges, d'Orson Welles / K.P. Wechselmann

AIGA //

Lorsque des designers réalisent des supports d'impression pour l'AIGA, ils s'adressent à leurs pairs ; AIGA signifie enn effet « American Institut of Graphic Arts ». Rob Giampietro et Kevin Smith de Giampietro + Smith à New York ont eu carte blanche pour concevoir l'affiche annonçant le nouveau site Internet de AIGA et ont choisi de se référer au design d'affiche classique. Ils ont ainsi établi des parallèles manifestes entre le webdesign actuel et les travaux de Josef Müller-Brockmann, théoricien et praticien de l'école suisse.

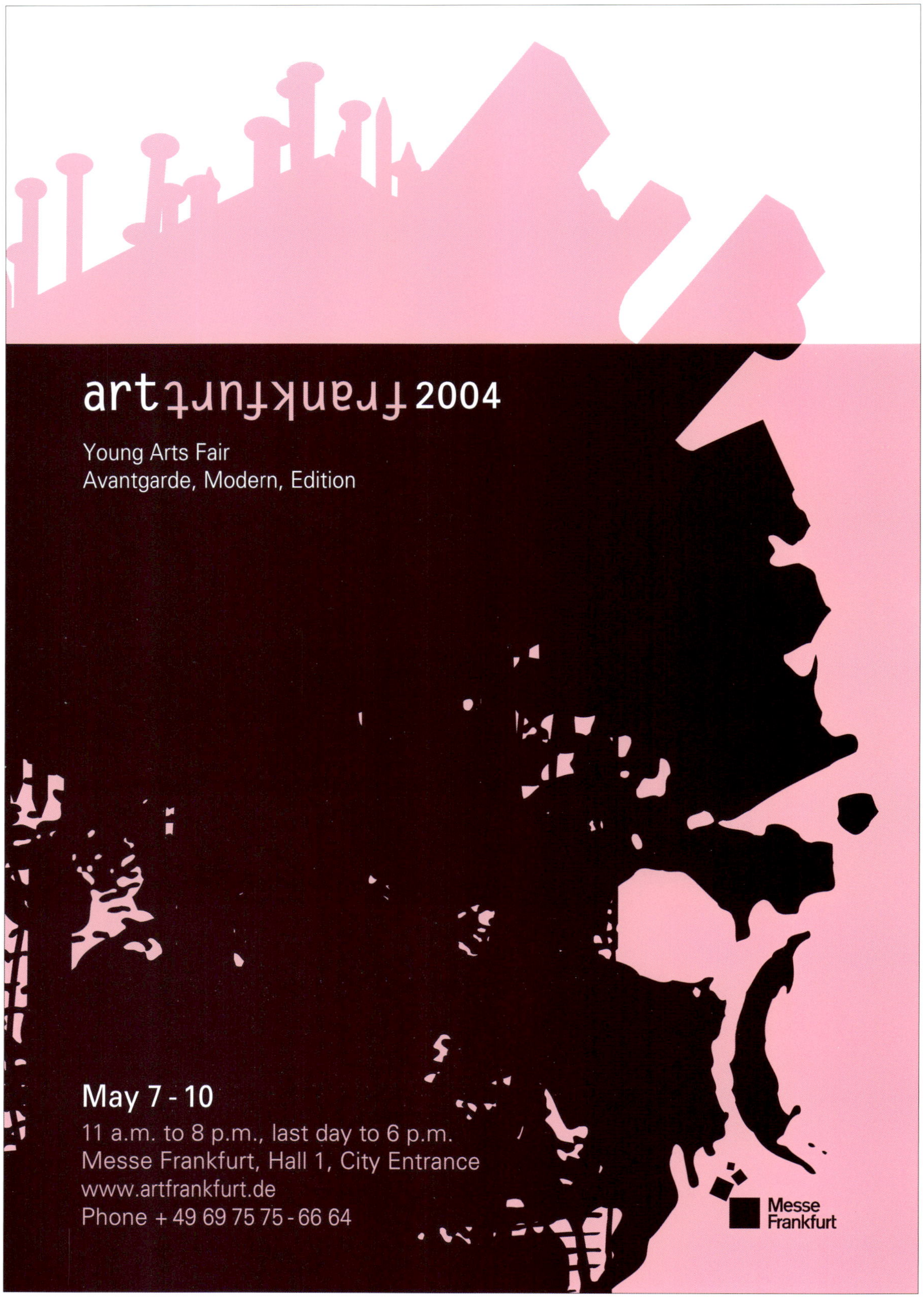

Art Frankfurt // 2004 // 2005 //

L'Art Frankfurta chaque année pour objectif de donner un aperçu représentatif des tendances actuelles du marché international de l'art. En 2004, le studio de design Surface de Francfort a été chargé de concevoir une nouvelle image de la manifestation et a élaboré un concept permettant de la visualiser comme un secteur commercial et d'exposition d'arts divers. Ils ont donc photographié des objets exposés d'artistes et de galeries, les ont découpés pour les recomposer ensuite en collages et créer de nouveaux modules d'image. Ces modules ont été ajoutés de manière hétérogène aux différents supports d'impression. En conservant cette méthode, l'équipe de Surface pouvait proposer à la foire de l'art des perspectives constamment renouvelées, toutes basées sur une même logique visuelle identifiable.

Surface // Markus Weisbeck // Francfort et Berlin, Allemagne // www.surface.de //

Surface, fondé en 1997 avec des bureaux à Francfort et Berlin, élabore des textes et des images pour toutes sortes de médias. Du flyer à l'identité visuelle d'entreprise complexe, le travail de cette agence se caractérise toujours par la force de ses concepts : il valorise des contenus par leur mise en forme visuelle et rédactionnelle, et se distingue expressément de la publicité classique. Surface manifeste ouvertement ses affinités avec l'art, non seulement par le choix de sa clientèle, dont la Forsythe Company ou la Frankfurter Kunstverein, mais aussi par de nombreuses coopérations avec des artistes et la participation à des projets libres appelés *emerging artists*. En 2000, Surface a également fondé le label Whatness, une sorte de galerie audio qui offre un lieu d'échange aux musiciens et aux artistes.

***Workspace 06** //*

Le concours « Workspace » du Filmhuis de La Haye a pour sujet principal l'espace : réalisateurs, designers et artistes sont conviés à mettre en scène des installations spatiales dans le moderne hall 5 du Filmhuis. Pour l'affiche de 2005, ils ont superposé quatre photos quadrillées des différents coins du hall d'exposition : chacune des images est imprimée dans une des quatre couleurs de base cyan, magenta, jaune et noir. À l'aide de ces quatre photos rassemblées, la salle d'exposition est entièrement représentée sur l'affiche. Pour un flyer du même événement, la couleur cyan a été remplacée par du bleu métallique. Si l'on tient le flyer face à la lumière, les couleurs changent et la « perception spatiale » bidimensionnelle se modifie aussi.

Dutch Touch Paris 2005 //

En 2005, le Dutch Fashion Foundation DFF présenta de jeunes stylistes néerlandais à Paris et confia la mission de concevoir les cartons d'invitation de ces présentations Dutch Touch à la graphiste Karen van de Kraats. Elle devait intégrer le logo déjà existant du DFF dans ses projets. Elle a donc mis les titres des expositions, sur un support à demi transparent, au-dessus du logo du DFF et a ainsi élaboré une série d'illustrations aux différentes couleurs du drapeau néerlandais.

Vrijheidsfestival Den Haag // 2006 //

Le Vrijheidsfestival (Festival de la liberté) de La Haye fut créé en 2005 pour célébreer la liberté et nous rendre conscients qu'elle est une responsabilité permanente por chacun d'entre nous. Il entend également faire de cette date une fête populaire et colorée, en organisant des manifestations musicales, culturelles et de danse. Le studio de design NLXL de La Haye a élaboré une charte visuelle générale que l'on retrouve sur tous les supports imprimés, de la carte de visite à l'affiche.

Grachtenfestival // 2004 //

Chaque année, lors du Grachtenfestival à Amsterdam, les canaux navigables de la ville donnent leur nom à de nombreux concerts et manifestations, contribuant à en faire l'un des événements les plus populaires de la ville. Avec leur penchant caractéristique pour l'essentiel, les designers d'Amsterdam de l'agence Thonik ont élaboré, pour les bannières publicitaires, une typographie forte et en ont ainsi fait le point de départ des différents supports d'impression du festival.

Route 88 //

L'affiche Route 88 fait de la publlicité pour un livre du photographe japonais Kiyu Kobayashi et a été conçue par le designer vivant à Tokyo Tetsuji Ban.

Bang! Design // Tetsuji Ban // Tokyo, Japon // www.bang-design.com //

Mes premières influences ? Shohaku Soga, Yuichi Takahash, Ryusei Kishida. Ce qui fait la qualité d'un design imprimé ? L'originalité ! Ma source d'inspiration ? Ma fille. Ce qui m'exaspère ? Les tremblements de terre ! Mon pire cauchemar ? Les tremblements de terre ! Quel conseil je donnerais aux étudiants en art graphique ? Évitez la flatterie ! Un designer est un prestataire de service.

Relax // 2005 //

Pour concevoir une affiche pour la revue culturelle japonaise Relax, Tetsuji Ban du studio de graphisme japonais Bang Bang Design s'est inspiré des œuvres de maîtres japonais traditionnels. L'affiche a été entièrement réalisée à la main et a servi de couverture au magazine en octobre 2005, dans une édition « Special Graphic Issue » complètement planifiée, éditée et conçue par Tetsuji Ban.

hyperréalistes
en france
du 04/10/05 au 01/11/05
barraya, bodin, bowen, bricq
vernissage le jeudi 6 octobre à partir de 17h
galerie
art contemporain jacob 1
catherine et andré hug
9, rue de l'échaudé
75006 paris
métro // st germain des prés
ou mabillon
4

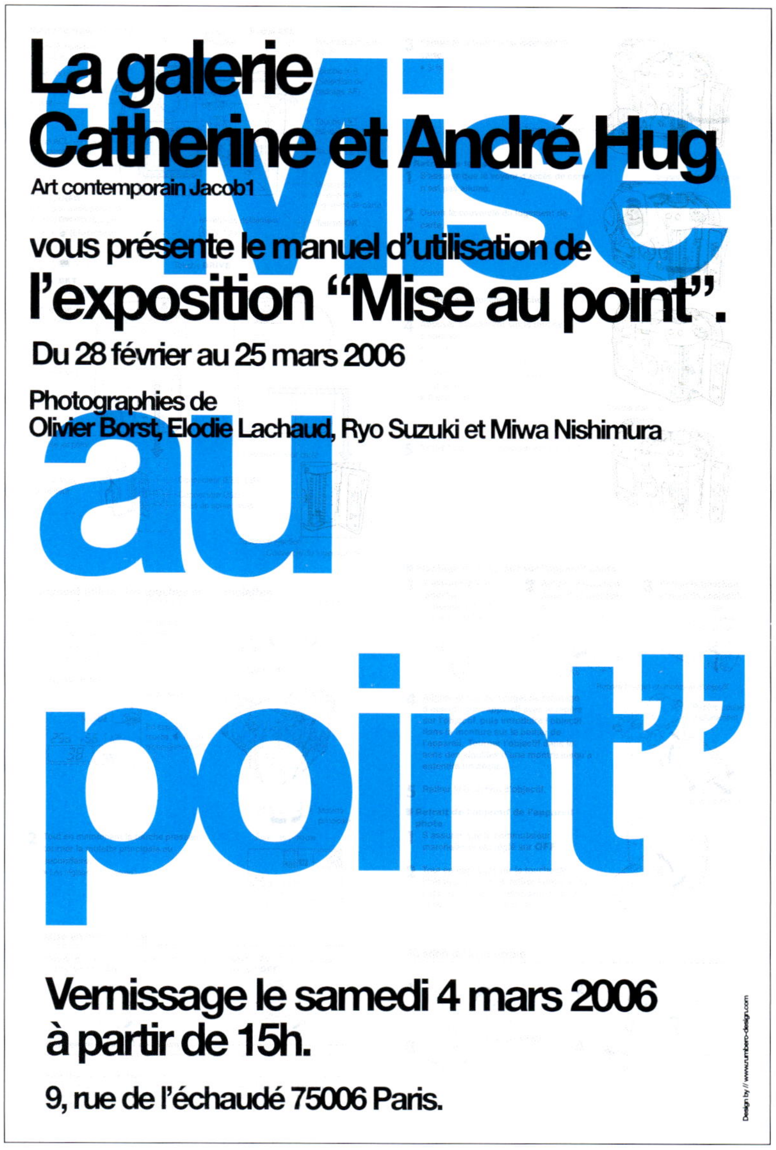

Les Hyperréalistes //2005 // 2006 // ***Mise au point*** // 2006 //

Les affiches de la galerie parisienne Catherine et André Hug Art Gallery sont réalisées par le graphiste, installé à Paris, Xavier Encinas du studio Rumbero Design. La prédilection d'Encinas pour la typographie forte, dominant souvent le design, apparaît clairement. À l'affiche pliée qui sert de brochure d'informations à l'exposition de photo « Mise au point » a été ajouté, dans l'édition limitée, un appareil photographique.

Rumbero Design // Xavier Encinas // Paris, France // www.rumbero-design.com //

Qu'est-ce qui fait la qualité d'un design imprimé ? Une bonne utilisation de la typographie, une gestion rigoureuse de la composition et, bien sûr, un effet « Ouah ! »... Vous voyez ce que je veux dire ?
Je ne pense pas avoir subi d'influence particulière comme le Bauhaus ou l'École suisse. Bien sûr, comme tous les autres graphistes, j'ai eu mes mentors : Michael C. Place, Cassandre, Experimental Jet Set, 123Buero...
L'un de mes principaux clients est une petite galerie d'art moderne parisienne. À chaque exposition, j'ai carte blanche pour le dépliant. Mes travaux préférés ont été mes deux interventions pour « Les Hyperréalistes en France ». J'ai pris beaucoup de plaisir à réaliser ce travail purement typographique.
Ma devise ? Amusez-vous ! Un conseil à donner aux étudiants ? Je ne sais pas... Je n'ai jamais étudié l'art graphique. J'ai fait une école de commerce. Je sais, j'en ai honte. Cinq choses que j'adore : Ma petite amie / Michael C. Place / Londres / Les trompettistes de jazz / La typographie

n8 museumnacht // 2002 // 2003 // 2004 //2005 //

n8 – traduction onomatopoétique du mot néerlandais « nuit » avec seulement deux caractères – est le nom de la nuit des musées d'Amsterdam. En outre, cette contraction du nom semble aussi exemplaire du langage visuel et de l'économie de moyens, avec lesquelles le studio de design Thonik a eu à composer pour concevoir les affiches de cette nuit des musées.

n8
08
8 november 2003
de museumnacht amsterdam

n8
ONS
LIEVEHEEROPSOLDER
RIJKS MUSEUM
MONTEVIDEO
ARTIS
NEMO
Energetica
PIA NOLA
MEDIA MATIC
VANGOGH
allardpierson
AHM
SMBA
JHM
HORTUS BOTANICUS
6 NOVEMBER
de museumnacht amsterdam
Voorverkoop Kaartverkoop en informatie bij de Uitlijn 0900-0191 (40 cpm) en AUB Ticketshop. Voorverkoop tevens in Amsterdams Historisch Museum, Artis, Joods Historisch Museum, Rijksmuseum, Theatermuseum, Tropenmuseum en Rederij Lovers. Prijs € 13,50 (excl. bespreekkosten). € 2,50 korting bij betaling met ABN AMRO pinpas, Chipknip of ABN AMRO creditcards. Avondverkoop Avondverkoop alleen bij AUB Ticketshop (Leidseplein 26). Prijs € 17,50 (excl. € 1,- bespreekkosten). € 2,50 korting bij betaling met ABN AMRO pinpas, Chipknip of ABN AMRO creditcards.
ontwerp: thonik

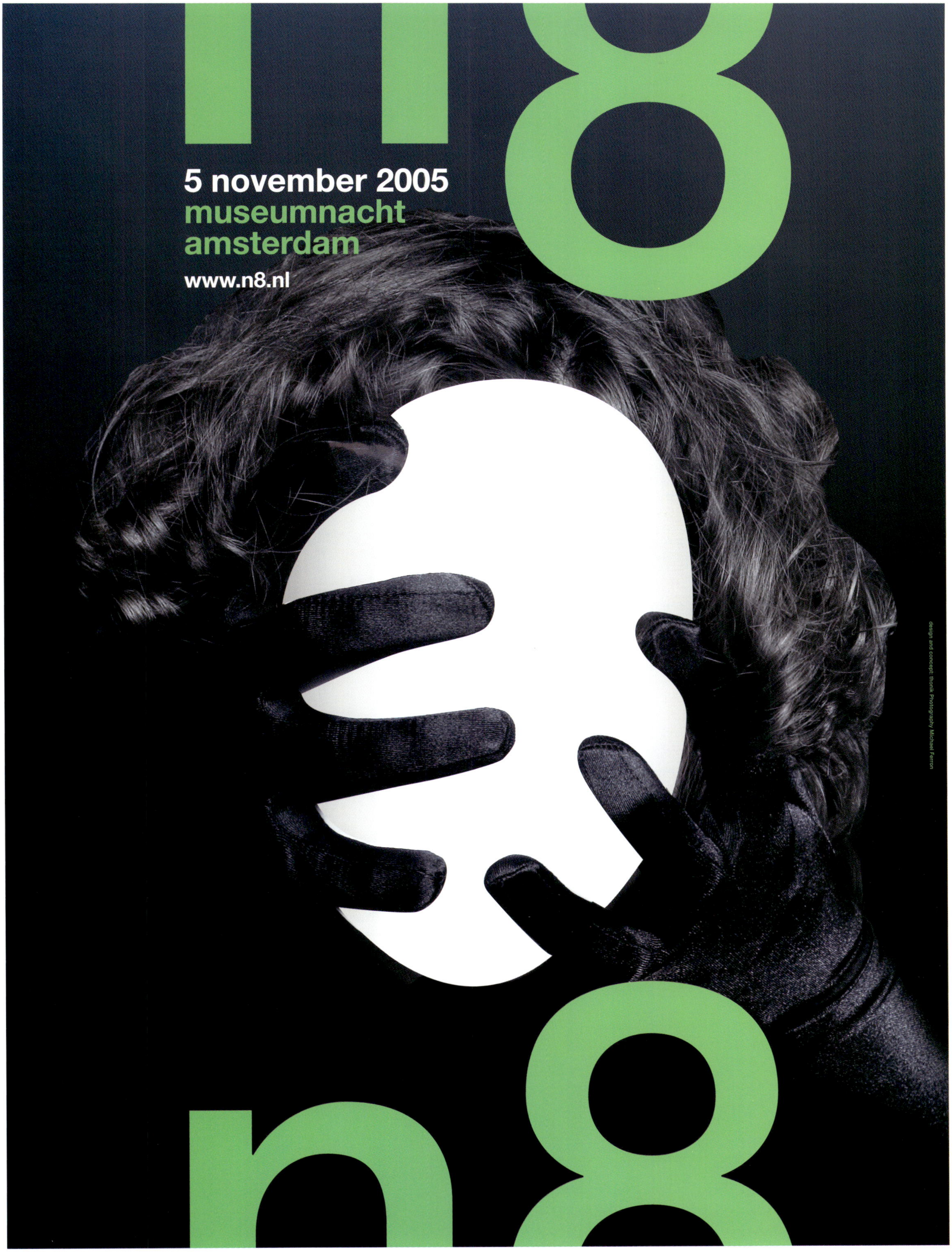
n8
5 november 2005
museumnacht
amsterdam
www.n8.nl
design and concept: thonik Photography Michael Ferron
n8

Play Type // 2005 //

« Play Type » est le titre d'une exposition des travaux du graphiste français Philippe Apeloig, qui a eu lieu à Philadelphie, aux Etats-Unis. Il en a conçu l'affiche. Le titre fait référence au film français de Jacques Tati, « Playtime ». Il renvoie à la joie expérimentale et ludique de l'expert en typographie qu'est Apeloig, qui réussit toujours à transcender l'efficacité de l'écriture, en concevant les caractères comme un langage iconique et abstrait.

ABF // 2006 //

À l'occasion de son 100e anniversaire, l'Association des bibliothécaires français a commandé une nouvelle identité visuelle à Philipe Apeloig. Le designer français, spécialiste de la typographie, s'est inspiré pour son projet du fait que les bibliothèques connaissent aujourd'hui de grandes mutations en raison de la numérisation des contenus, et que leur fonction de temple de la réflexion, de l'étude et du dialogue doit cependant perdurer. Il a donc élaboré la typographie de l'affiche dans le langage visuell d'un plan abstrait où les éléments graphiques symbolisent les tables, les chaises et les bibliothèques. La rigueur des formes évoque également les signes du langage informatique.

Günther Grass: Mon siècle // 2005 //

L'affiche de Philippe Apeloig pour la Fête du livre représente l'invité d'honneur Günther Grass et son livre Mon siècle. L'ouvrage dresse, en cent chapitres, le tableau de l'histoire allemande du XXe siècle. Apeloig s'est inspiré du grand style et de la densité de la prose de Günther Grass et a transposé ces caractéristiques dans une typographie qui occupe la totalité de l'affiche. Le portrait de l'auteur est visible à travers les lettres et fusionne en quelque sorte avec son travail. La dimension de l'affiche et le design de la typographie confèrent à Günther Grass grandeur et autorité, et indiquent sa place et celle de son livre dans la littérature allemande. Les années 1900 à 1999, dont Philippe Apeloig a réparti les nombres sur toute l'affiche, sont une autre référence au livre.

FIAgen // 2005 //

La septième année au Fashion Instituts Arnhem était placée sous le signe de la lumière. Sachant que le showroom devrait être notamment décoré de boules réfléchissantes pour la soirée de gala, la Néerlandaise Karen van de Kraats a exploité cette idée pour l'élaboration des invitations. Elle a placé la typographie de l'invitation comme un masque en transparence sur la photo d'une grande boule et a ainsi produit une transposition plus abstraite du thème de la lumière.

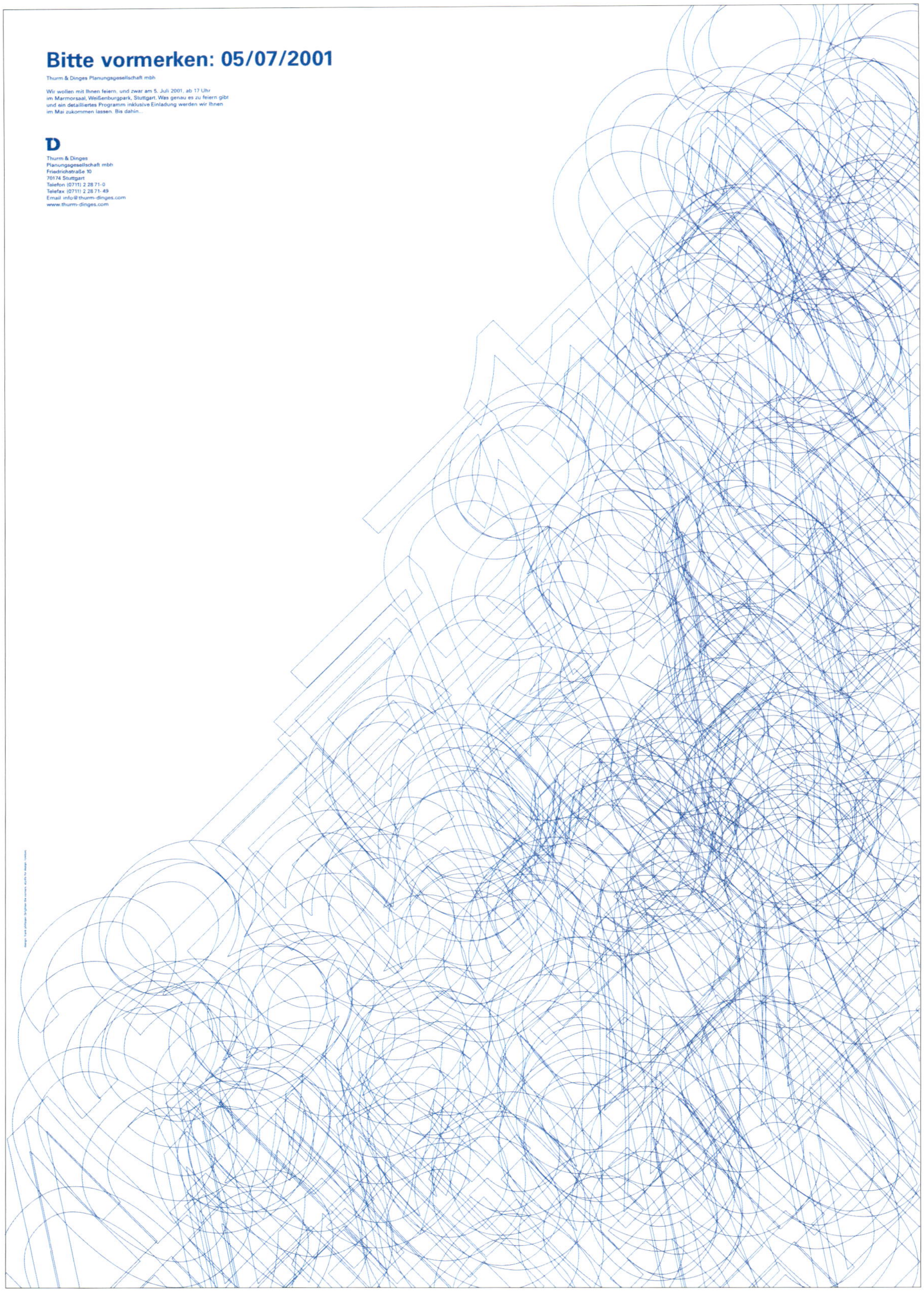

Thurm & Gindes // 2001 //

Lors de la conception d'une invitation au 30e anniversaire du bureau des ingénieurs allemands Thurm & Gindes, les graphistes de l'agence Brighten The Corners ont été inspirés par le temps qui passe, ainsi que par le passage du désordre à l'ordre. Au lieu d'utiliser le traditionnel carton d'invitation, ils ont conçu deux affiches de grand format qui ont été envoyées l'une après l'autre aux invités. La première affiche en A1 indiquait seulement la date et la seconde, le motif de la manifestation ainsi que l'endroit où elle se déroulait. Les millésimes de la première affiche, qui avaient été imbriqués pêle-mêle les uns dans les autres, ont été ordonnés de manière croissante sur la seconde.

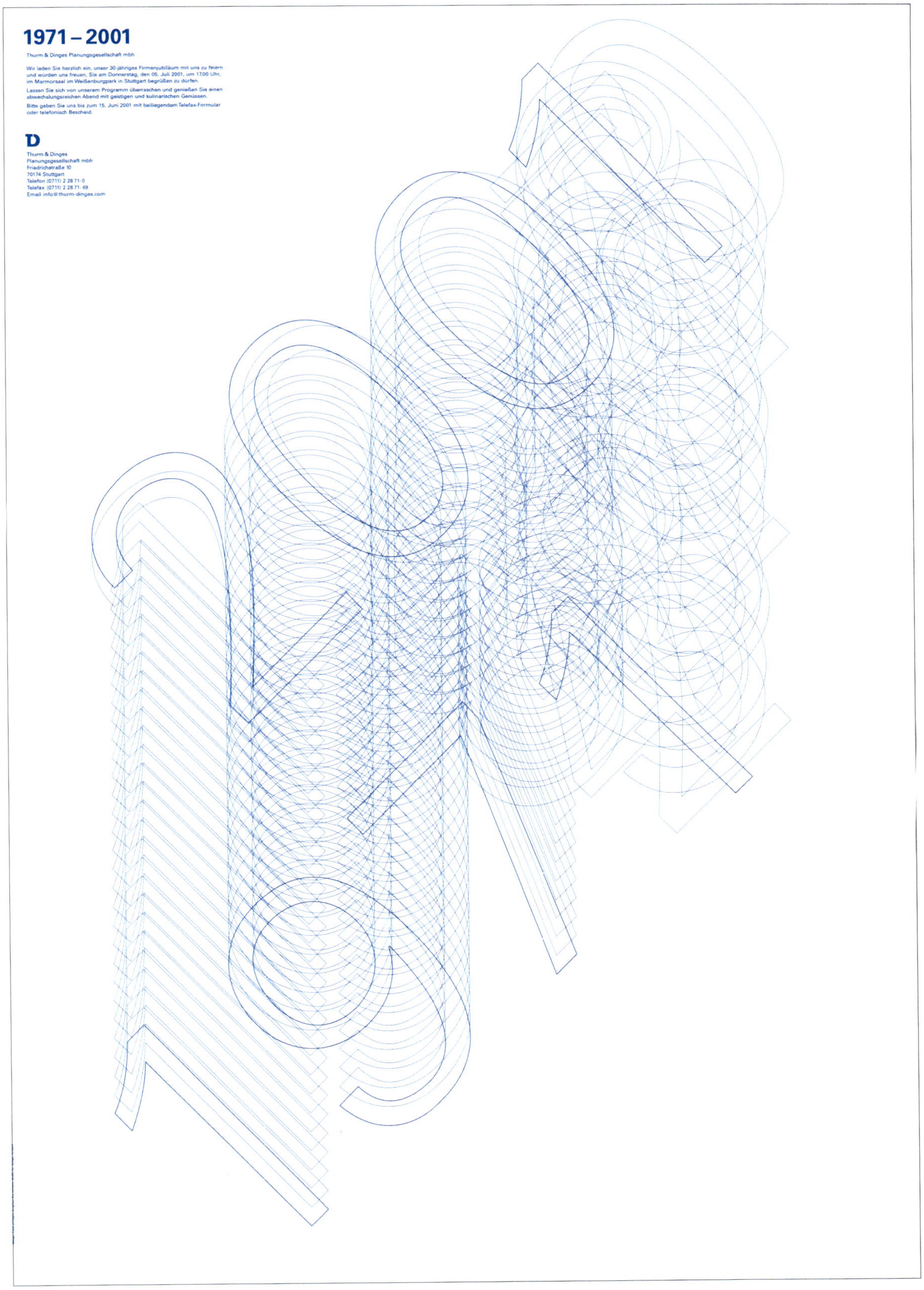
1971 – 2001
Thurm & Dinges Planungsgesellschaft mbh
Wir laden Sie herzlich ein, unser 30-jähriges Firmenjubiläum mit uns zu feiern und würden uns freuen, Sie am Donnerstag, den 05. Juli 2001, um 17.00 Uhr, im Marmorsaal im Weißenburgpark in Stuttgart begrüßen zu dürfen.
Lassen Sie sich von unserem Programm überraschen und genießen Sie einen abwechslungsreichen Abend mit geistigen und kulinarischen Genüssen.
Bitte geben Sie uns bis zum 15. Juni 2001 mit beiliegendem Telefax-Formular oder telefonisch Bescheid.
Thurm & Dinges
Planungsgesellschaft mbh
Friedrichstraße 10
70174 Stuttgart
Telefon (0711) 2 28 71-0
Telefax (0711) 2 28 71-49
Email info@thurm-dinges.com

LOOS Festival //1999- 2003 //

La LOOS Foundation, fondée en 1982 par Peter J.A. Bergen, s'engage de différentes manières pour la nouvelle musique, qui intègre la technologie actuelle, l'électronique live, la composition numérique et le spectacle. Parmi les diverses manifestations organisées par la fondation a lieu le LOOS Festival, pour lequel le studio de graphisme Lust de La Haye a déjà conçu plusieurs fois des affiches. Lust suit toujours le principe d'une typographie à la trame grossière, clairement présentée comme une accumulation de lignes fines créées informatiquement, qui manifeste ainsi la vocation du festival pour la musique assistée par ordinateur et logiciel.

NEW
CONCEPTS
IN
FREE
ELECTRONIC
MUSIC
LOOS 20 YEARS
7 FEB 03
KORZO THEATER
DEN HAAG
E-RAX (D, NL)
Electronic Music:
Thomas Lehn
Gert Jan Prins
Peter van Bergen
Live Image:
Petra Dolleman
Felix Klopotek (D)
Lecture:
'Directions In International Free Electronic Music'
Bart Visser (NL)
Performance
LOOS Ensemble (NL)
New works
Pita (A) /
Tina Franks (A)
Powerbook
+ Live Images
7 February 2003
Doors open: 20.00
Korzo Theater
Prinsestraat 42, Den Haag
Reservations & information
070 363 7540
www.loosensemble.nl
A LOOS Foundation Production
LUST

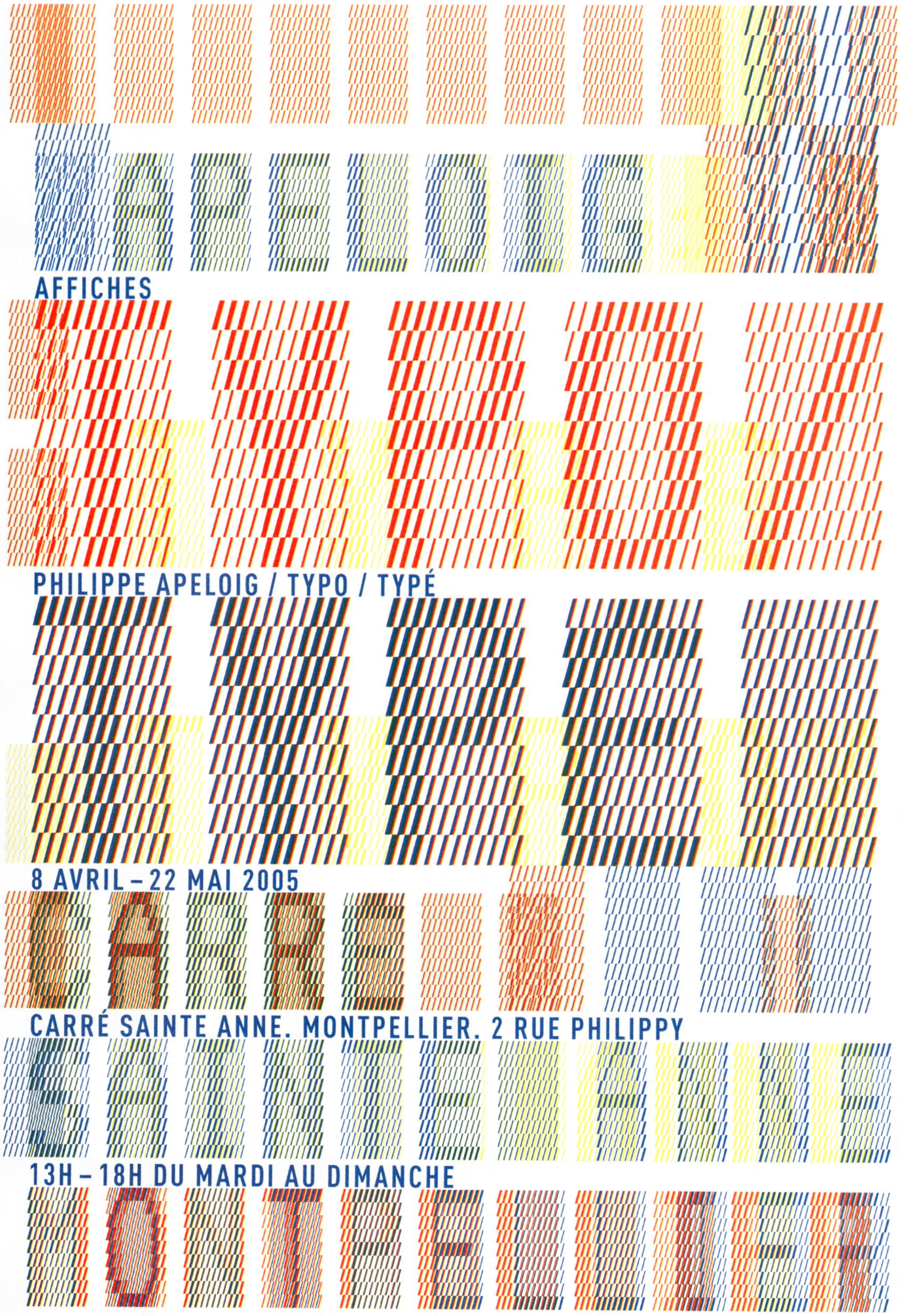

Philippe Apeloig // Paris, France // www.apeloig.com //

La plupart des affiches sont affichées dans les rues, au cœur du paysage urbain. Pour chacun des motifs, l'inspiration naît d'une bonne compréhension du sujet de l'affiche. Dans le cas de la Fête du livre, j'ai entamé ma réflexion par la lecture du livre de Günther Grass, puis je me suis documenté sur le pays concerné. Je puise la plus grande partie de mon inspiration dans l'art et la culture.

Toutes les affiches sont imprimées en grand nombre en sérigraphie. J'aime utiliser les encres traditionnelles, qui sont opaques et riches en pigments. On obtient des couleurs extrêmement lumineuses et intenses, qui produisent un puissant effet visuel. J'aime également exploiter la transparence de certaines parties de l'affiche pour créer une sensation d'espace tridimensionnel sur une surface plane.

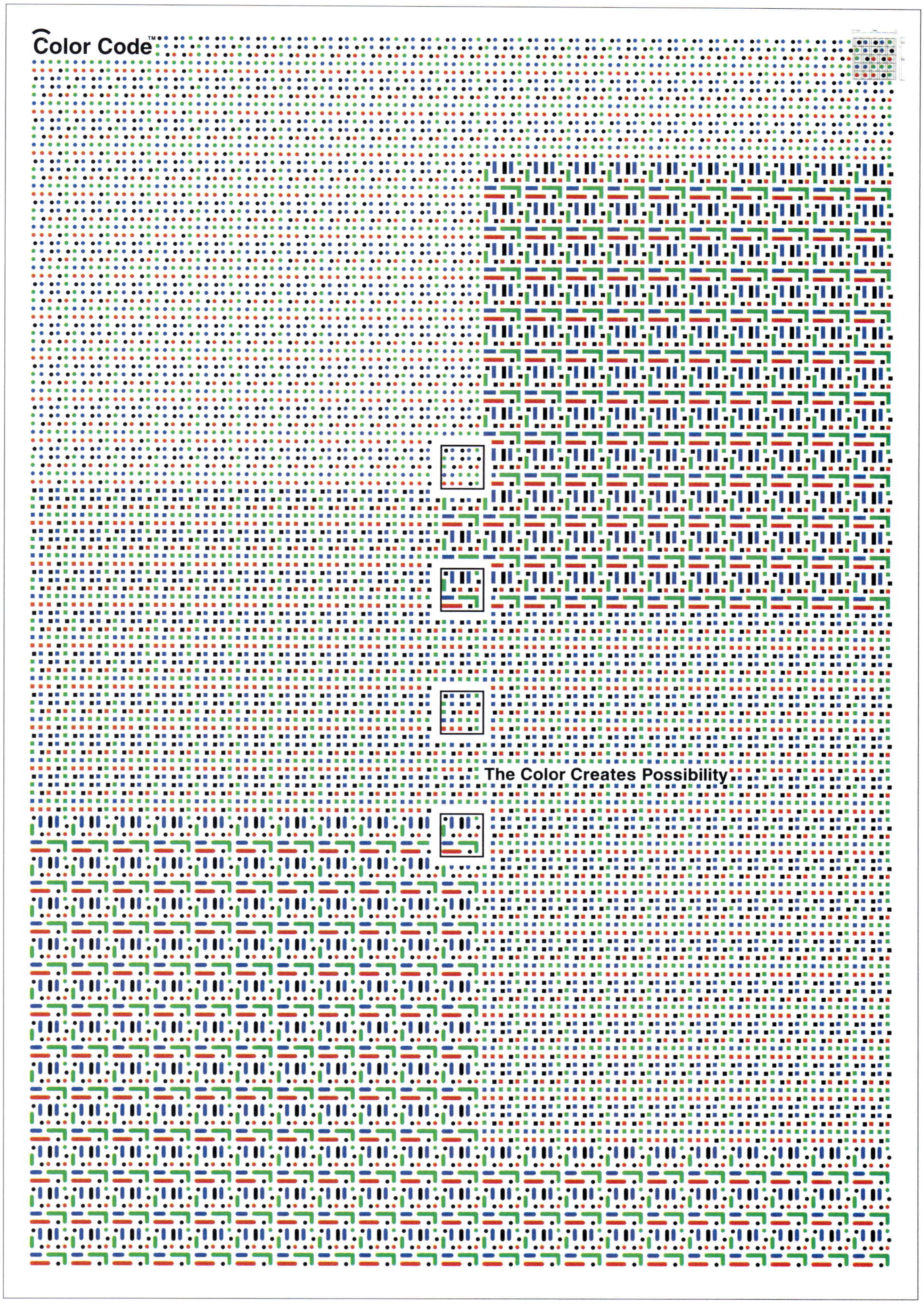

Inter Medium Institute: Color Code //

La capacité de Shinnoske Sugisaki de concevoir des affiches intéressantes à partir de surfaces abstraites et de trames géométriques devient évidente lorsqu'on observe l'affiche de l'exposition Inter Medium Institute Color Code au Japon. Le thème de l'exposition est un nouveau système de code de couleurs qui permet aux Internautes d'accéder à des sites Internet, en scannant un code de couleurs avec leur téléphone portable.

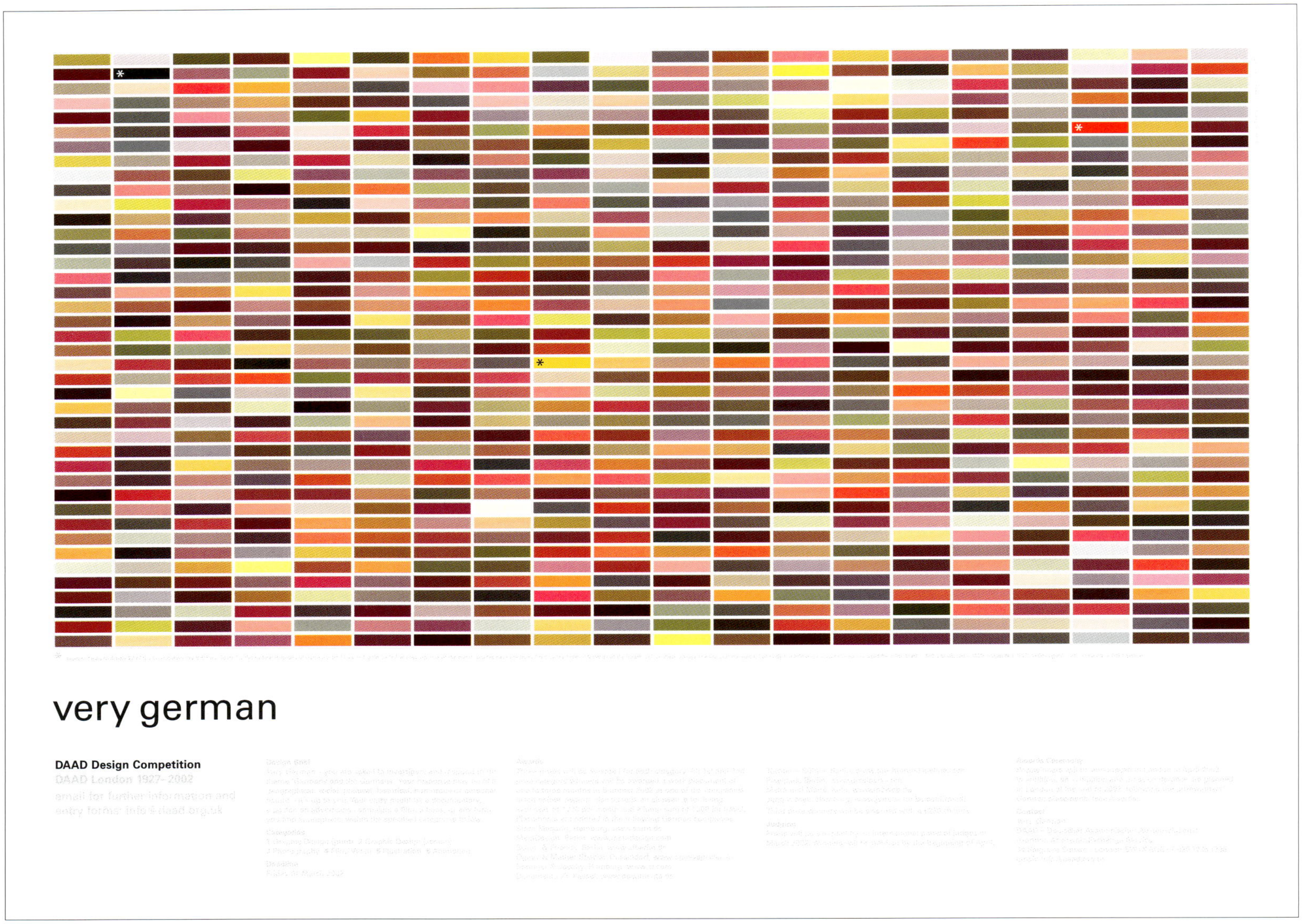

very german // 2002 //

Cette affiche a vu le jour à l'occasion d'un concours de créatifs basé sur l'image traditionnelle – et « cliché » – véhiculée par les Allemands, dans le cadre d'une vaste campagne publicitaire pour l'enseignement de l'allemand en Angleterre. Le bureau de design Brighten The Corners a choisi de transposer visuellement le cliché de l'amour de l'ordre allemand. Pour ce travail, 820 couleurs différentes ont été définies, et les couleurs officielles du drapeau allemand sont inscrites dans la trame.

don't panic //

Quand Patrick Duffy a été mandaté par le studio de design No Days Off de Londres pour concevoir une affiche publicitaire pour des tests de vue, il s'est souvenu des images qui le fascinaient déjà enfant : les planches de couleurs du Dr Shinobu Ishihara. L'ophtalmologiste japonais a élaboré ses tests d'images en 1917 pour diagnostiquer le daltonisme.

シアターBRAVA

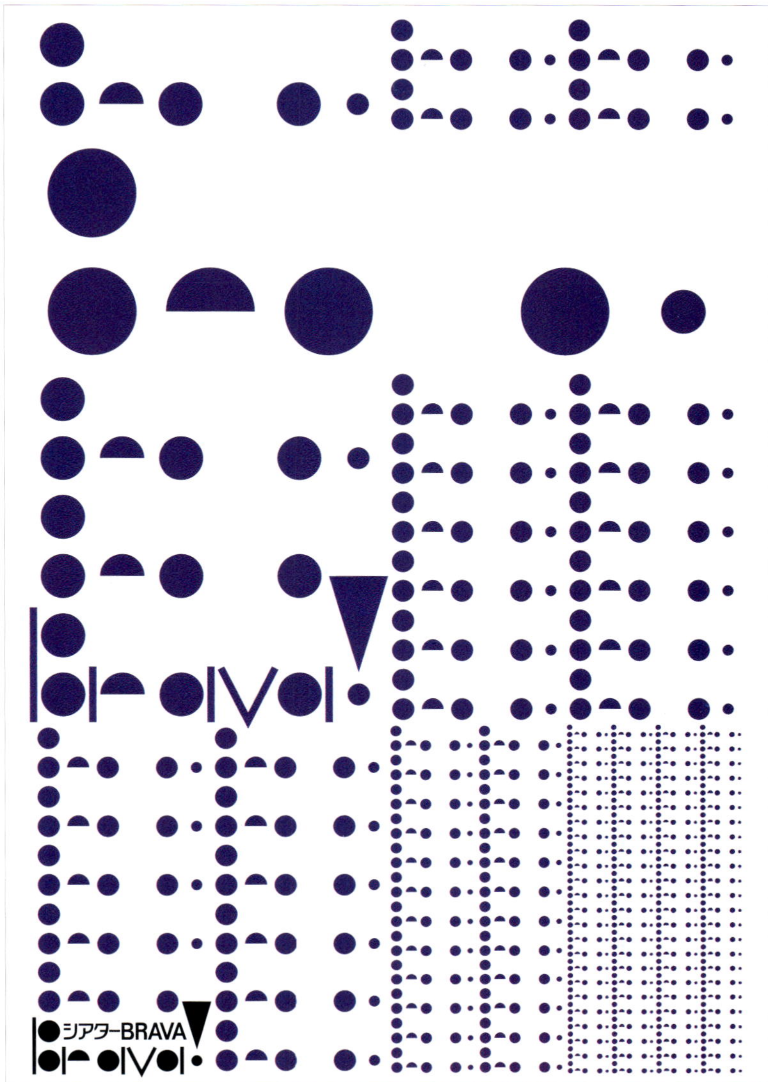

Theater Brava! *//*

Le designer japonais Shinnoske Sugisaki a conçu un logo pour le théâtre polyvalent « Brava ! » comme la visualisation de la signification italienne du nom du théâtre : un cri d'allégresse et d'admiration pour une actrice. Son logo est suivant ce principe une mise en scène typographique d'allégresse et d'applaudissements. Dans l'exemple des affiches montrées ici, les formes représentant le titre remplissent aussi la feuille grand format.

Jiro Yoshihara Award // 2002 // 2004 //

Plus de 3 000 idéogrammes chinois sont utilisés dans la langue japonaise, où ils sont certes prononcés différemment, mais où leur signification pictographique reste identique. Dans quelques-unes de ses affiches, le designer japonais Shinnoske Sugisaki met en scène ces signes graphiques comme des éléments visuels. Ses affiches réalisées pour le prix artistique Yoshihara du Contemporary Art Center d'Osaka sont des variantes du même *kandji* en grand format.

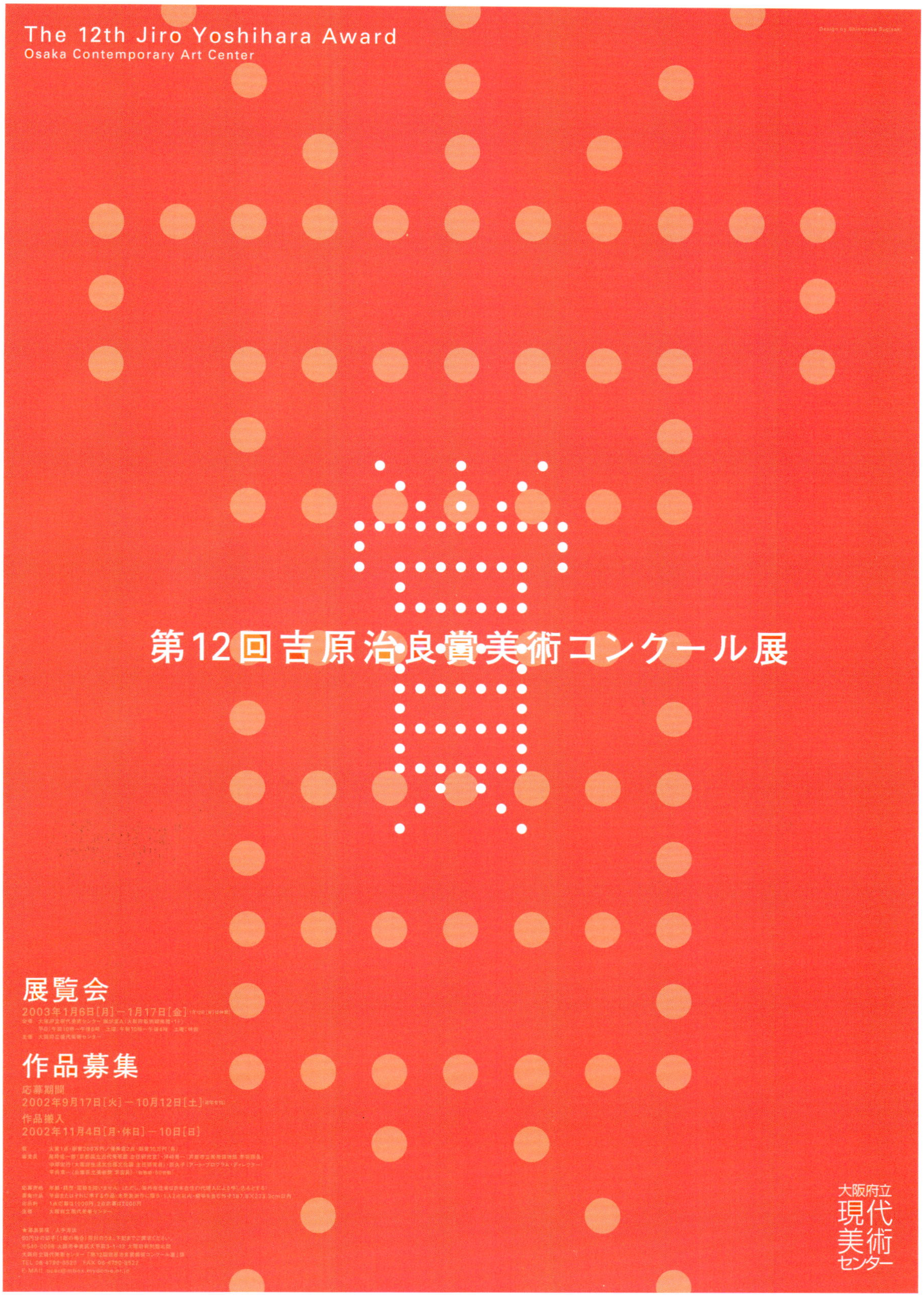
The 12th Jiro Yoshihara Award
Osaka Contemporary Art Center
第12回吉原治良賞美術コンクール展
展覧会
2003年1月6日[月]－1月17日[金]
作品募集
応募期間
2002年9月17日[火]－10月12日[土]
作品搬入
2002年11月4日[月・休日]－10日[日]
大阪府立
現代
美術
センター

A325

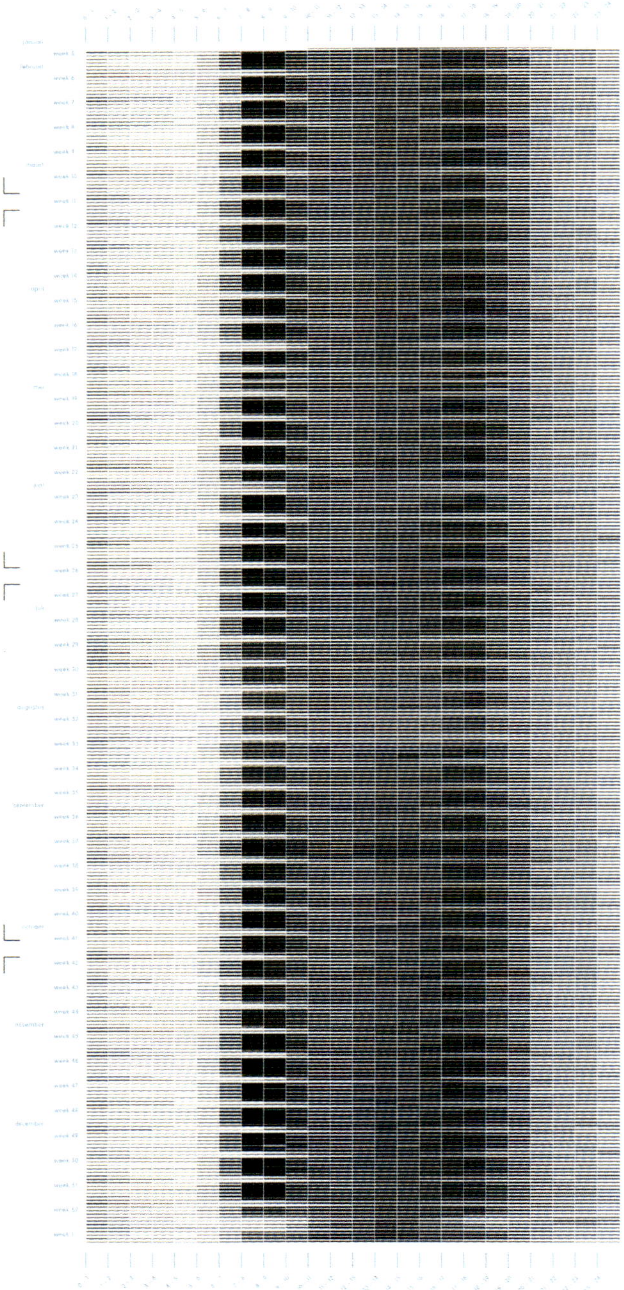

Telvak: MATSERSINGEL – HUISSENSEESTRAAT richting Huissensestraat

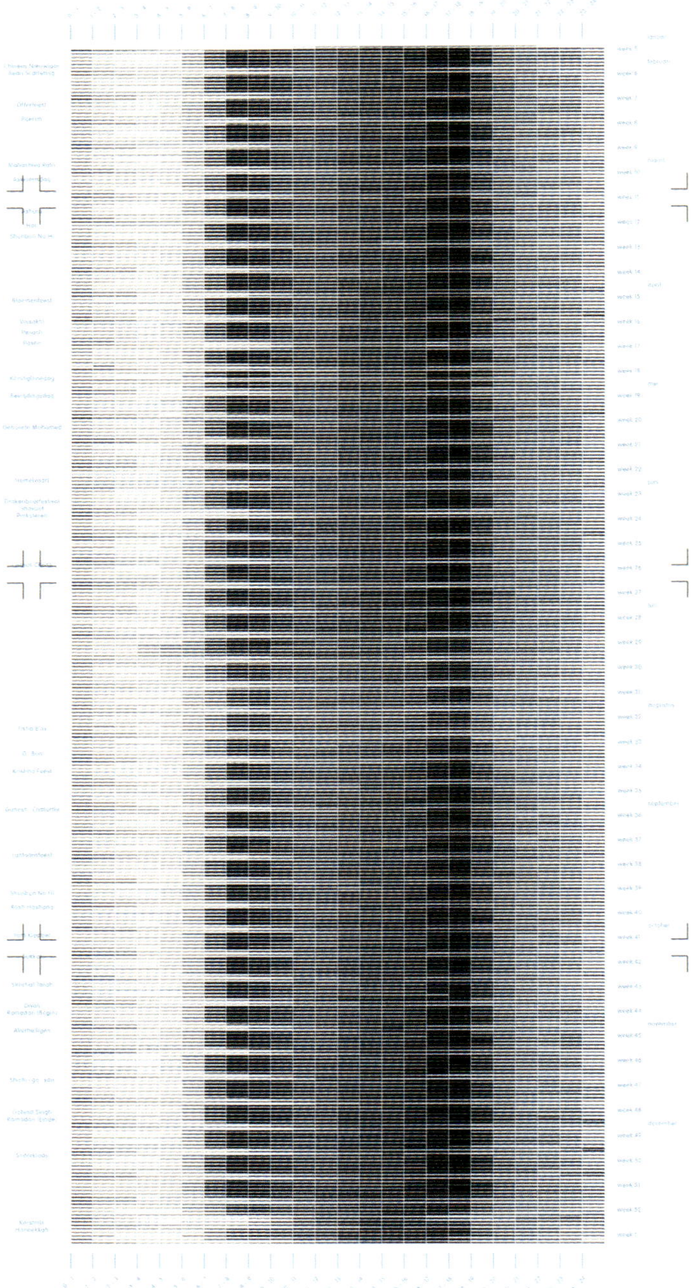

Telvak: MATSERSINGEL – HUISSENSEESTRAAT richting Matsersingel

JANUARI

	ma	di	wo	do	vr	za	zo
01			1	2	3	4	5
02	6	7	8	9	10	11	12
03	13	14	15	16	17	18	19
04	20	21	22	23	24	25	26
05	27	28	29	30	31		

FEBRUARI

	ma	di	wo	do	vr	za	zo
05						1	2
06	3	4	5	6	7	8	9
07	10	11	12	13	14	15	16
08	17	18	19	20	21	22	23
09	24	25	26	27	28		

MAART

	ma	di	wo	do	vr	za	zo
09						1	2
10	3	4	5	6	7	8	9
11	10	11	12	13	14	15	16
12	17	18	19	20	21	22	23
13	24	25	26	27	28	29	30
14	31						

APRIL

	ma	di	wo	do	vr	za	zo
14		1	2	3	4	5	6
15	7	8	9	10	11	12	13
16	14	15	16	17	18	19	20
17	21	22	23	24	25	26	27
18	28	29	30				

MEI

	ma	di	wo	do	vr	za	zo
18				1	2	3	4
19	5	6	7	8	9	10	11
20	12	13	14	15	16	17	18
21	19	20	21	22	23	24	25
22	26	27	28	29	30	31	

JUNI

	ma	di	wo	do	vr	za	zo
22							1
23	2	3	4	5	6	7	8
24	9	10	11	12	13	14	15
25	16	17	18	19	20	21	22
26	23	24	25	26	27	28	29
27	30						

JULI

	ma	di	wo	do	vr	za	zo
27		1	2	3	4	5	6
28	7	8	9	10	11	12	13
29	14	15	16	17	18	19	20
30	21	22	23	24	25	26	27
31	28	29	30	31			

AUGUSTUS

	ma	di	wo	do	vr	za	zo
31					1	2	3
32	4	5	6	7	8	9	10
33	11	12	13	14	15	16	17
34	18	19	20	21	22	23	24
35	25	26	27	28	29	30	31

SEPTEMBER

	ma	di	wo	do	vr	za	zo
36	1	2	3	4	5	6	7
37	8	9	10	11	12	13	14
38	15	16	17	18	19	20	21
39	22	23	24	25	26	27	28
40	29	30					

OKTOBER

	ma	di	wo	do	vr	za	zo
40			1	2	3	4	5
41	6	7	8	9	10	11	12
42	13	14	15	16	17	18	19
43	20	21	22	23	24	25	26
44	27	28	29	30	31		

NOVEMBER

	ma	di	wo	do	vr	za	zo
44						1	2
45	3	4	5	6	7	8	9
46	10	11	12	13	14	15	16
47	17	18	19	20	21	22	23
48	24	25	26	27	28	29	30

DECEMBER

	ma	di	wo	do	vr	za	zo
49	1	2	3	4	5	6	7
50	8	9	10	11	12	13	14
51	15	16	17	18	19	20	21
52	22	23	24	25	26	27	28
01	29	30	31				

A325 No. 2
De diagrammen tonen de verkeersintensiteit tussen Arnhem en Nijmegen in 2003 (Telvak Matsersingel - Huissensestraat).
Van februari tot en met december is 24 uur per dag gemeten. In januari zijn er geen metingen gedaan.

Bron: 'Gelders Verkeer 2003', Provincie Gelderland, juli 2004
Met dank aan F. Peul en D. Santema

Ontwerp: Gross & Maltha (www.catalogtree.net)
Druk: Plaatsmaken Arnhem Oplage: 100

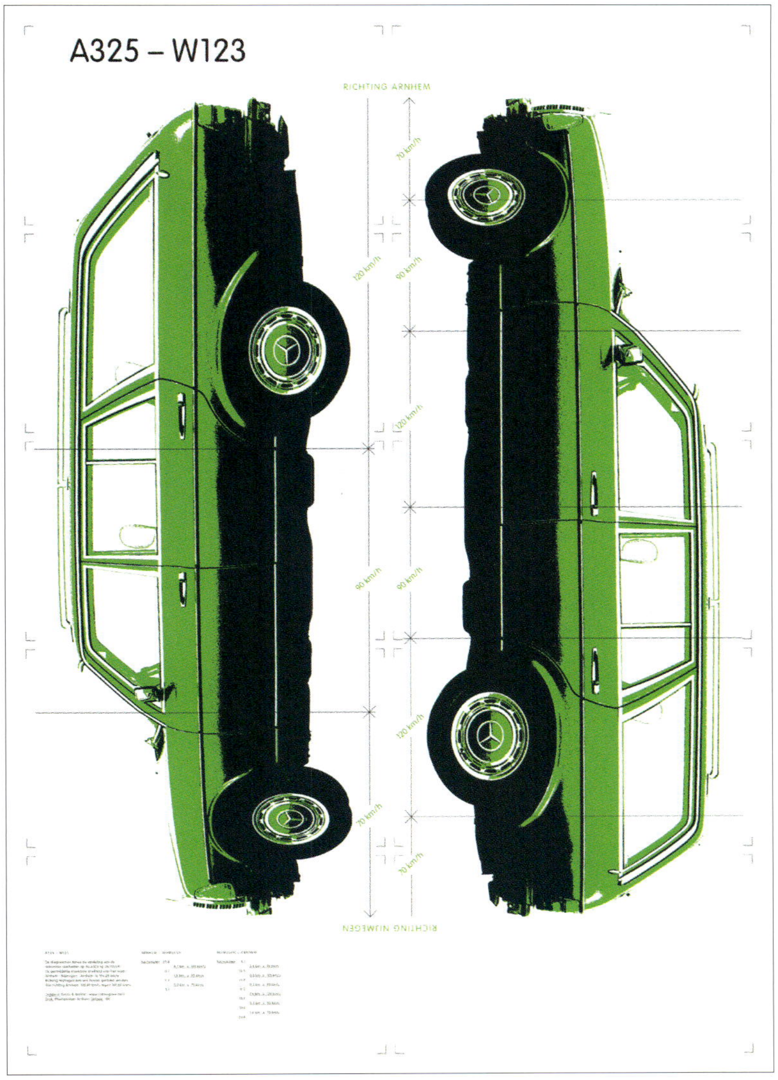

A325 // 2005 //

Pour une série de neuf affiches dont le sujet était la route qui relie les deux villes néerlandaises de Arnhem et Nijmegen, l'équipe de graphistes du studio néerlandais Catalogtree s'est concentrée sur le rendu visuel de faits techniques. Tandis que, sur certaines affiches, la source de l'inspiration est identifiable – ainsi, l'affiche 9, sur laquelle on voit le plan d'installation d'une unité d'analyse du trafic routier –, d'autres idées sont largement codées. Ainsi, la forme dessinant des méandres tel un serpent sur l'affiche 8 est un rendu des données concernant la fréquence de la circulation à de grands croisements. Pour quelques-unes de ces transpositions graphiques, l'équipe de Catalogtree a programmé son propre logiciel de graphisme.

Catalog Tree // Daniel Gross, Joris Maltha // Arnhem, Pays-Bas // www.catalogtree.net //

Nos premières influences ?
La Guerre des étoiles / Béla Bartók / La photographie stéréo / Stanley Kubrick / Les Beach Boys / Les anciens plans cadastraux néerlandais / Rick Ringers / SINCLAIR ZX81 avec une mémoire supplémentaire de 35 kilo-octets
Ce que nous apprécions dans le design imprimé, c'est l'imperfection en tant que stratégie de design, ainsi que l'attention portée aux détails. Notre bureau est un rectangle de 7,2 m^2 installé au milieu de la pièce. Dessus, on trouve : une tasse à café Olivetti, une loupe, des échantillons de papier, des épingles…
Ce qui nous exaspère ? La téléconférence avec Skype.
Quel est notre pire cauchemar ? Refaire la maquette Powerpoint de « communicating bad news ». Un conseil que nous donnerions aux étudiants en art graphique ? « Glattes Eis, ein Paradeis, fur den der gut zu tanzen weiß. » (« Glace lisse : un paradis pour celui qui sait bien danser.) (Nietzsche)
Voici cinq choses que nous adorons : Les cassettes audio Ferrite / Les disquettes 5,5 pouces / Les disquettes 3,5 pouces / Les cartouches SyQuest 24 / Les aimants permanents.

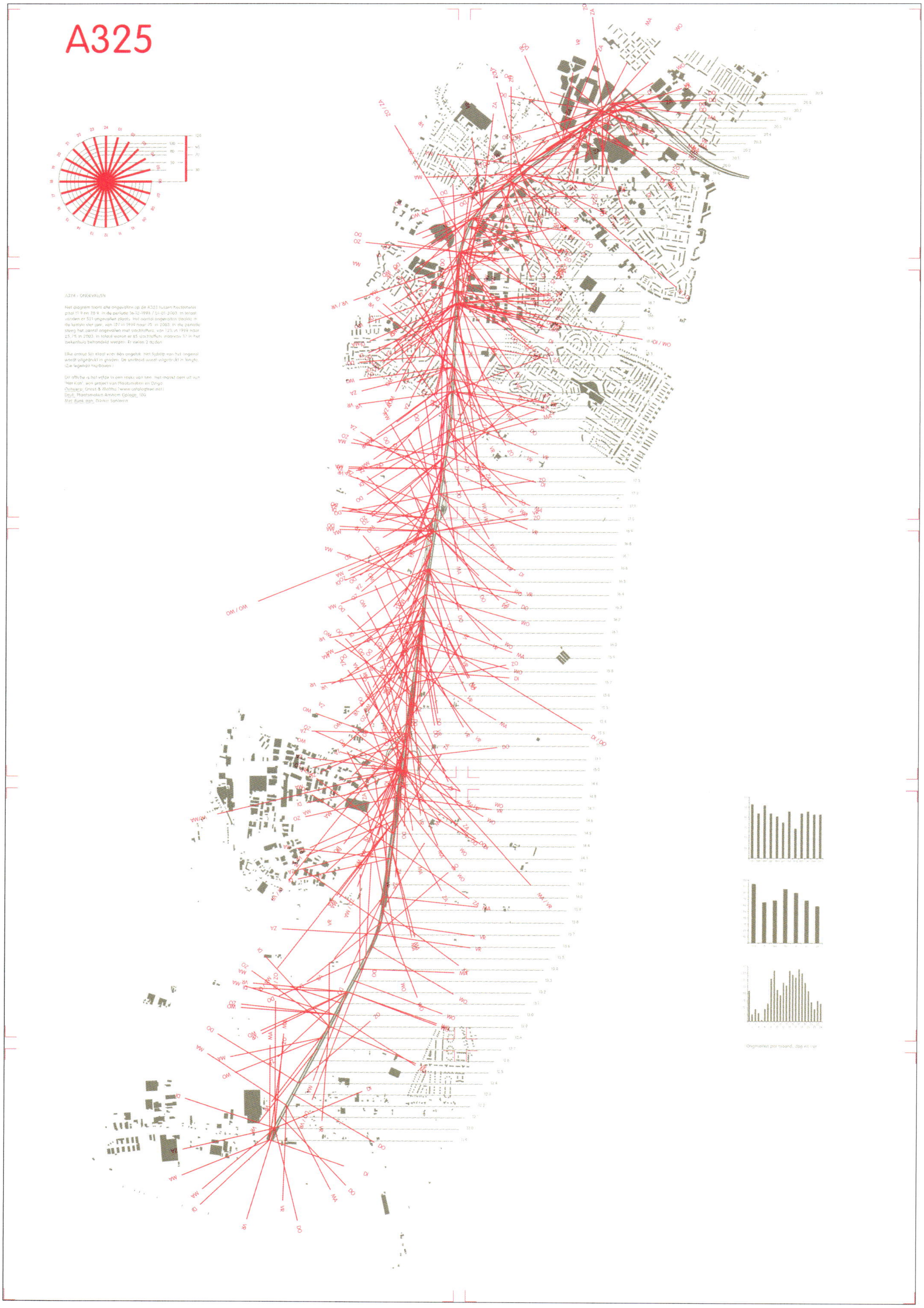
A325

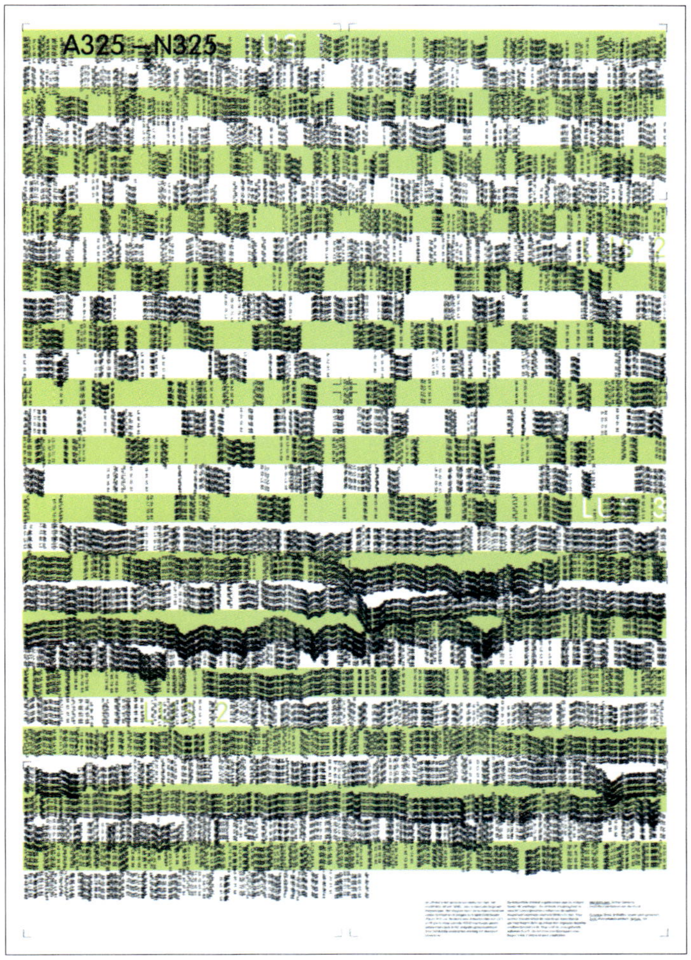
A325 – N325

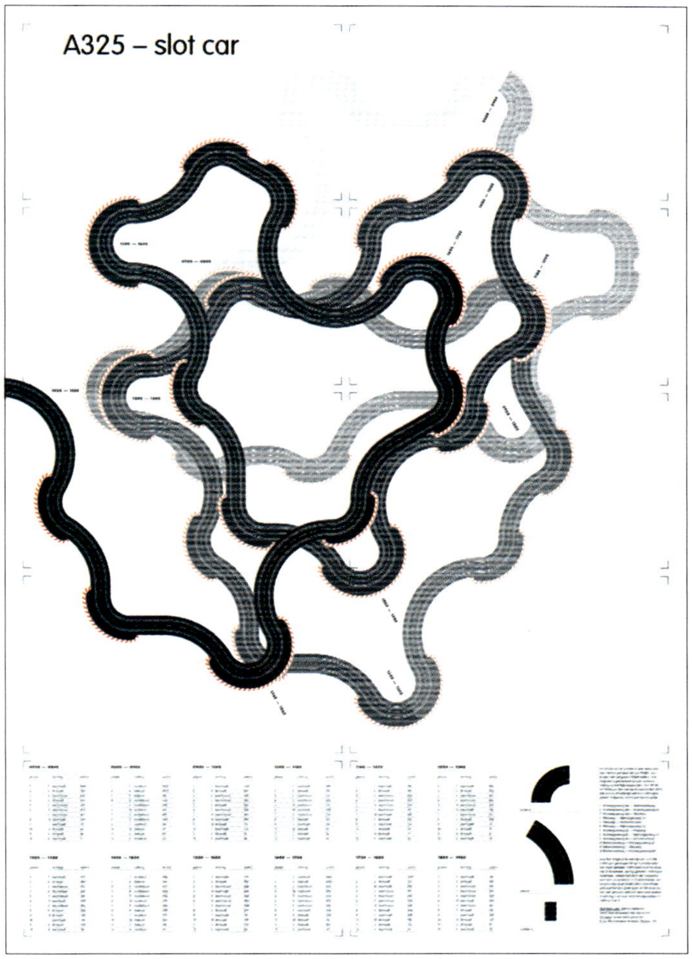
A325 – slot car

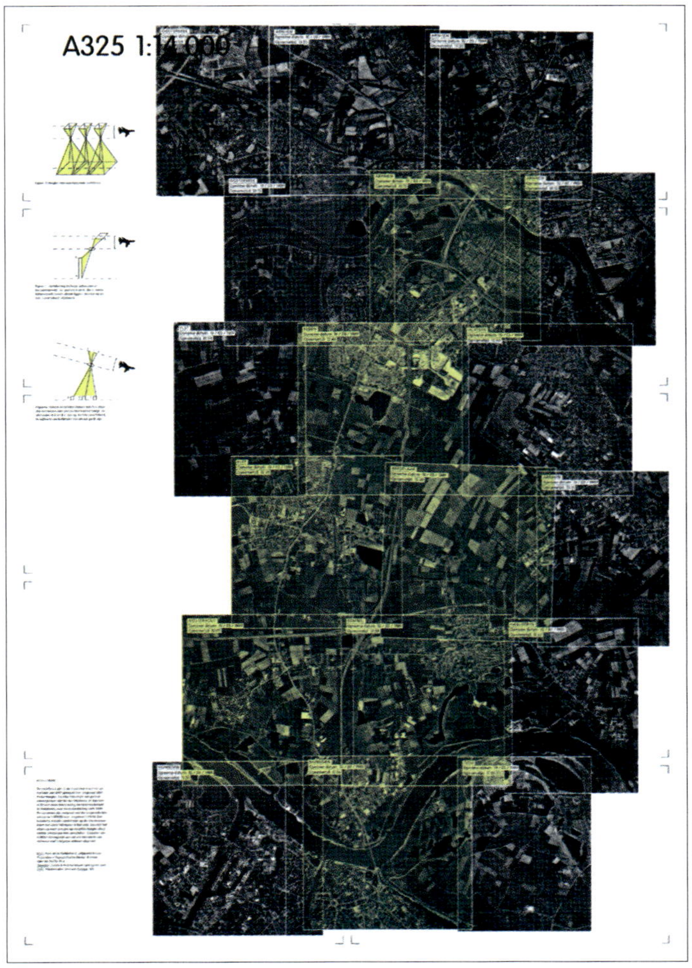
A325 1:14.000

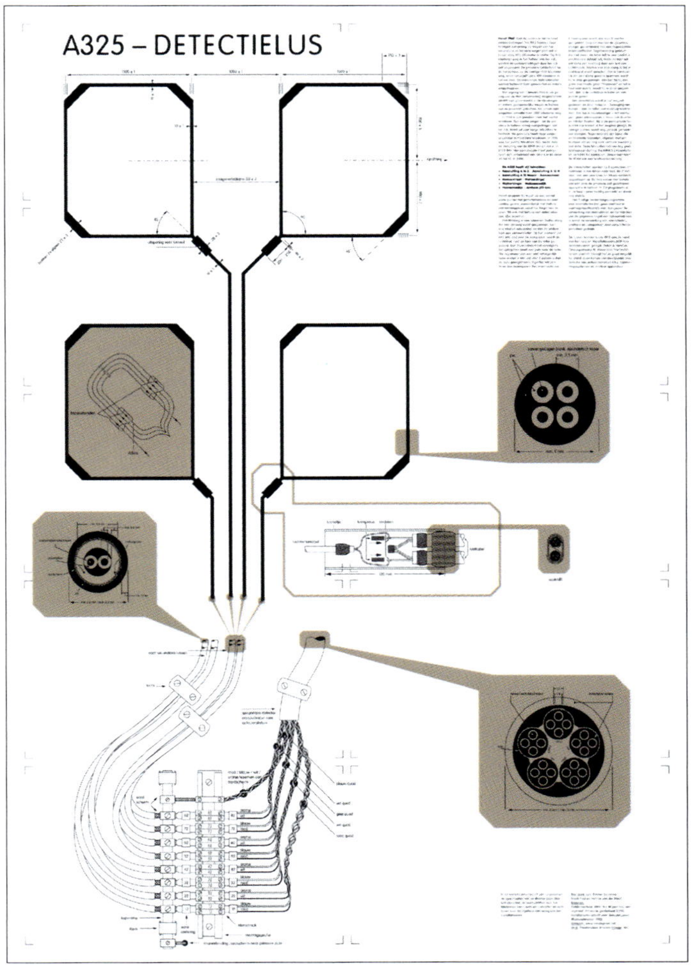
A325 – DETECTIELUS

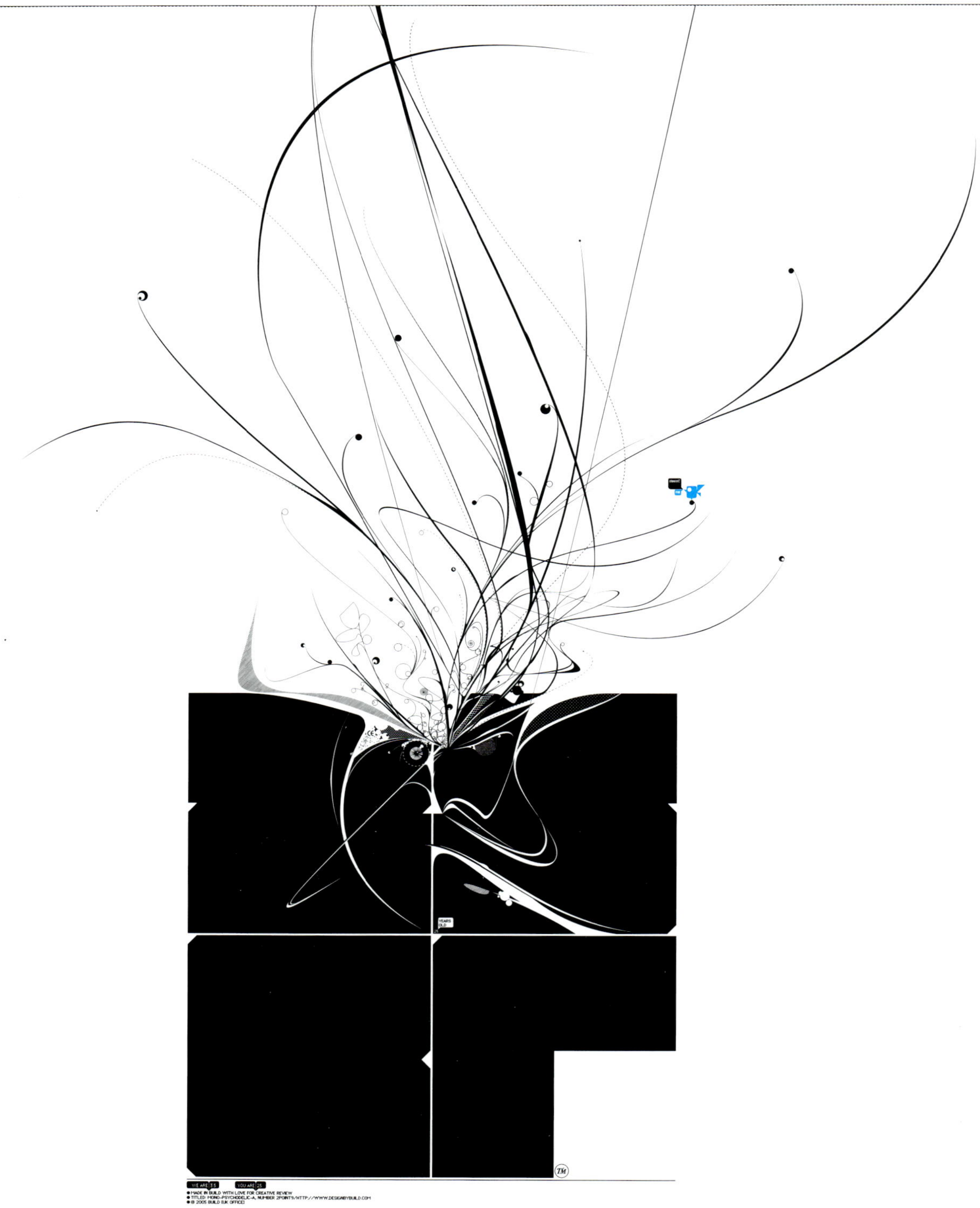
WE ARE 3.5
YOU ARE 25
MADE IN BUILD WITH LOVE FOR CREATIVE REVIEW
TITLED: MONO-PSYCHODELIC-A, NUMBER 2POINT9/HTTP://WWW.DESIGNBYBUILD.COM
© 2005 BUILD (UK OFFICE)

Mono Psychodelic-A // 2005 // ***Print with Love*** // 2004 //

« Print with Love » pourrait être à la fois le slogan et la définition du designer londonien Michael C. Place. C'est pourquoi cette expression a été choisie comme titre d'une exposition de ses travaux dans la galerie du livre Magma à Manchester. L'affiche de l'exposition a été conçue, comme il se devait, par Michael C. Place lui-même dans une palette restreinte et élégante de couleurs, bronze métallique et rose fluorescent. Son affiche du 25e anniversaire de la revue *Creative Review* est basé sur le même concept quant à la palette et au langage des formes. Elle lui a valu d'être sélectionné comme l'un des designers les plus influents de l'année 2004.

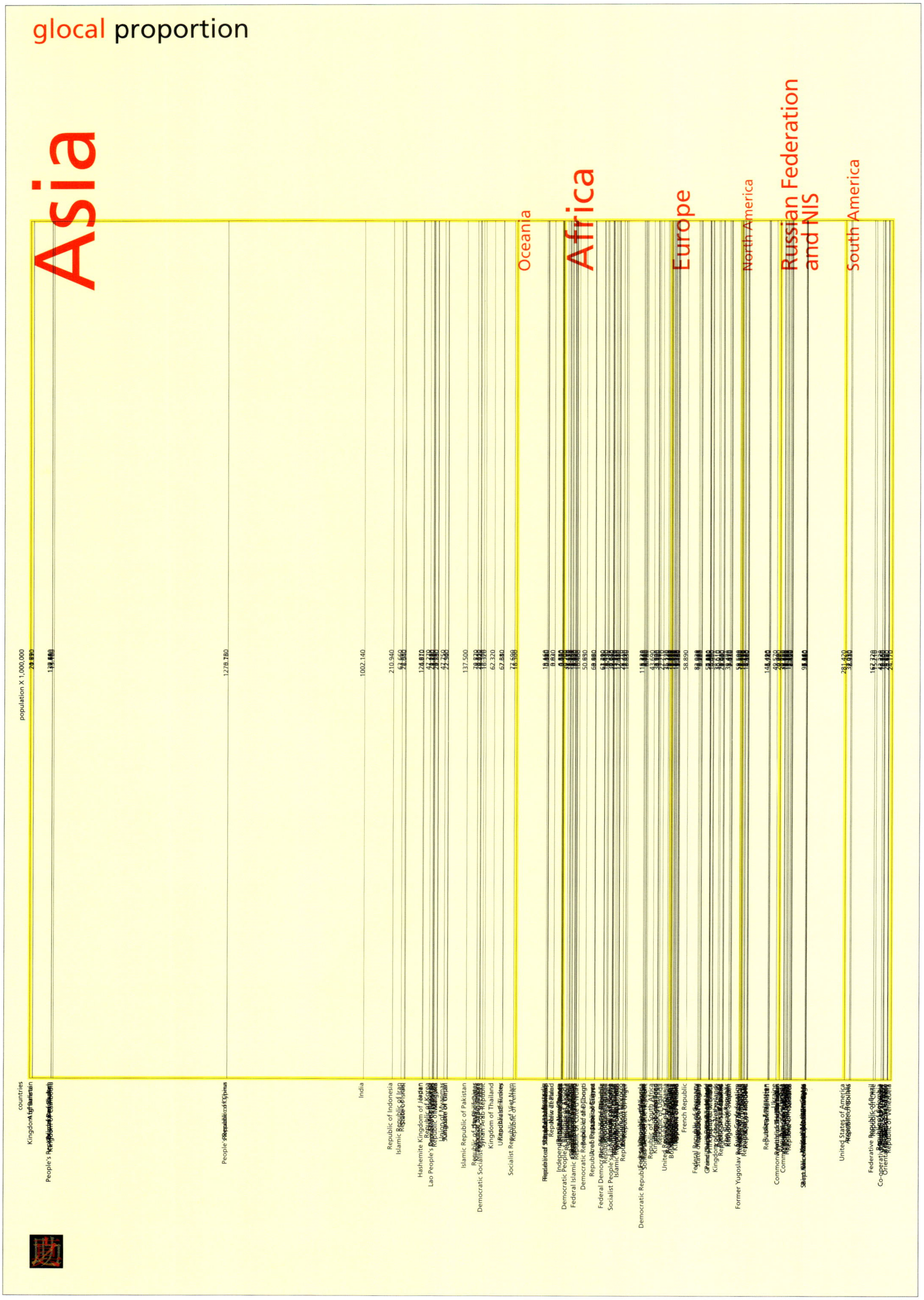
glocal proportion
Asia
Oceania
Africa
Europe
North America
Russian Federation and NIS
South America
population X 1,000,000
countries

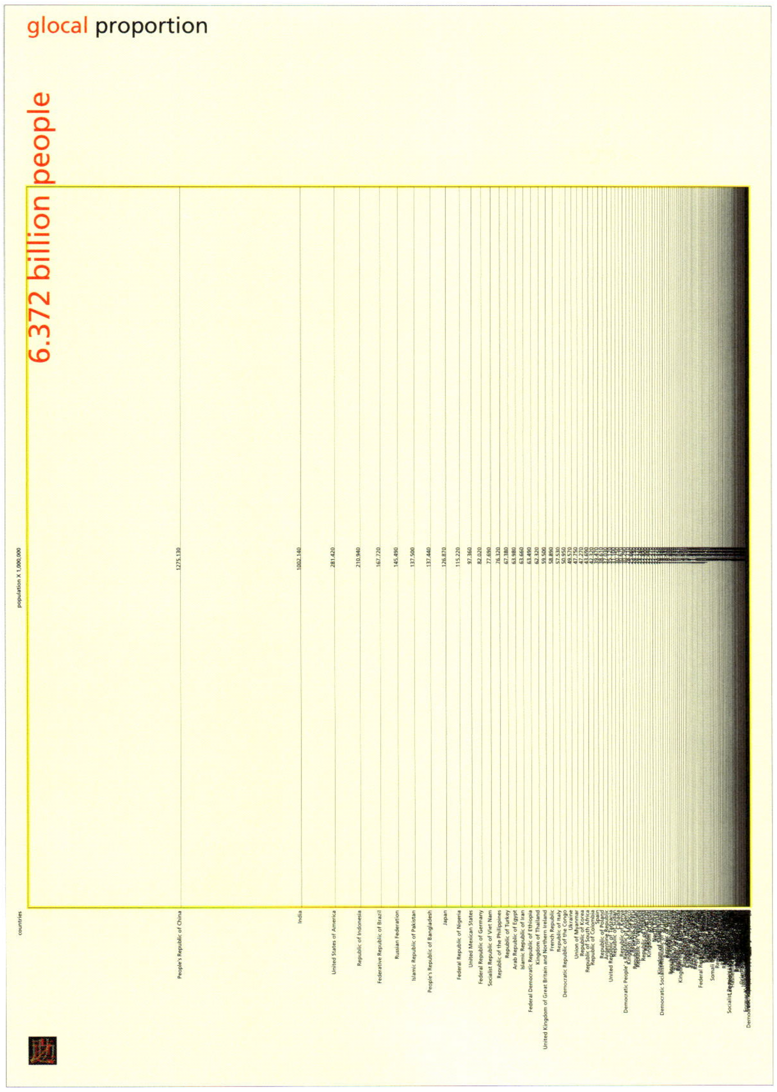

Glocal *//*

« Glocal » était le titre d'un colloque international d'enseignement supérieur portant sur le thème de la mondialisation et de l'identité locale dans les domaines du design et de la communication visuelle. Le designer japonais Shinnoske Sugisaki a conçu des affiches, dans lesquelles il a transformé des données statistiques numériques concernant les pays et continents examinés en formes géométriques qui, par leur clarté, rappellent des diagrammes esthétisés.

Shinnoske Inc. // Shinnoske Sugisaki // Osaka, Japon // www.shinn.co.jp //

Mes premières influences ? Des pois imprimés sur une feuille de papier.
À quoi ressemble mon environnement de travail ? À un chantier. Si j'ai une devise dans mon travail ? J'ai ma check-list spéciale design : est-ce essentiel ? Est-ce concis ? Est-ce progressiste ? Ma source d'inspiration ? Faire des trouvailles. Ce qui m'exaspère ? Le téléphone qui sonne. Mon cauchemar ? Les coquilles ! Quels conseils je donnerais aux étudiants en art graphique ? Regardez autour de vous et recherchez le design dans tout ce qui vous entoure.

Daniel Eatock // Londres, Royaume-Uni // www.eatock.com //

Ce qui m'inspire :
Lire / Cuisiner / Faire du vélo / Voir / Découvrir / Discuter / L'art / Flávia / Dormir
Ce qui m'agace :
Les détritus / Les 4x4 en ville / Les véhicules garés sur les pistes cyclables / La religion / Les e-mails publicitaires / Le télémarketing / Le tabac / L'indifférence / Les parfums / Les publicités idiotes /L'alcool au volant / Le plagiat / L'objectivation / Le dépôt sauvage de batteries de voiture / Les emplacements de camping gratuits / Le sucre dans le café / La violence

Mes premières influences :
Steven Wright (le comédien) / Dan Forster (un ami du collège) / Nirvana (le groupe grunge de Seattle) / Ayrton Senna (le pilote de F1)
Pour moi, ce qui fait un bon design imprimé, c'est l'humilité et le choix d'un matériau adapté. Dites OUI au côté ludique et fonctionnel, dites NON aux images séduisantes et aux couleurs tape-à-l'œil !
Pour en savoir plus, lisez mon manifeste sur www.eatock.com.

Postcard Back Compositions

1. Archetypal
2. Reflected
3. Opposite
4. Portrait
5. Big Message Small Address
6. Small Message Big Address
7. Disjointed

Daniel Eatock /1000
First Edition Published 2006
ISBN 0-9551194-1-3

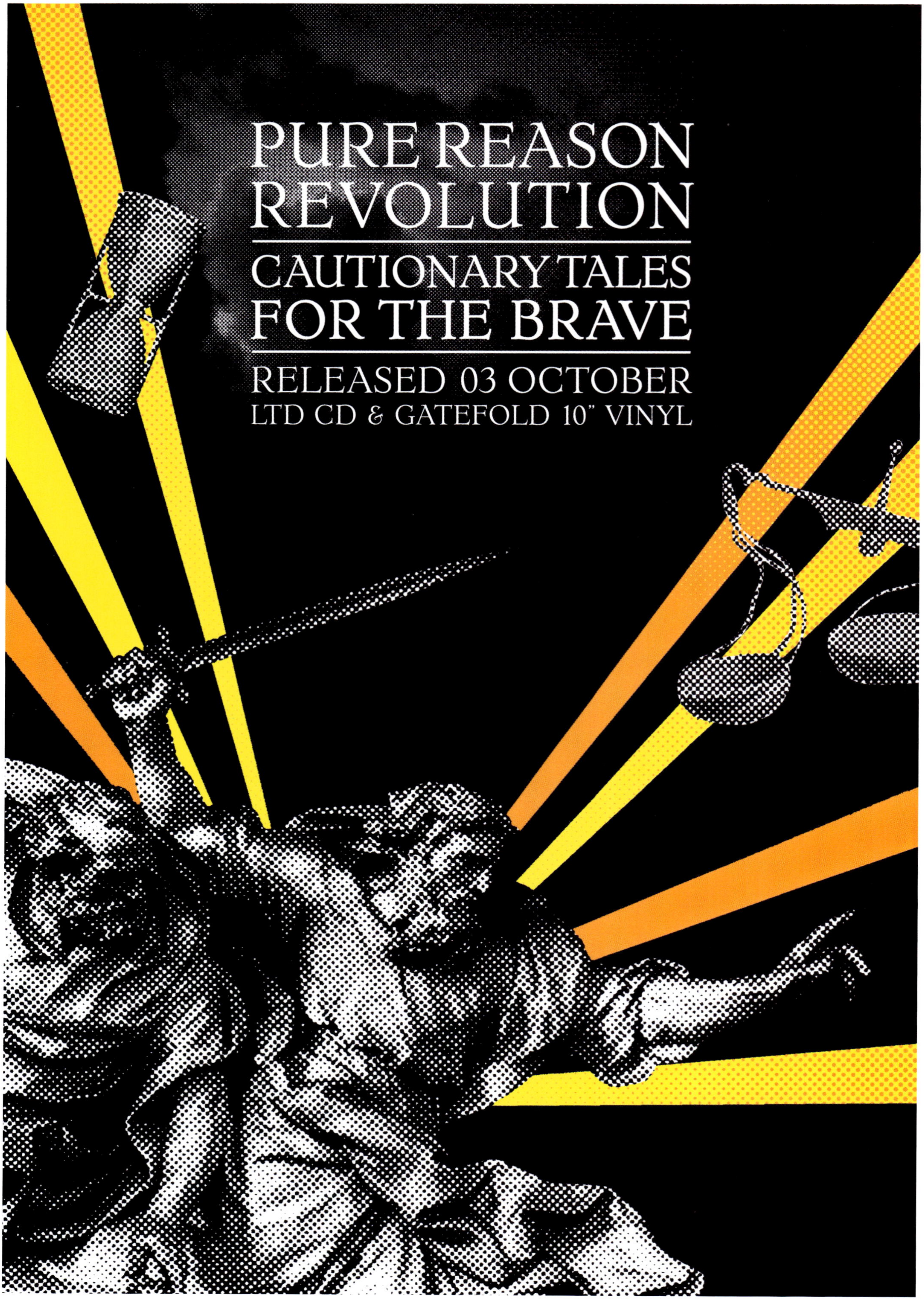
PURE REASON
REVOLUTION
CAUTIONARY TALES
FOR THE BRAVE
RELEASED 03 OCTOBER
LTD CD & GATEFOLD 10" VINYL

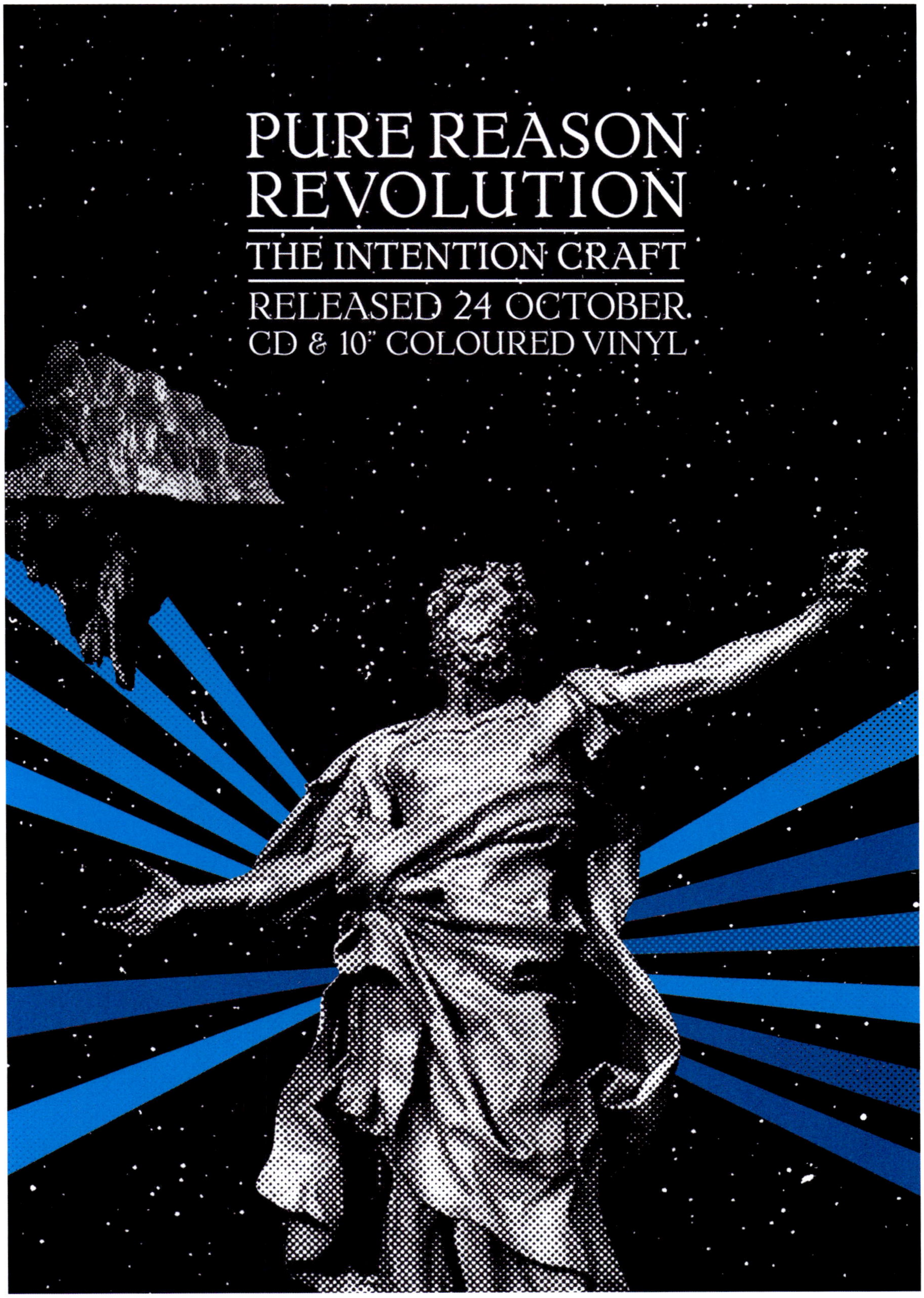

Pure Reason Revolution //

La musique du groupe de rock britannique Pure Reason Revolution manifeste sa prédilection pour la mythologie et le mysticisme païens, à travers des textes abstraits. Le studio de design londonien Blue Source s'en est inspiré pour la création d'une couverture d'album et a, pour cela, utilisé les photographies d'un artiste underground peu connu du nom de Jessen.

The Forsythe Company // 2005-2006 //

Les campagnes publicitaires de la Forsythe Company, ballet de renom international, sont mises au point depuis des années par le studio Surface de Francfort. Le défi particulier rencontré par l'équipe de graphistes autour de Markus Weisbeck est de communiquer un mouvement dynamique en trois dimensions sur des affiches et des flyers en deux dimensions, à l'aide de différents moyens créatifs : des collages de photos de danseurs superposées créent légèreté et dynamique ; la typographie du nom de la compagnie est placée comme une sorte d'objet spatial dans la composition d'images de plusieurs couches.

Uraufführung Clouds after Cranach
Performance von William Forsythe
26. / 27. / 30. November, 1.–3. Dezember
17 / 18.15 / 19.30 / 20.45 Uhr
Frankfurt Premiere You made me a monster
Performance-Installation von William Forsythe
6.–11. Dezember, 18 / 19 / 20 / 21 Uhr
Bockenheimer Depot
www.theforsythecompany.de
Tickets +49 (0) 69 13 40 400 und an
den üblichen Vorverkaufsstellen
«You made me a monster» ist eine Produktion der Forsythe Company in Koproduktion mit 'La Biennale di Venezia' und 'Tanz im August 2005 – Internationales Tanzfest Berlin'. Unterstützt durch Siemens Arts Program. Eintritt nicht unter 12 Jahren.
The Forsythe Company wird gefördert durch die Landeshauptstadt Dresden und den Freistaat Sachsen sowie die Stadt Frankfurt am Main und das Land Hessen.
THE FORSYTHE COMPANY

You made me a monster
Performance-Installation von William Forsythe
6. / 7. / 8. Oktober, 19 und 20 Uhr
9. Oktober, 14 und 15 Uhr
Deutsches Hygiene-Museum Dresden
www.dhmd.de
www.theforsythecompany.de
Tickets +49 (0) 351 48 46 460 und an
der Abendkasse
Eintritt nicht unter 12 Jahren.
Eine Produktion der Forsythe Company in Koproduktion mit 'La Bienale di Venezia' und 'Tanz im August 2005 – Internationales Tanzfest Berlin'. Unterstützt durch Siemens Arts Program.
The Forsythe Company wird gefördert durch die Landeshauptstadt Dresden und den Freistaat Sachsen sowie die Stadt Frankfurt am Main und das Land Hessen.
THE FORSYTHE COMPANY
DEUTSCHES HYGIENE-MUSEUM DRESDEN

Close Encounters Ypenburg // 2005 //

La ville d'Ypenburg aux Pays-Bas est entièrement érigée sur le terrain d'un ancien aéroport : les pistes sont devenues des routes, mais la tour de contrôle est encore debout. Le studio de graphisme Catalogtree de Arnhem fait allusion à la singularité de l'endroit dans ses supports d'impression pour le Close Encounters Film Festival.

Sommer Foyer // 2005 //

Le Kulturhallen Dampfzentrale est un centre dédié à la culture contemporaine, situé à Berne. Pour la manifestation « Sommer Foyer » 2005, le centre a commandé une affiche au studio Destruct de Berne. Marc Brunner, un des fondateurs du studio de renommée internationale, s'est inspiré du style des affiches russes de la Révolution, ainsi que de son goût pour les grosses caisses et les trompettes. Il a photographié sa compagne portant une grosse caisse devant elle, puis a apposé cette image à la manière d'un tampon sur l'affiche dans des couleurs crues jaune et noir.

MUSIQUE

INNER
RÓS
SMITH
SACE
FFY

Ponyloaf // 2001-2006 //

Ponyloaf est un groupe de rock d'avant-garde, originaire de Brisbane, en Australie. La musique de ce groupe, malgré ses rythmes farfelus et ses sons électroniques, comporte une chaleur et une gaieté qui différencient le trio de Down Under des autres groupes de musique électronique. Le studio de design Rinzen, également installé à Brisbane, a réussi à rendre ces caractéristiques musicales dans ses illustrations pour la couverture et le livret de l'album « Epic Travels ».

Rinzen // Brisbane/Sydney, Australie // Berlin, Allemagne // www.rinzen.com //

Le collectif australien Rinzen, formé en 2000 à la suite du projet RMX, est particulièrement connu pour l'approche collégiale et représentative des cinq designers qui le composent. Leurs créations ont été décrites non seulement dans leur propre livre, mais aussi dans de nombreux livres sur le design et sur l'art, ainsi que dans des magazines tels que Nylon, Relax et Tokyo. Les œuvres monumentales de Rinzen ont fait l'objet d'installations dans le Zero Gate de Tokyo, leurs affiches et pochettes de disques ont été exposées au Louvre et leurs visuels ont été utilisés lors de concerts de musique électronique de certains groupes comme Kid606.

Bob Marley //

Le point fort de l'équipe créative londonienne Blue Source réside dans sa capacité à inventer un langage visuel efficace et inspiré permettant la visualisation de la musique. Longtemps avant d'attirer l'attention avec des vidéos de musique originales, ces graphistes ont conçu, avec succès, des boîtiers de disques. Le design de couverture d'une compilation anniversaire de Bob Marley est un exemple récent de cette activité.

Blue Source // Londres, Royaume-Uni // www.bluesource.com //

Blue source est une équipe londonienne de graphistes qui s'impose aussi bien sur le marché du design que dans la production de clips vidéo et de courts-métrages. Rob Leggatt et Leigh Marling ont commencé à produire des flyers et des t-shirts pour des maisons de disque locales ainsi que pour des boîtes de nuit avant que leur engagement ne se transforme en une agence de design prospère. Bien qu'ils travaillent aujourd'hui pour des clients très divers, l'essentiel de leur travail est resté concentré sur tous les domaines du secteur musical. Entre-temps, ils ont obtenu de nombreux prix de renom dans ce domaine. Leurs travaux se distinguent par leur talent multiple qui leur permet de découvrir, sans restrictions stylistiques, des solutions créatives correspondant au niveau conceptuel du projet.

triomphe des frères Jaxx
x triunfa no festival da muvuq
ement Jaxx wchodzą do studia
ENT JAXX
inside out
A PARTY
TWILO
E PUNK GARAGE INVASION
ED BY BASE PLANNING TOKYO
P SUMMER SPECIAL
7.SAT.22:00-
BASEMENT JAXX
NYC 10/20
BASEMENTJAXX
DJ SNEAK
THOMAS BANGALTER
LOOP EVERY SATURDAY
in the mix
GO FUTURE!
WE ARE ROOTY!
BASEMENT JAXX
from LONDON
VS
T JAXX
Root
Telegrap
BASE

Basement Jaxx //

L'euphorie qui se dégage du groupe Nu-House Basement Jaxx londonien se reflète dans le design, souvent de cou eur vive et quelque peu fantaisiste, des couvertures de disques. Les boîtiers de DVD et de CD du graphiste Patrick Duffy poursuivent cette tradition, sous une forme plus claire et plus abstraite que les anciennes couvertures de disques. Les bandes de couleur sont inspirées des banderoles de fête et renvoient à l'ambiance de carnaval de la musique de l'album.

Patrick Duffy // Londres, Royaume-Uni // www.nodaysoff.com // www.utan.co.uk //

En termes d'art graphique, je n'ai pas vraiment eu de « premières influences ». Dans ma vie, j'ai été influencé par la musique plus que par toute autre chose et c'est en commettant des erreurs que j'ai acquis la plupart de mes connaissances.
Je ne suis jamais très longtemps satisfait par le travail accompli. C'est pourquoi je cherche toujours à m'améliorer au travail suivant.
Je travaille dans un petit studio relativement dépouillé et où rien ne peut me distraire. En ce moment, il y a sur mon bureau un téléphone, des crayons, un caractère typographique (la lettre « X » en gras), un CD de Au Pairs, une vieille photo de mon père, mon tourne-disque, un 33 tours de Stone Roses, mes clefs et ma déclaration de revenus (toujours pas remplie).
Ma devise ? Pas de vacances. Ma source d'inspiration ? Bukowski. Ce qui m'exaspère ? Les fautes de grammaire.
Mon conseil aux étudiants ? Trouvez votre style, faites vos devoirs et ne vous approchez pas de ma petite amie.
Cinq choses que j'adore :
Anthrax, « Gang of Four » / Delta 5, « Mind Your Own Business » / Nilsson, « Jump Into The Fire » / PIL, « Memories » / King Creosote, « Lavender Moon »

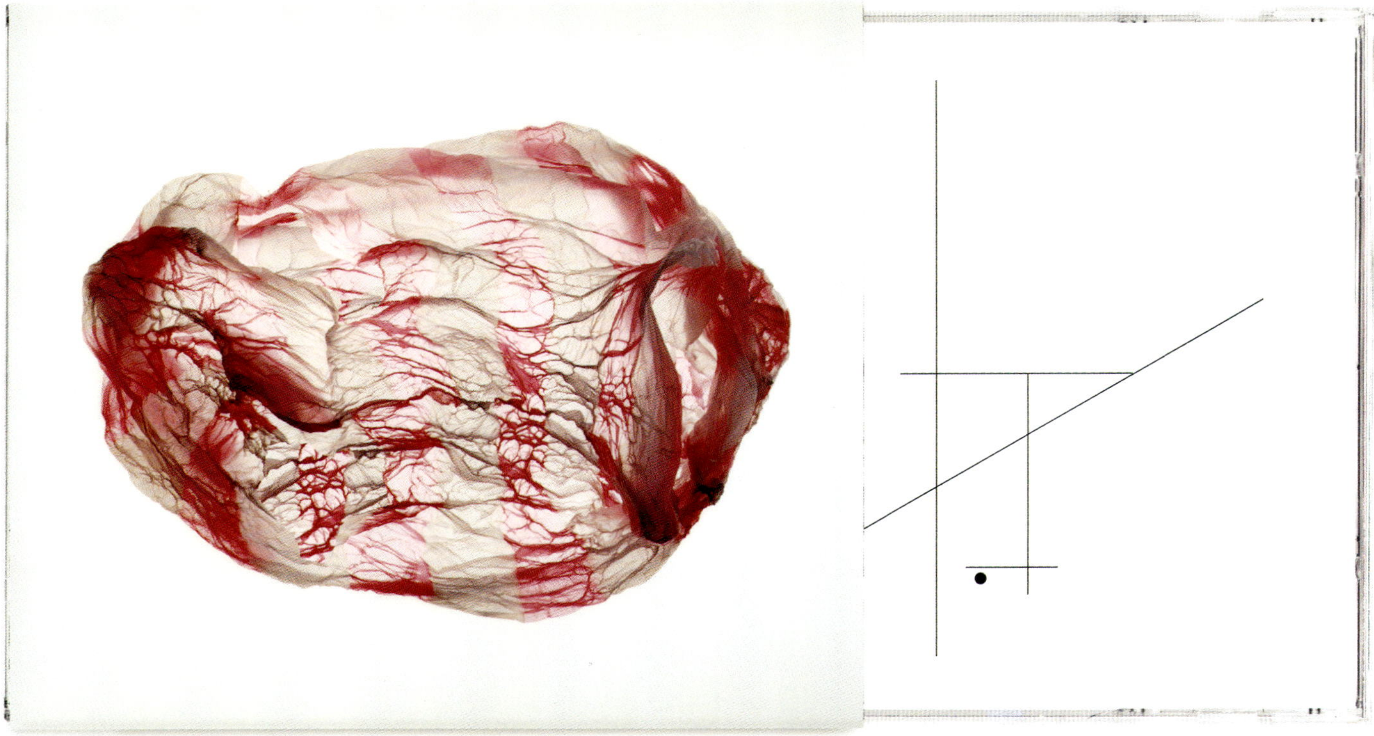

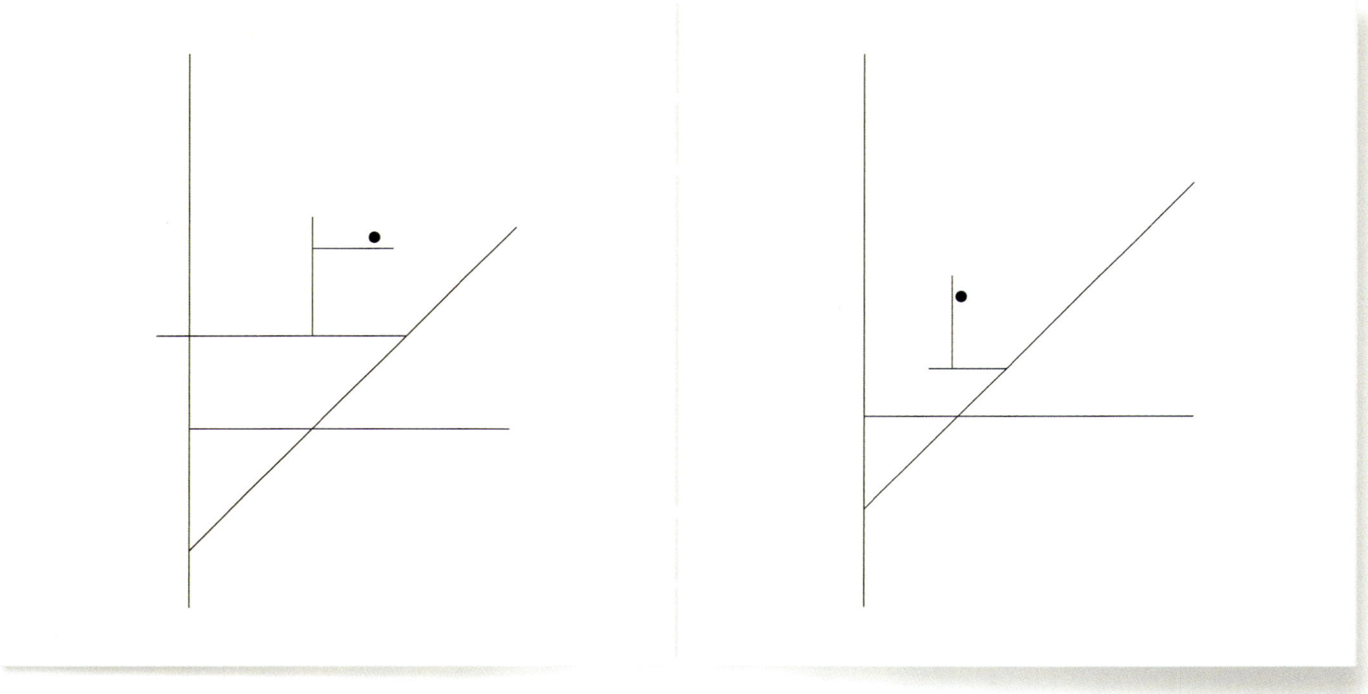

***Susumu Yokota & Rothko** // **Check The Water** // **Anoice** // **Theodore** //*

Non-Format // Kjell Ekhorn, Jon Forss // Londres, Royaume-Uni // www.non-format.com //

En 1999, le Norvégien Kjell Ekhorn et l'Anglais Jon Forss ont découvert leur prédilection commune pour le design graphique et ont, dans un premier temps, travaillé ensemble sous le nom de EkhornForss ltd. Deux ans plus tard, Tony Herrington, rédacteur en chef du célèbre *The Wire* les chargea de toute la réorganisation visuelle de la revue musicale. Ils ont travaillé durant quatre ans dans les bureaux londoniens de la maison d'édition et ont imprégné plus de 50 numéros de la revue de leur style éclectique d'illustrations décoratives, de photographies et de typographie moderne. Bien qu'ils soient surtout connus dans les milieux du design pour leurs modèles et ornements organiques, tous leurs travaux sont issus d'une analyse claire du projet et apparaissent d'une logique conceptuelle évidente. En 2005, ils quittèrent *The Wire*, pour pouvoir travailler de manière indépendante pour des clients de différents secteurs, musique, art, mode et publicité. Depuis, ils ont fondé non-format et ont obtenu des distinctions internationales. Une monographie parue aux éditions Pyramid leur a également été consacrée.

Lo
Editions
1.2.3.
Bug Powder
Electric Sheep
Synthetic Pleasures

Lo
Editions
4.5.6.
Strings & Things
Fluff & Nonsense
Bleeps & Bling

Lo
Editions
9.10.11.
Mutant Jazz
Freaky Folk
Twisted Beats

Lo Editions //

Les illustrations et le design imprimé pour le secteur musical sont une des spécialités du studio de design londonien non-format. Dans les années 2001 à 2005, le studio a complètement revu l'aspect visuel de la revue musicale *The Wire* et s'est acquis le respect du milieu de la musique et du design. Ils font également partie des graphistes préférés de Leaf Label et de Lo Recordings pour la conception de couvertures et de livrets de CD. La marque de leur style se manifeste souvent dans une illustration originale, souvent d'une organicité étrange, qui ne constitue pas une fin en soi mais est toujours en adéquation avec la musique et le contenu des CD.

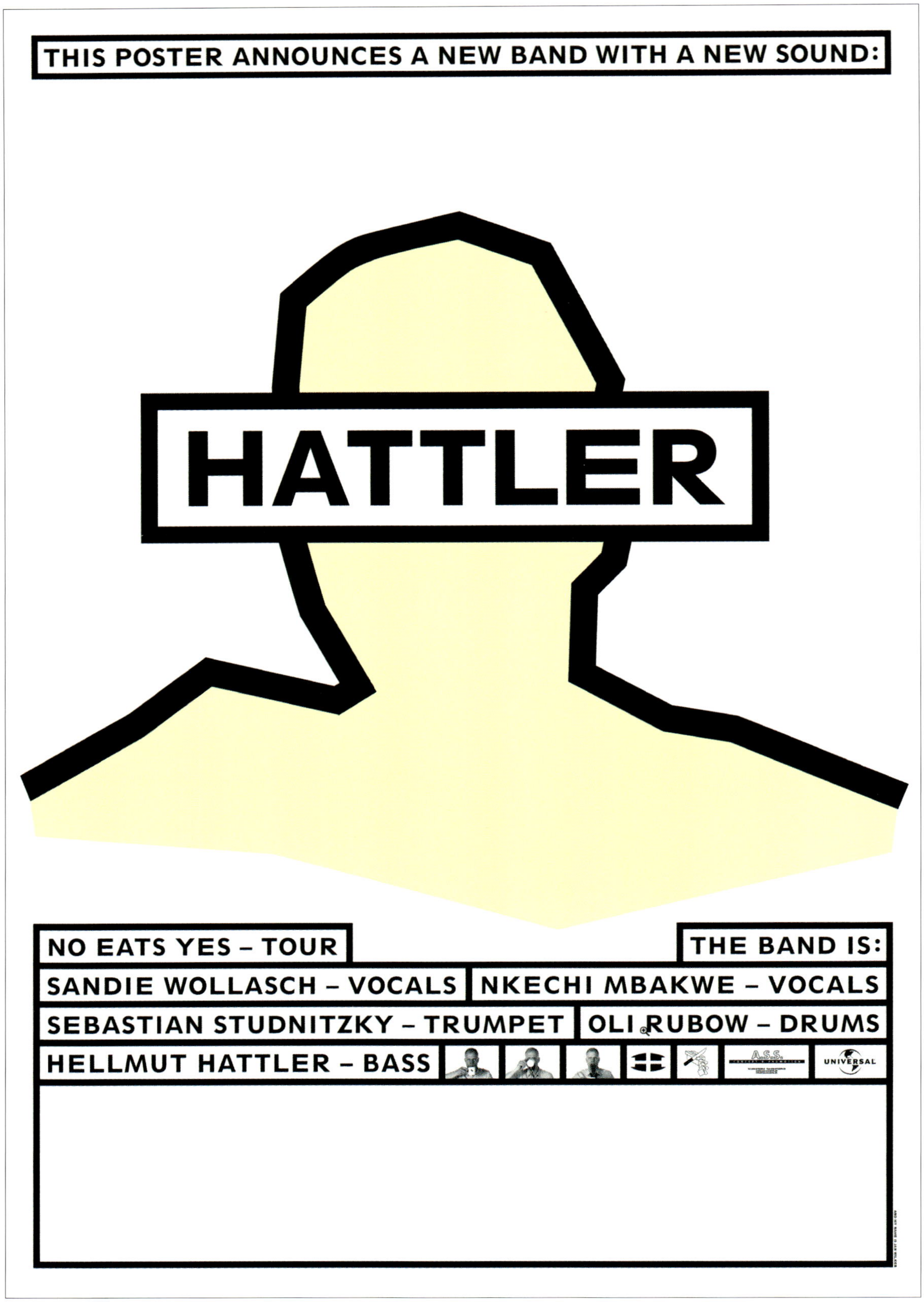

Hattler //

Le graphiste Jan Wilker de l'agence KarlssonWilker vit à New York, mais est originaire d'Ulm en en Allemagne comme le musicien de renom international Hellmut Hattler. Pour le CD « No Eats Yes » de son compatriote, sorti en 2000 chez Universal, KarlssonWilker a élaboré la couverture, le livret, l'affiche et le site Internet. Pour la pochette du CD, il avait été prévu de poser un autocollant sur la photo du musicien. Cette opération n'étant pas réalisable mécaniquement, la maison de disque a engagé dix étudiants pour coller les autocollants à la main. Outre la version normale, une édition limitée à l'impression plus coûteuse a été fabriquée pour la marque Harman/Kardon

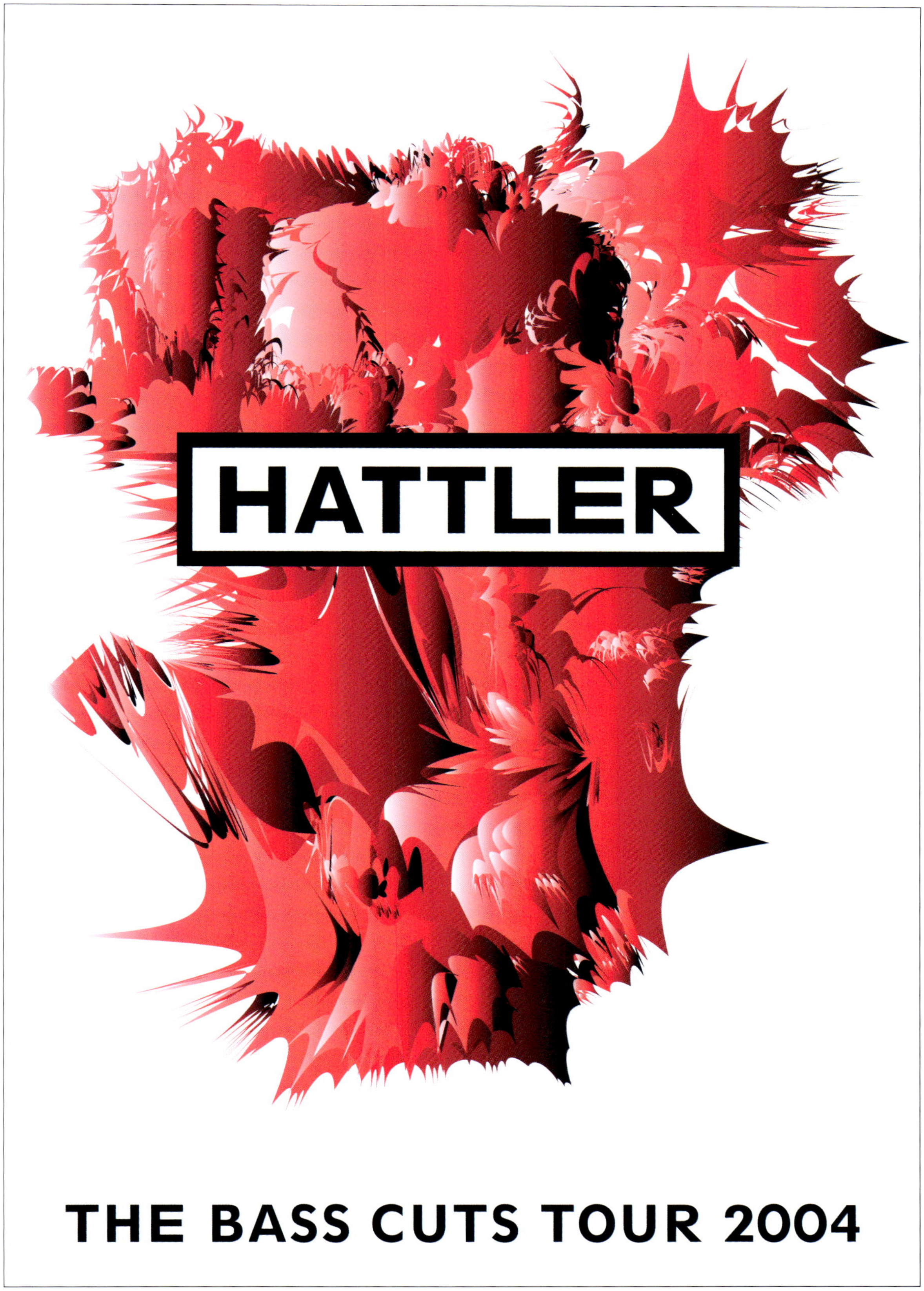

KarlssonWilker // Jan Wilker, Hjalti Karlsson // New York, États-Unis // www.karlssonwilker.com //

Pour ce qui concerne mes premières influences, j'ai grandi à Ulm, en Allemagne, au milieu des années 1970. Qu'est-ce qui fait la qualité d'un design imprimé ? Je ne sais pas. Je ne m'intéresse pas trop aux techniques d'impression de pointe, aux papiers spéciaux, etc. De tous mes travaux, je suis particulièrement content de l'affiche des « buildings of disaster » conçue pour Boym, car les caractères sont plus accidentels que vraiment réfléchis (un petit bug dans le logiciel 3D que nous avons utilisé pour ce travail). À quoi ressemble mon environnement de travail ? Rien sur les murs, une pièce lumineuse, un bar avec des tabourets, une énorme plante verte et un baby-foot. Une devise dans mon travail ? Non, je n'en ai pas. Ce qui m'inspire ? Tout. Ce qui m'exaspère ? Moi-même. Mon pire cauchemar ? Mourir pendant que je réponds à ce questionnaire. Mon conseil aux étudiants ? Apprenez, lisez et agissez. Profitez de vos années d'études pour vous livrer à un maximum d'expériences.
Cinq choses que j'adore :
La vie / L'océan / Les gens (quelques-uns) / L'alcool / La bonne chère

Jen Wood //

Dans la réalisation de la pochette et du livret du CD du chanteur Jen Wood de Seattle, les attirances du designer Andrio Abero, qui vit dans la même ville, sont évidentes : des compositions claires et étendues, une typographie subordonnée à l'organisation de l'image et, dans l'ensemble, un design qui rappelle l'attachement d'Abero à la sérigraphie. Dans le cas du CD de Jen Wood, les photographies étaient également d'Andrio Abero. Pour les intégrer dans la palette de couleurs du livret, Abero a transformé les photographies en couleurs en images monochromes.

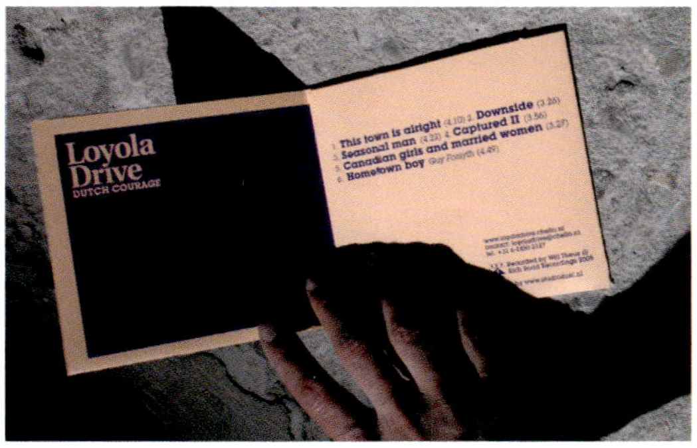

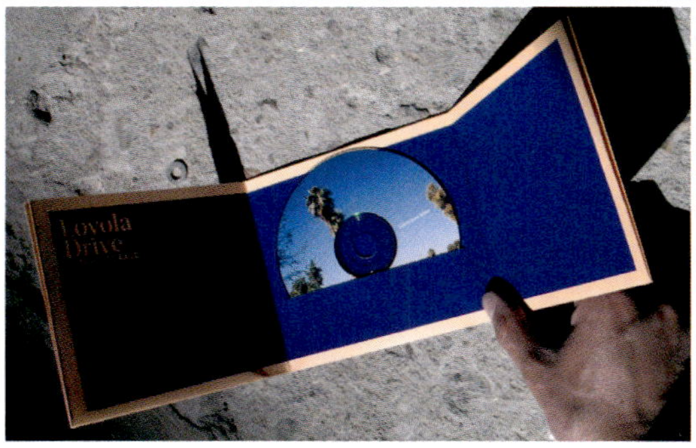

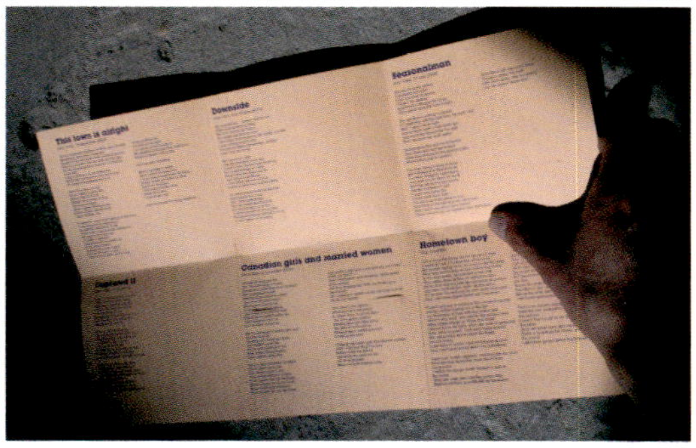

Loyola Drive //

Pour le CD du groupe californien Loyola Drive, le studio duel n'a pas voulu avoir recours à la présentation traditionnelle du livret inséré dans un boîtier en plastique. C'est une feuille de papier d'emballage repliée autour du CD qui fait fonction à la fois de boîtier et de livret. Le papier au format A3 est imprimé en sérigraphie. Autre particularité : chaque exemplaire a été réalisé manuellement par le studio duel, y compris la sérigraphie, la découpe précise et le pliage.

DJT //

Les médias publicitaires pour le premier album « Boogie Playground » de l'Allemand DJT ont été conçus d'après un concept peu orthodoxe par le graphiste Martin Lorenz pendant qu'il travaillait chez Eikes Graphischer Hort. Toutes les informations et les éléments constitutifs pertinents nécessaires à la réalisation de la pochette du disque, affiches, cartes postales et autres publicités pour l'album, ont été montés par Martin Lorenz dans un espace réel. Diverses photos de cette installation ont été prises en fonction des différents supports d'impression. Les informations de moindre importance ont été couvertes en jaune sur la photo en noir et blanc. Ainsi, pour le lancement d'un single par exemple, une seule des affiches est restée lisible sur les murs : celle qui comportait la chanson phare de l'album.

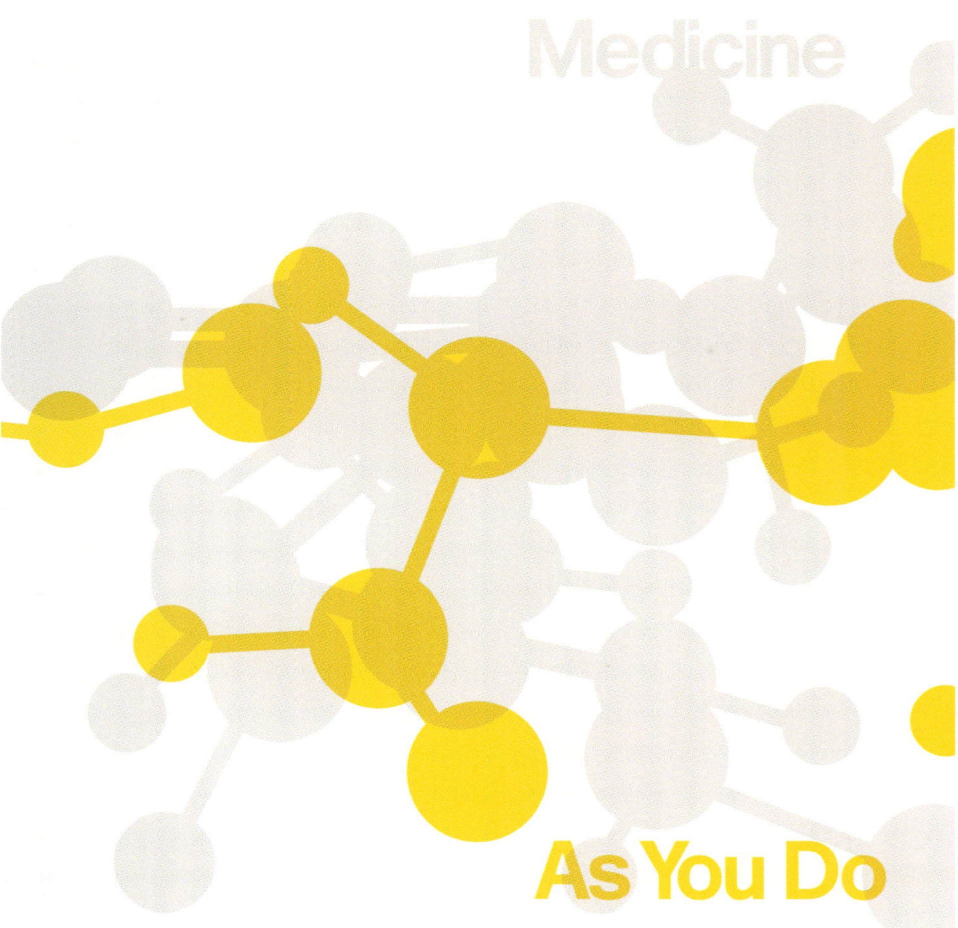

Medicine //

Le musicien britannique Brad Laner, alias Medicine, parle de « Glitchy Beach Boys harmonies » en citant son quatrième album « The Mechanical Aspects of Love ». Contrairement aux autres stars citées des années 1960, Laner crée ses sons de manière exclusivement électronique, y intègre des bribes de sons étranges et produit ainsi un microcosme sonore de laboratoire. Pour la couverture de l'album, la compagnie de design londonien Tom Hingston Studio, en collaboration avec le photographe Jonathan De Villiers, a trouvé l'image parfaite.

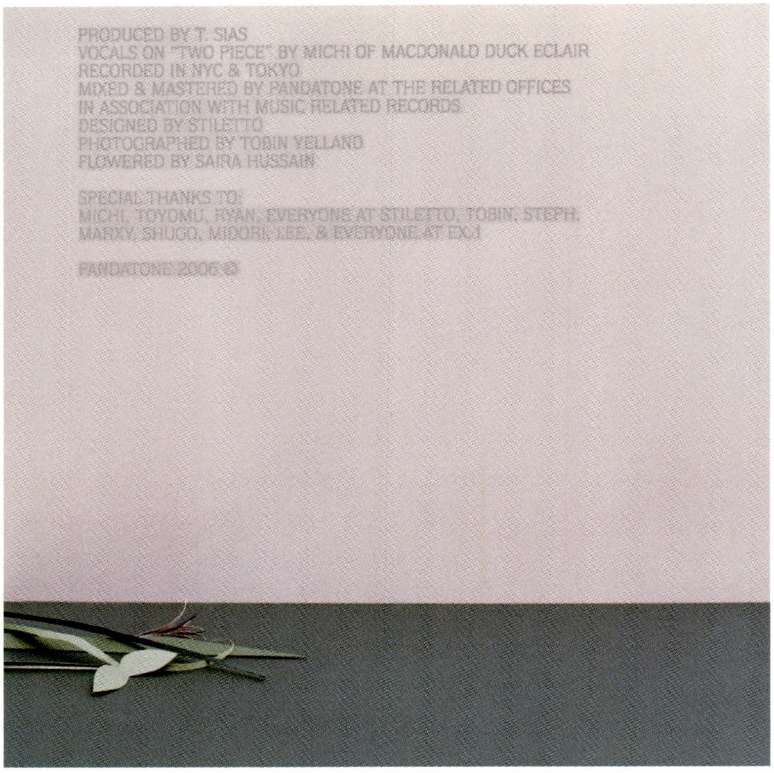

Pandatone //

Pour réaliser les imprimés du dernier album du musicien de l'électro-art Trevor Sias, alias Pandatone, Stefanie Barsch et Julie Hirschfeld du studio de design new-yorkais Stiletto se sont inspirées du titre de l'album : « What has nature done for me recently ? » Toutes les fleurs photographiées pour la couverture ont été réalisées à la main par la stagiaire Saira Hussain, ce qui a demandé un temps exceptionnellement long pour la création de la couverture et du livret de l'album.

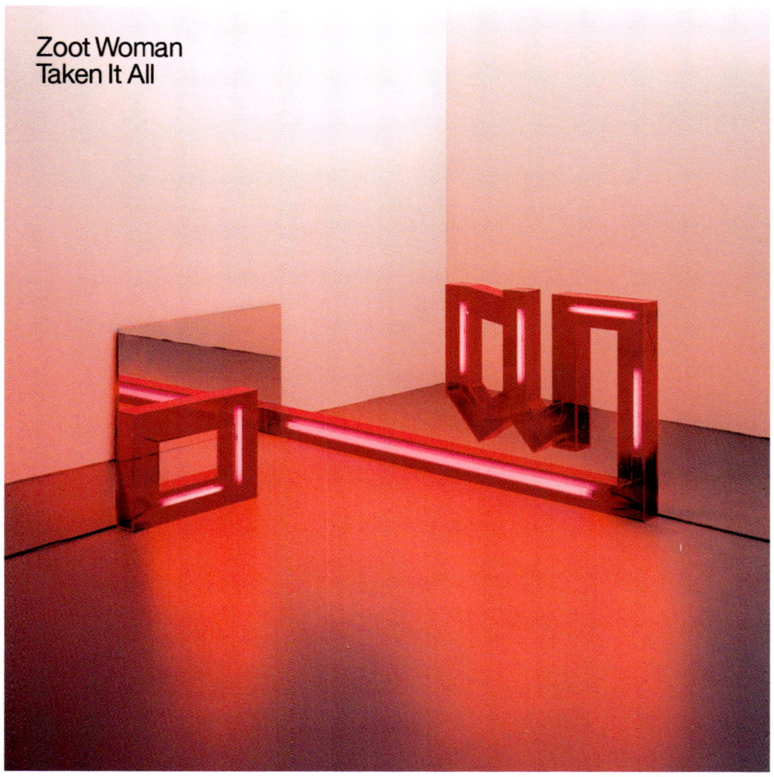

Zoot Woman //

Dans son style de musique, le groupe anglais Zoot Woman donne au son de l'électro-pop des années 1980 une nouvelle élégance et un nouveau rythme. Le design de la couverture de son deuxième album, sorti en 2003, traduit précisément cette origine dans l'esthétique des années 1980 ainsi que son évolution ultérieure et actuelle. Le studio de design londonien Tom Hingston Studio a conçu la typographie du nom du groupe comme un objet lumineux en trois dimensions, avec l'aspect « néon » typique des années 1980, a disposé celui-ci devant des murs et des miroirs blancs, puis a photographié l'installation. Photografie: Anuschka Bloomers et Niels Schumm.

Zweiraumwohnung // 2004 //

Pour ne manquer aucun acheteur potentiel, en un temps où le marché de la musique est largement en crise, la maison de disques du groupe berlinois Zweiraumwohnung a exigé trois variantes du CD « Es wird morgen », pour les différentes éditions basic, standard et premium. Lorenz Gianfreda du studio Destruct de Berne a élaboré un concept souple, pouvant être réalisé de différentes manières. Selon le matériel et le procédé choisis, différentes valeurs seront communiquées. L'effort a été récompensé : le nombre des ventes a valu au groupe un disque d'or.

Buro Destruct // Berne, Suisse // www.burodestruct.net //

Le studio Destruct se compose d'une équipe de cinq graphistes qui, depuis la petite capitale suisse de Berne, approvisionne le monde entier en design innovateur, en particulier des polices de caractères et des logos. On trouve leurs polices sur le site Internet : www.typedifferent.com. Destruct essentiellement pour le monde de l'impression : pochettes de disques et livrets de CD, affiches, flyers et livres, ainsi que l'identité visuelle de nombre d'entreprises. Le projet Internet loslogos.org est également né de la prédilection de l'équipe pour la singularité des logos : ce site constitue une sorte de « logothèque » virtuelle, destinée à stocker et à protéger les logos du monde entier, voués à la disparition ou à l'imitation.

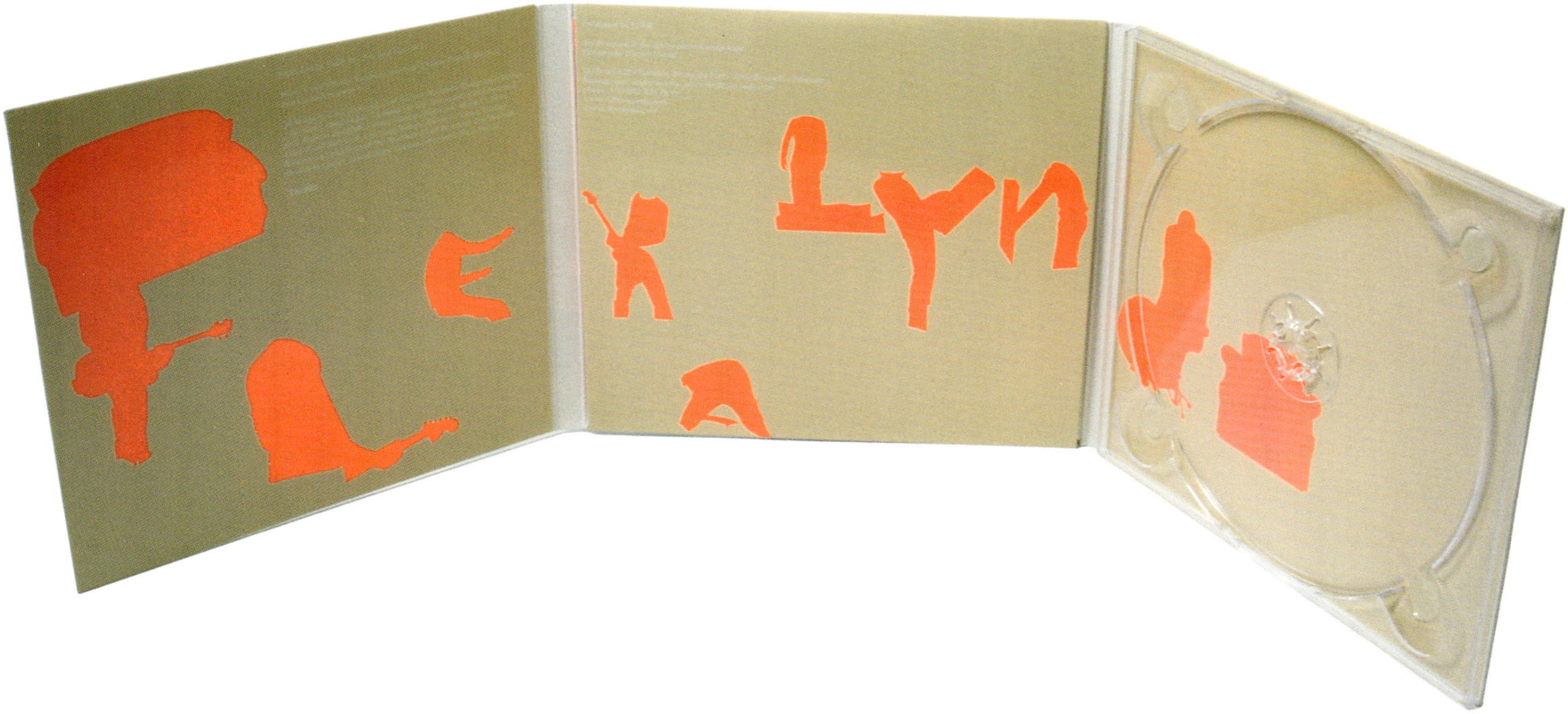

Flexa Lyndo *//*

Pour un CD du groupe indie-rock belge Flexa Lyndo, le studio Pleaseletmedesign a placé les photos des musiciens sur la couverture de telle sorte que les silhouettes transposées des artistes à l'intérieur de la couverture figurent le nom du groupe. Ils ont présenté ce concept avec une couleur spéciale Pantone fluorescente qui a été imprimée en plus dans la palette habituelle des couleurs CMYK.

Pleaseletmedesign //pierre&damien // Bruxelles, Belgique // www.pleaseletmedesign.com //

Nos premières influences ? D'abord Rinzen, Buro Destruct, Designers Republic, puis Experimental Jetset, Irma Boom, Mevis et van Deursen.
Une devise ?« Un travail, un livre ou un journal doit être aussi pur que possible ; un bon designer ne craint pas de devenir totalement invisible dans le produit final. » (Mark Manders)
« Dites oui à l'aspect ludique et fonctionnel, dites non aux images séduisantes et aux couleurs tape-à-l'œil. » (Daniel Eatock)
« Le compromis n'est pas une solution, mais le dialogue est toujours une bonne idée. » (Happypets)
Ce que fait la qualité d'un design imprimé ? Des caractères noirs sur du papier blanc. Des conseils que nous donnerions aux étudiants en art graphique ? Talent = passion + patience. Ce qui nous inspire ? Les bonnes idées et des heures de conversation avec nos amis. Ce qui nous exaspère ? Art graphique sans conscience n'est que ruine de l'âme. Notre pire cauchemar ? Réaliser des graphismes qui nous exaspèrent. Cinq choses que nous adorons : Nous aimerions pouvoir dire que nous aimons la philosophie, les mathématiques, le violoncelle, la randonnée…
Mais comme tout le monde, nous aimons le cinéma, la musique, l'art graphique et les filles…

The Experimental Tropic Blues Band //

« The Experimental Tropic Blues Band » joue un mélange de psychobilly, de punk et de blues, et lorsque les graphistes du studio belge Pleaseletmedesign ont reçu pour mission de concevoir un boîtier de CD pour le groupe, ils ont d'abord étudié toutes les origines imaginables du psychedelic et du punk. Ensuite, seulement, ils ont mis au point un concept revisitant les anciennes influences et les éclairant d'une lumière contemporaine. Ils ont d'abord conçu le logo typographique du groupe, l'ont ensuite imprimé sur 120 feuilles A4 puis l'ont reporté sur le sol d'un entrepôt réservé à cet effet. Le paraphe complet a été redessiné au scotch. Après trois jours de préparation, le groupe est enfin venu pour la séance de photos et s'est également laissé coller au ruban adhésif pour des prises de vue.

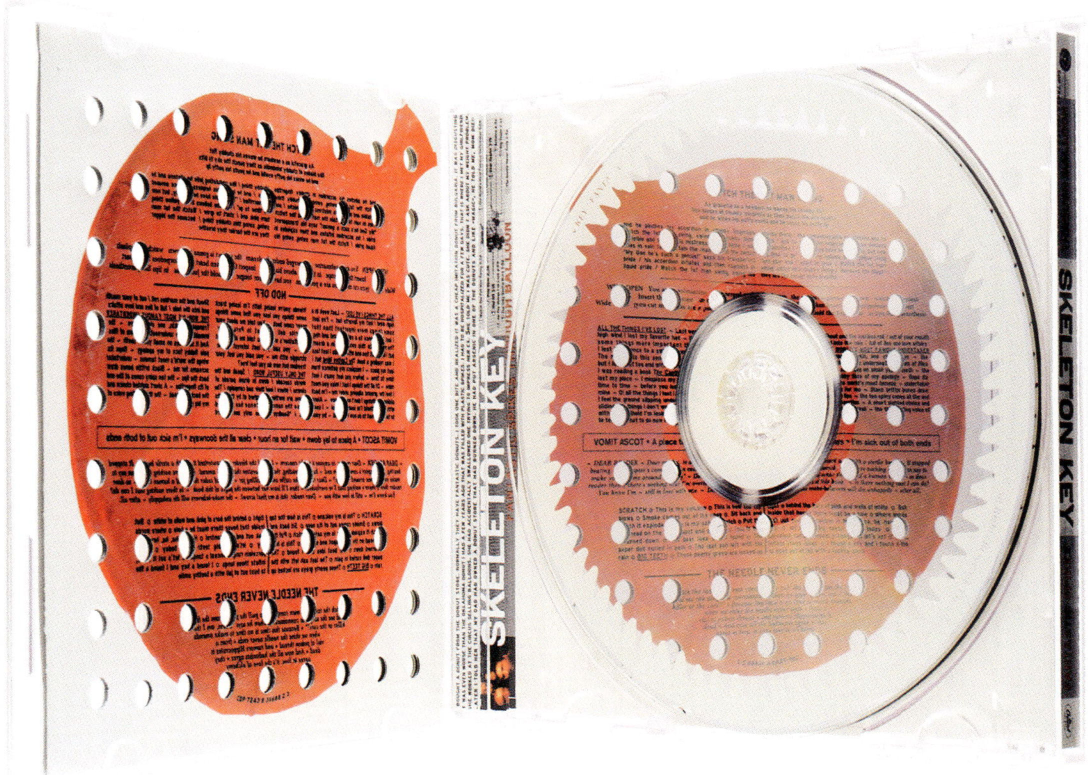

Skeleton Key // 1997 //

En 1994 fut créé le groupe Skeleton Key sur fond de la légendaire Knitting Factory de New York. Pour l'album « Fantastic SpikesThrough Balloon », paru en 1997, le studio de design Sagmeister Inc. de New York a conçu le livret et la couverture en respectant le titre du disque : les graphistes ont photographié différents objets en forme de ballon comme de grosses saucisses, des coussins péteurs et des poissons-lunes, les ont imprimés sur le livret du CD et ont perforé ensuite le papier. Parce que le groupe ne voulait pas qu'on lise les textes imprimés dans le livret pendant l'écoute de la musique, Stefan Sagmeister a composé les textes en écriture en miroir, de sorte qu'ils ne peuvent être lus que dans le reflet du CD.

Röyskopp //

Röyskopp est le nom mystérieux du duo norvégien de musique électronique de Svein Berge et Torbjorn Brundtland. La couverture et le livret du premier album « Melody A.M. » a été conçue par le studio de design londonien Tom Hingston Studio. Photographie: Sølve Sundsbø.

Tom Hingston Studio // Tom Hingston // Londres, Royaume-Uni // www.hingston.net //

Tom Hingston est un infographiste base á Londres. Après ses études au Central Saint Martin's College of Art and Design en 1994, il travailla trois ans avec le designer et spécialiste de la typographie Neville Brody. En 1997 il fonda son propre bureau, le Tom Hingston Studio. Basé a Londres, THS est compris de quatre membres; Tom Hingston, Danny Doyle, Manuela Wyss et Hannah Woodcock. La compagnie prouve la multiplicité de ses talents dans une diversité de supports en allant de la musique, la mode et le film a la publicité et la publication. Reconnu pour son innovation, le studio a depuis obtenu de nombreux prix pour sa direction d'art et design sur plusieurs projets musicaux. Christian Dior, Mandarina Duck, Nike, Massive Attack, Nick Cave, Robbie Williams et The Rolling Stones font partie de ses clients.

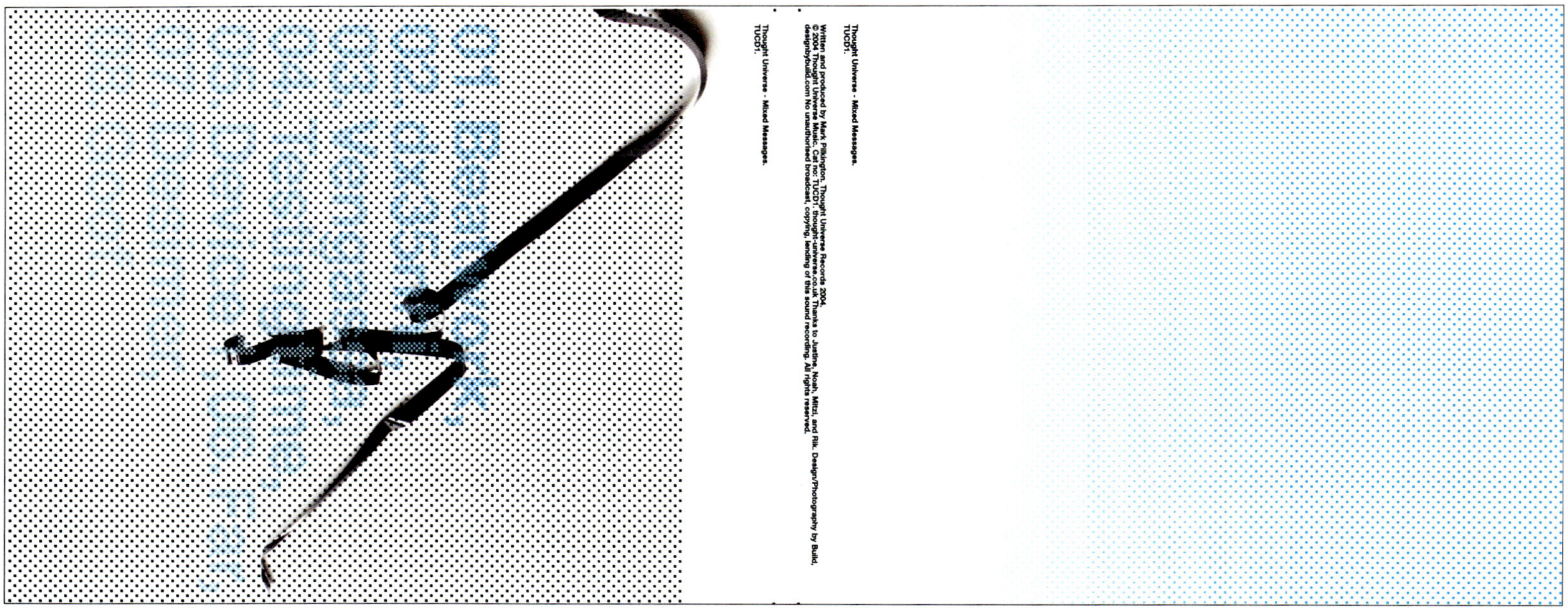

Thought Universe // Heat Sensor // LE:01 // SD150V //

Il y a déjà plus de dix ans, les pochettes de disques furent parmi les premiers succès du designer londonien Michael C. Place et, comme il le dit, il peut encore passer aujourd'hui une semaine et plus à travailler sur une seule pochette de CD. Les exemples actuels sont destinés à Heat Sensor, Thought Universe, SD150V et LE : 01.

Artist HERE
EP SIX TRK
heat sensor
COMPONENTS
touch ep
CD EP 01-06 REPEAT PLAY™ AUDIO
Digipak™
EXTENDED
SPINE LOGO CE NN. MM:SS:HSHS
HEAT SENSOR: TOUCH EP SIK005CD
SPINE HERE
Tracklisting ONE
Barcode UPC
Assembled B-HSR/01 COMPONENTS INSIDE
COVER:
125.5 MM 139.5 MM
SLEEVE DESIGN BY BUILD. WHILE STYLE BY ADESH DEOSARAN.
NOTE CAUTION:
DO NOT BURN EVEN WHEN EMPTY. STORE IN AN UPRIGHT POSITION. AVOID STORING THIS DISC IN STRONG SUNLIGHT/DIRECT HEAT
EX-PLAY STRT 01
h:sr: mrk apani b-fly
mc remix c drive
gravy feat. m. sayyid
ethylene feat. chief
kamachi d drive
call into creek
STOP
OPTIONS
RTRN TO 01 + REPEAT CYCLE
RANDOM PLAY/REPEAT PLAY™
12 DIGIT UPC
8 29357 241528 LEFT TO RIGHT
TEG2415/SIK005CD
P + C 2003 SOUND-INK RECORDS, INC.
MANUFACTURED + DISTRIBUTED BY TRAFFIC ENTERTAINMENT GROUP
MADE IN THE USA
SOUNDINK
LOGO

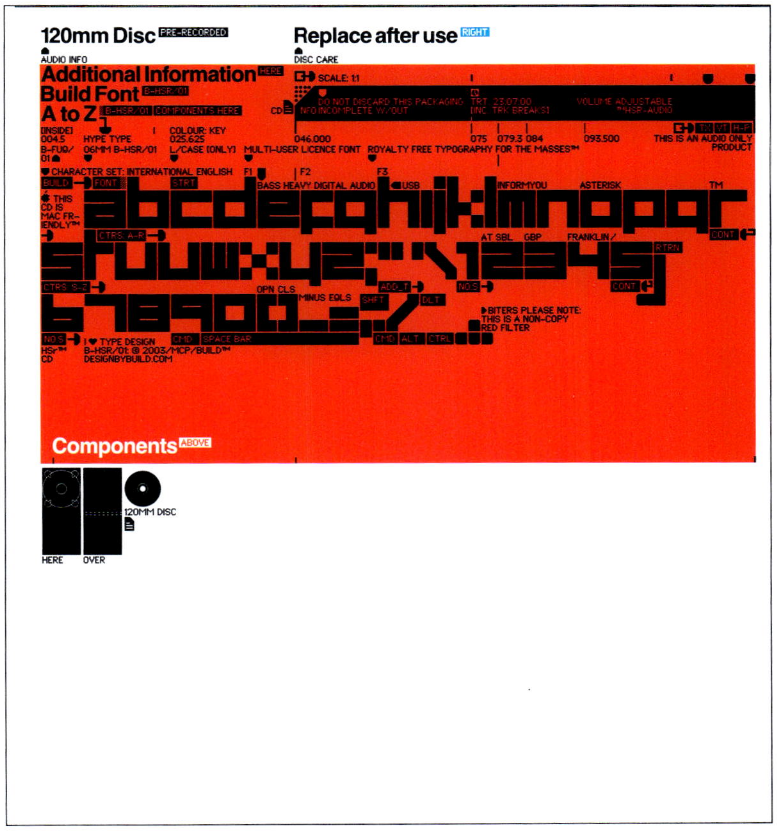
120mm Disc PRE-RECORDED
AUDIO INFO
Replace after use RIGHT
DISC CARE
Additional Information HERE
Build Font B-HSR/01
A to Z B-HSR/01 COMPONENTS HERE
SCALE: 1:1
THIS IS AN AUDIO ONLY PRODUCT
CHARACTER SET: INTERNATIONAL ENGLISH
MULTI-USER LICENCE FONT ROYALTY FREE TYPOGRAPHY FOR THE MASSES™
BASS HEAVY DIGITAL AUDIO
abcdefghijklmnopqr
stuvwxyz
1234567890
TYPE DESIGN B-HSR/01 © 2003/MCP/BUILD™ DESIGNBYBUILD.COM
BITERS PLEASE NOTE: THIS IS A NON-COPY RED FILTER
Components ABOVE
120MM DISC
HERE
OVER

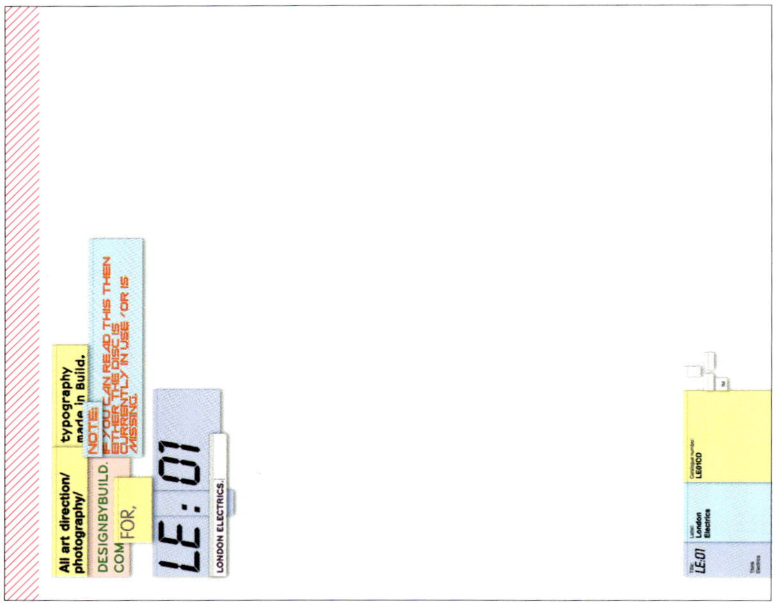
All art direction/
photography/
typography
made in Build.
DESIGNBYBUILD.
COM FOR,
LE:01
LONDON ELECTRICS.

Artist / Title / (Label)
01: Benge / Panhard / (Expanding)
02: Bovaflux / Kleine / (Highpoint Lowlife)
03: Blamstrain / Lumi / (Suburb. The Record Label)
04: Jacen Solo / Abstract Soul / (ai)
05: Fisk Industries / Largo Winch / (Highpoint Lowlife)
06: Digitonal / Cantus V / (Seed)
07: LJ Kruzer / What was your day like / (Uncharted Audio)
08: Yellotone / Tonight IQ / (ai)
09: Vessel / State / (Expanding)
10: Posthuman / Fall of Empire / (Seed)
11: 11t1 / GuacOff() / (Suburb. The Record Label)
12: Line / A Mistake / (Uncharted Audio)
disc
0666017119823

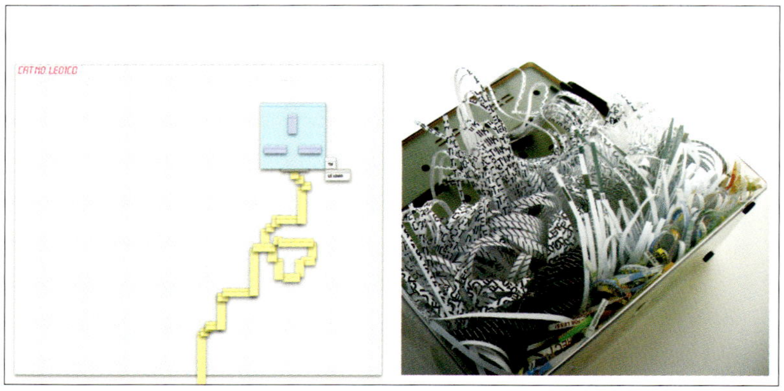

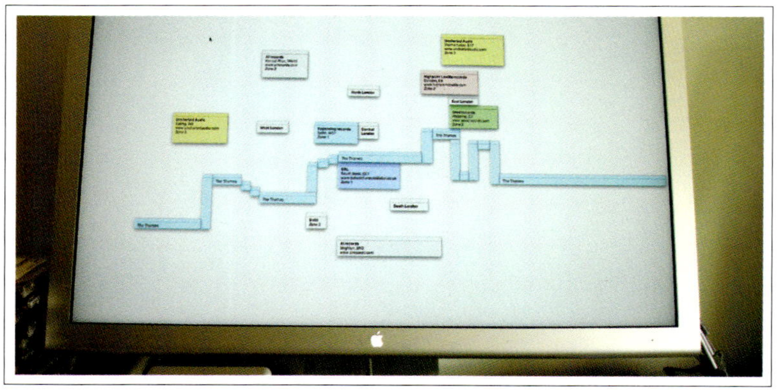

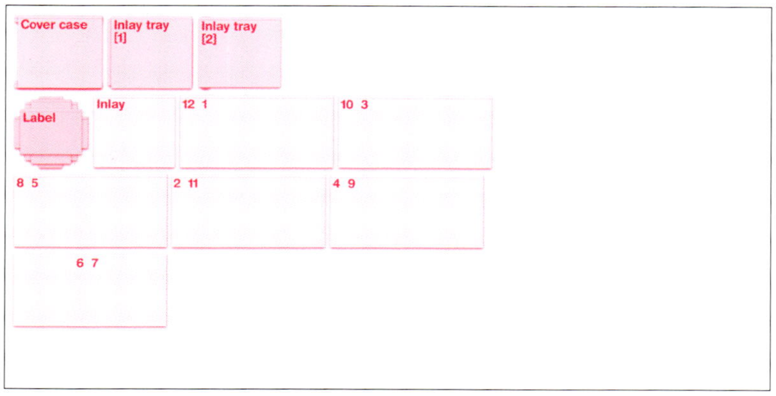
Cover case
Inlay tray [1]
Inlay tray [2]
Label
Inlay
12 1
10 3
8 5
2 11
4 9
6 7

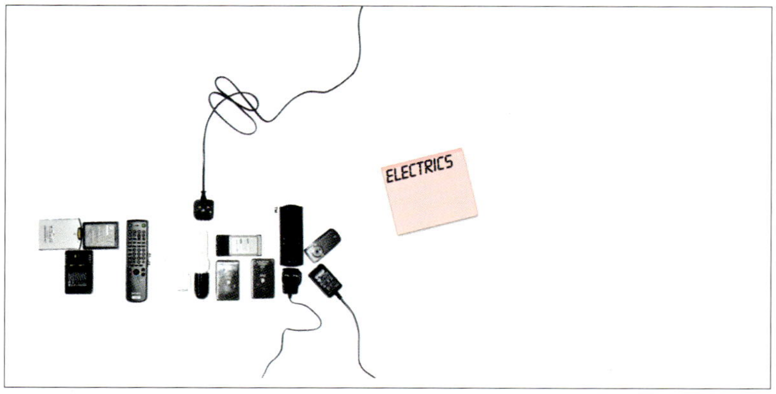
ELECTRICS

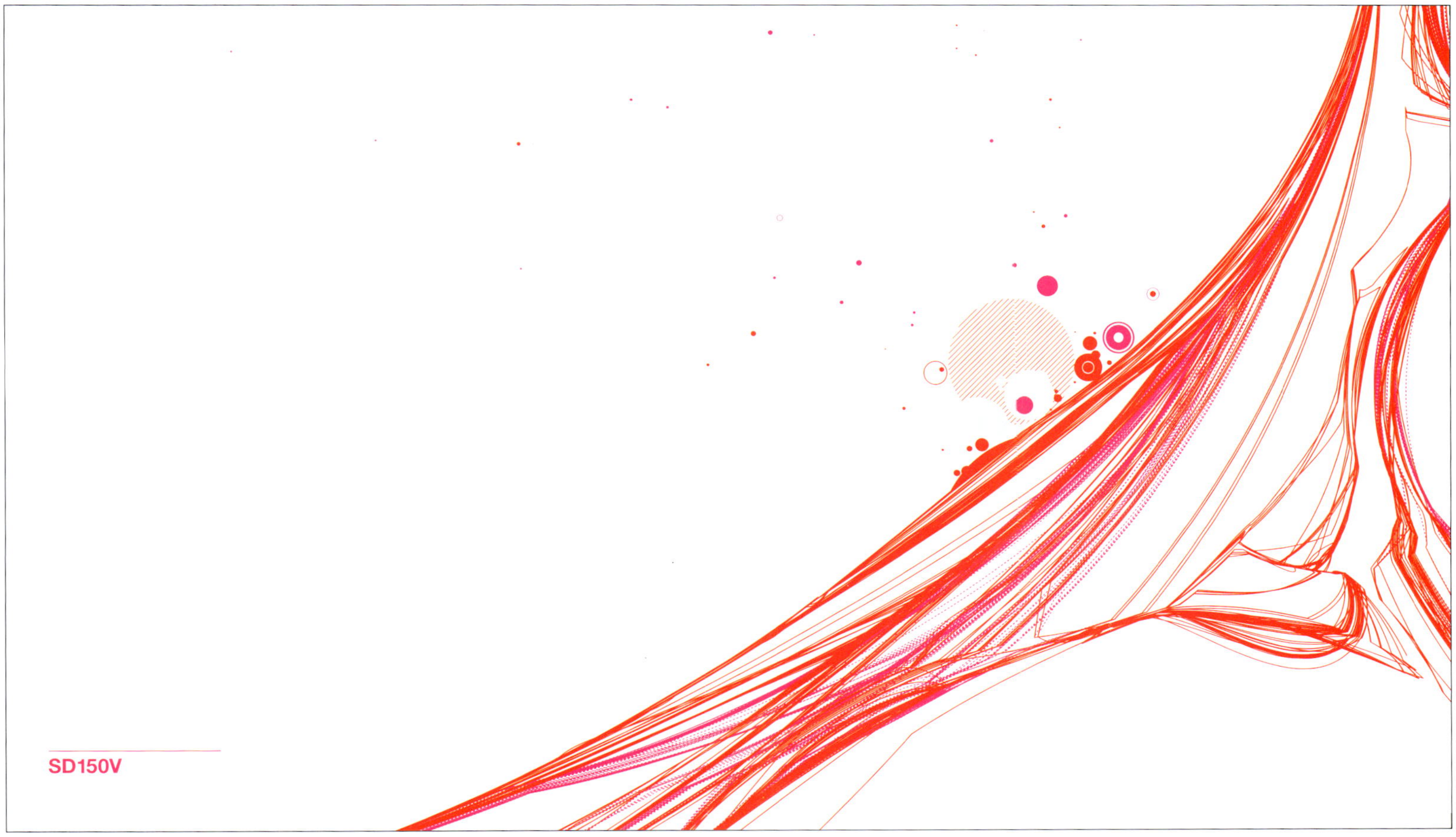

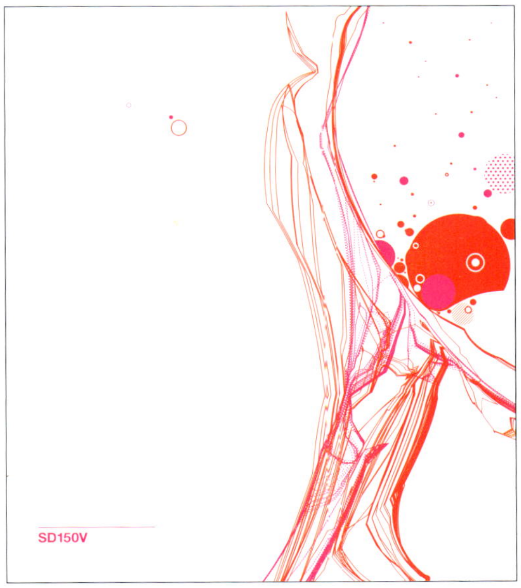

Design by Build // Michael C. Place // Londres, Royaume-Uni // www.designbybuild.com //

Michael C. Place a fondé Design By Build en 2001. Il avait auparavant étudié le design au Newcastle College Design, travaillé pour Bite IT, le studio de Trevor Jackson, et pour le The Designers Republic pendant presque dix ans. Michael C. Place est un grand connaisseur de l'impression qu'il a même pratiqué manuellement. S'il évolue, depuis longtemps, dans d'autres secteurs du design, le design imprimé lui tient toujours particulièrement à cœur. En outre, c'est un designer passionné et tatillon qui n'accepte qu'à contrecœur de faire des compromis artistiques : une raison pour ouvrir sa propre agence de design. Sa détermination créative ne lui a pas seulement apporté des clients renommés comme Nike et Sony, mais a fait de lui un des graphistes les plus influents sur le plan international.

Back to Black //

Pour le design des couvertures de Back to Black, le studio de design non-format a reçu le Non Member's Prize du Tokyo Art Director. L'habillage du boîtier est fait de papier doré gravé, le supplément intérieur est imprimé à l'encre noire sur du papier bible et se déplie à la dimension d'une affiche.

WAKE UP BROTHERS
USA (UNION OF SOUTH AFRICA)
GANG FIGHT
SEDUCTION/KIDNAP
POEM SUPER-MARKET BLUES
HEAVY DUTY DUB
Rich Mix

CELESTIAL BLUES
IS IT BECAUSE I'M BLACK
RHYTHM IT AIN'T NECESSARILY SO
THE MESSAGE
GHETTO: MISFOR-TUNE'S WEALTH
THIS IS THE LOST GENERATION
Rich Mix

The Chap // Milky Globe //

La typographie qui illustre la couverture de l'album Milky Globe est exemplaire dans ses ornements décoratifs et organiques, les même qui ont fait la réputation de l'équipe londonienne de non-format. La typographie des travaux de Kjell Ekhorn et Jon Forss est également typique, ainsi celle du boîtier du CD « The Chap ».

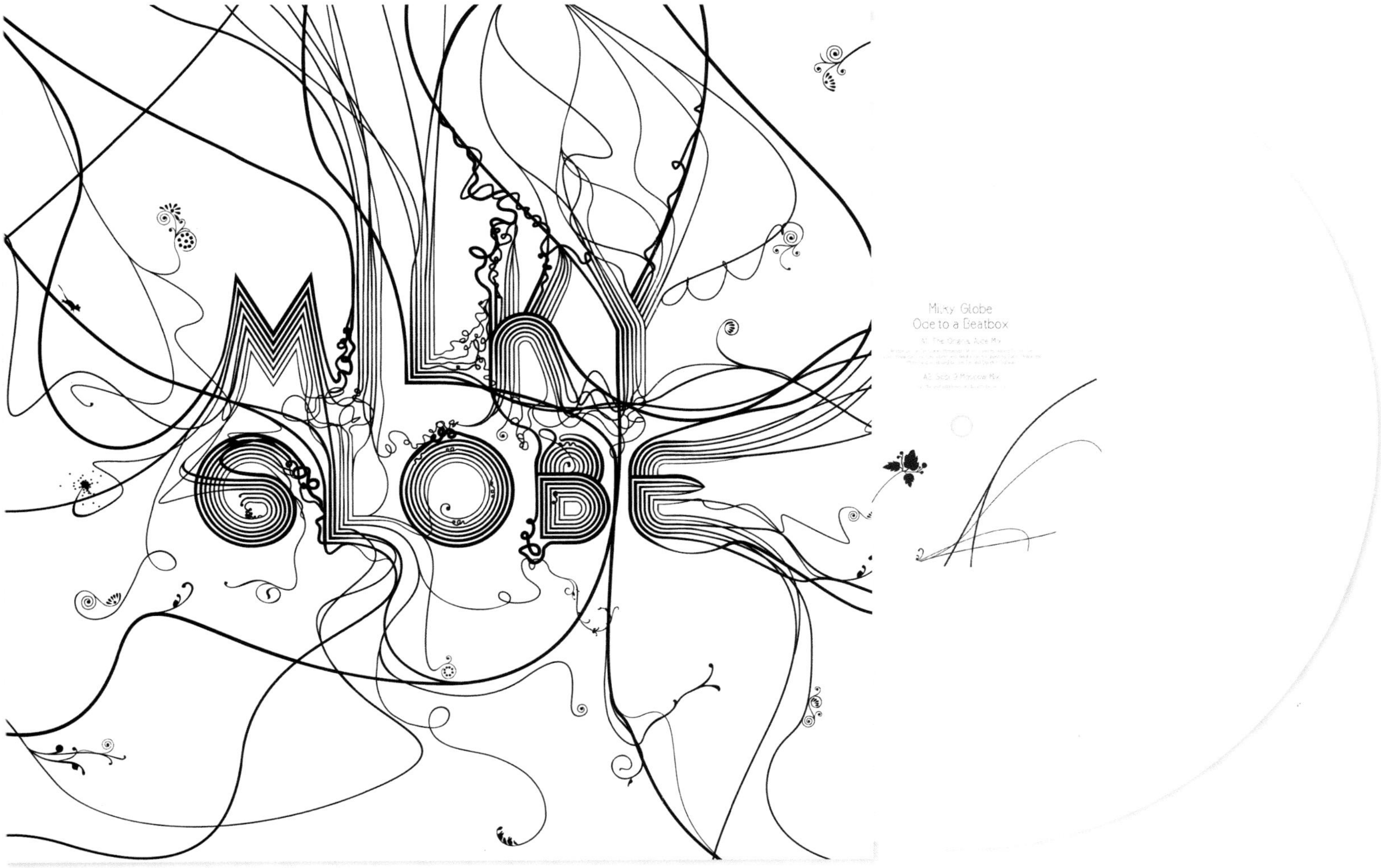
MILKY GLOBE
Milky Globe
Ode to a Beatbox

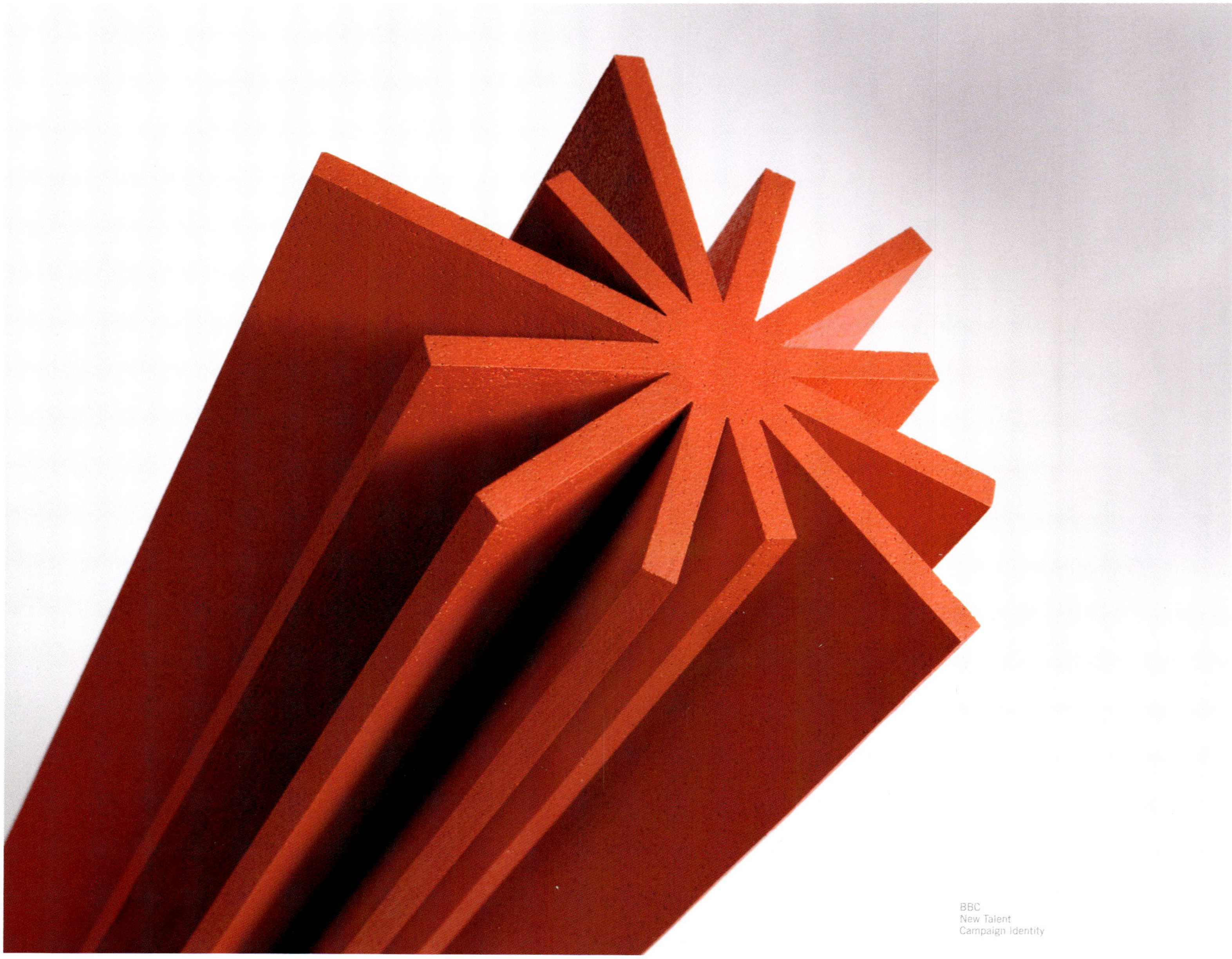

BBC
New Talent
Campaign identity

BBC New Talent Award //

Le studio de design Blue Source de Londres a élaboré la campagne publicitaire du projet BBC New Talent, avec lequel la célèbre station encourageait la découverte de nouveaux talents médiatiques par le biais de concours publics.

Vitra //

Pour une campagne publicitaire de l'entreprise de meubles suisse Vitra, le studio de design new-yorkais 2x4 a développé des motifs de fleurs stylisées à partir des photographies des meubles. Vitra est connu pour conférer un design de grande qualité à des meubles fonctionnels ; c'est en effet la grande exigence esthétique qui, aux yeux de beaucoup de clients, différencie les meubles de Vitra de ceux des autres fabricants. En libérant les meubles de leur contexte fonctionnel et en les mettant en scène comme de purs objets de design, le studio 2x4 a joué avec succès avec l'image de la marque et l'attente des clients.

Hilliard //

L'identité visuelle élaborée par le studio de design londonien Spin pour l'entreprise Hilliard dérive directement du profil de l'entreprise : Hilliard commercialise des produits alimentaires biologiques et saisonniers. Le logo de l'entreprise est donc composé de quatre feuilles stylisées, chacune représentant une saison. Parmi les différents supports marqués du logo de l'entreprise, une bande adhésive sert à fermer les sacs des clients : de couleur différente en fonction de la saison, elle rappelle aux clients la saison en cours.

***Waist Down* //**

Dans leur exposition « Waist Down », le Office for Metropolitan Architecture (OMA) et le studio new-yorkais 2x4 ont mis en scène des jupes de la marque de vêtements Prada. D'abord conçu pour le Prada Epicenter de Tokyo, l'exposition a ensuite été transférée à New York et à Shanghai. Le concept de l'exposition et le langage visuel de tous les supports d'impression traduisait l'idée qu'il fallait sortir les jupes de leur contexte vestimentaire et ne pas les présenter sur des mannequins, mais les exposer comme on le ferait pour des œuvres d'art dans une galerie, c'est-à-dire comme des objets de design à part entière, dans leur beauté propre.

2x4 // Michael Rock, Susan Sellers, Georgianna Stout // New York, États Unis // www.2x4.org //

L'agence de design new-yorkaise 2x4, créée en 1994 par Michael Rock, Susan Sellers et Georgianna Stout, tire ses concepts de design d'un processus créatif presque algorithmique d'analyse et de recherche critiques. Ses projets témoignent souvent d'une grande finesse intellectuelle et explorent et renouvellent des concepts bien établis du design. L'équipe composée de directeurs artistiques, rédacteurs et designers ne sacrifie jamais son exigence esthétique à son ambition intellectuelle. Au contraire, les travaux développés dans différents domaines du design – de l'impression au film –, pour des clients comme Prada, le Brooklyn Museum ou la marque suisse de mobilier Vitra, sont si convaincants en termes visuels que le San Francisco Museum leur a consacré une grande exposition en 2005.

photo // www.thomasbruns.com

Das MoMA in Berlin // 2004 //

Même pour la métropole culturelle de l'Allemagne qu'est Berlin, l'exposition unique de sept mois du Museum of Modern Art (MoMA) de New York était un défi particulier, car il fallait au moins 700 000 visiteurs pour juste couvrir les frais l'opération. Pour la vaste campagne de cette exposition, l'agence berlinoise MetaDesign a élaboré un concept de création traitant le MoMA comme une star en visite à Berlin. Quelques éléments visuels précis communiquent la valeur du symbole et l'idée conductrice. Le logo typographique flexible semble monumental et associe les feux de la rampe ou les fanfares, comme il se doit pour accueillir une star. La police de caractères du MoMA de New York fait écho au pays d'accueil, et les couleurs or et rose soulignent l'exclusivité des chefs-d'œuvre exposés ainsi que leur origine américaine.

MetaDesign // Uli Mayer-Johanssen // Berlin, Allemagne // www.metadesign.de //

Uli Mayer Johanssen, Chief Design Officer: Le design est un outil qui permet, d'une part, de traduire et d'orienter les intentions stratégiques de l'entreprise et, d'autre part, de refléter ses valeurs.
Stefan Kirschke, Managing Director: Le design est aussi un business dont l'utilisation matérielle doit être clairement identifiable pour notre client. Mais le design, une création réussie, présente aussi une valeur esthétique qui, jusqu'à aujourd'hui – heureusement peut-être –, ne peut être quantifiée. Juste un petit plus pour la qualité de vie.
Heike Albig, Creative Director: Une conception réussie résulte de l'harmonie entre l'esthétique et la forme. En outre, le défi des graphistes consiste à créer des formats adaptables à tous les médias et à polariser leur effet et leur perception.
Florian Dengler, Creative Director: Un bon design est bien pensé et stratégique. Mais qu'est-ce qui constitue vraiment un excellent design ? C'est tout simple : l'enthousiasme, l'amusement et l'amour du sujet. Le design doit séduire, enthousiasmer, irriter, choquer aussi parfois.

© Klemens Ortmeyer // 2005

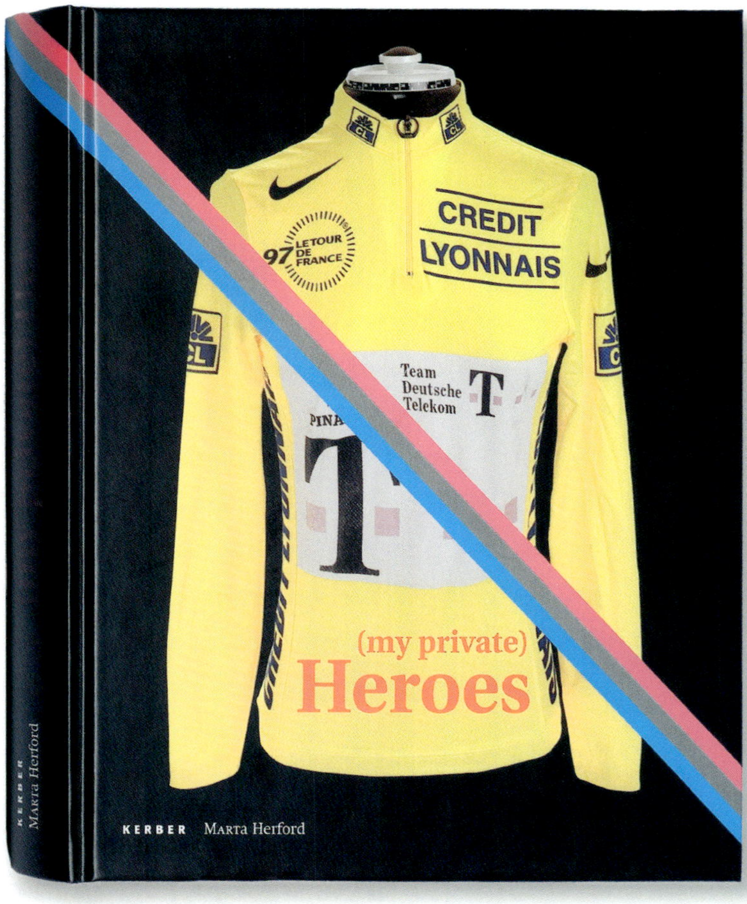

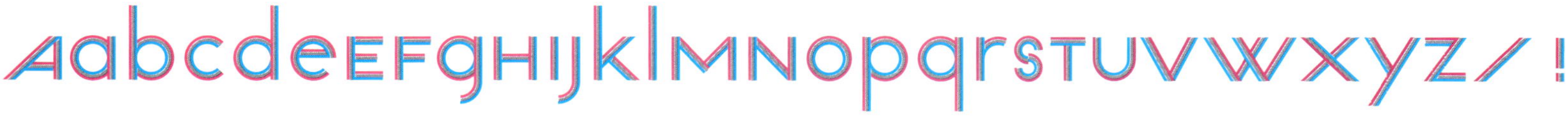

Marta Herford //

En mai 2005, la ville d'Herford, en Allemagne, inaugurait avec le « Marta Herford » un centre ambitieux pour l'art, le design et la technique, s'intéressant autant à l'art contemporain qu'au design, à l'architecture et à toutes les zones grises situées entre ces pôles. Ici, l'association de trois domaines sous un même toit est inhabituelle : le musée avec sa propre collection, un centre de compétence avec des représentants de l'industrie du meuble régionale et un forum avec des pièces réservées à des manifestations culturelles. Pour concevoir l'identité visuelle du Marta, le studio de communication visuelle Thonik d'Amsterdam a consacré à chacun de ces secteurs une couleur spécifique et les relie par un ruban de bandes parallèles qui apparaît dans toutes les applications de l'identité visuelle.

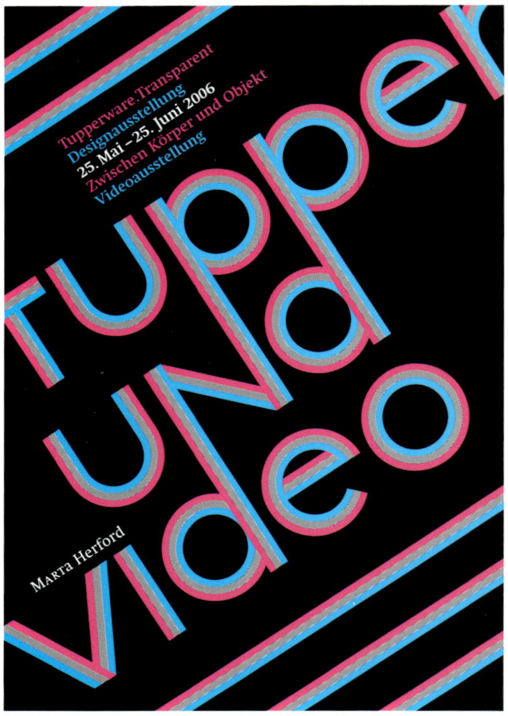

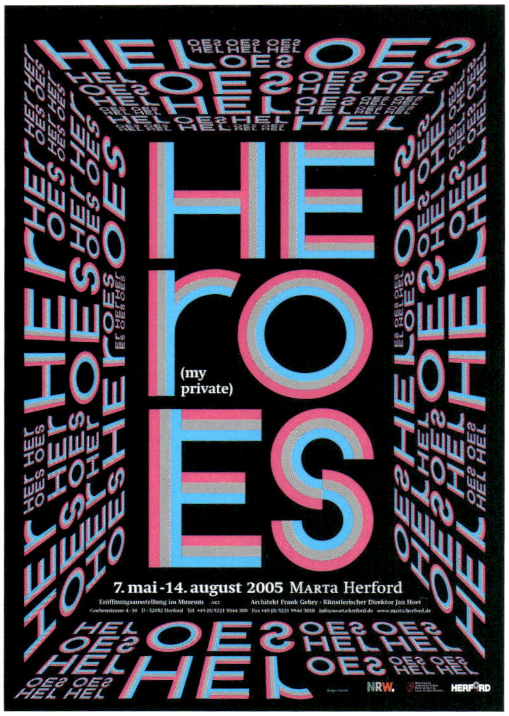

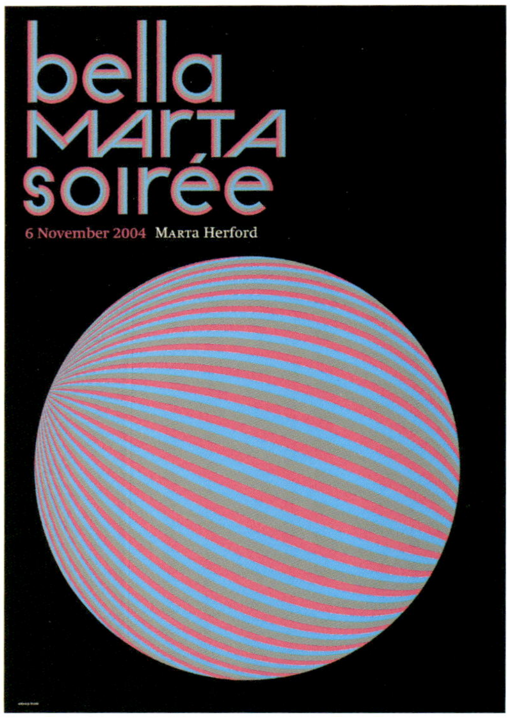

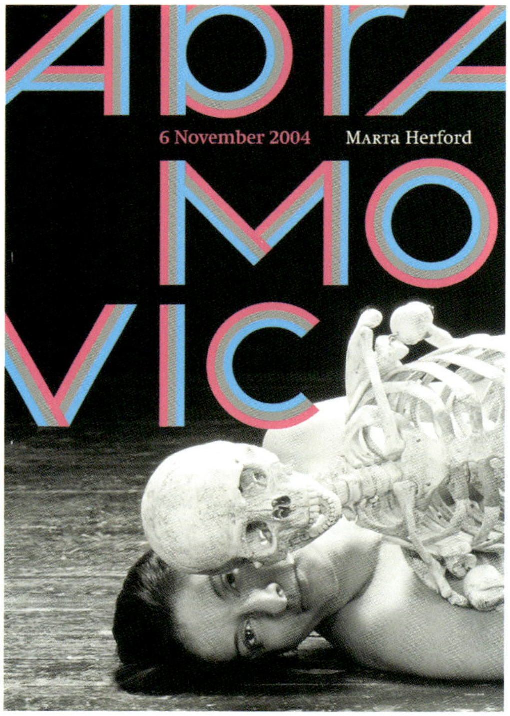

Thonik // Amsterdam, Pays-Bas // www.thonik.nl //

Le studio de communication visuelle Thonik d'Amsterdam est considéré comme l'un des bureaux de design néerlandais les plus créatifs, ce qui lui vaut une reconnaissance internationale. Fondé en 2000, par Thomas Widdershoven et Nikki Gonnissen, le studio Thonik fait incontestablement partie de « l'école conceptuelle », et place la recherche, l'analyse et les idées fortes au centre de son travail. Il se tient à l'écart des modes et se réfère toujours aux formes et aux styles traditionnels.

« L'absence de style » qu'on leur prête est un compliment pour les deux graphistes. La sobriété visuelle et la pertinence des contenus font d'eux des modèles pour les jeunes créateurs aux Pays-Bas. Ils créent des identités visuelles pour des clients comme la ville d'Amsterdam, la documenta XI ou le Centraal Museum d'Utrecht, produisent des livres et sont eux-mêmes l'objet du livre Thonik, paru en 2001 aux éditions BIS Publishers.

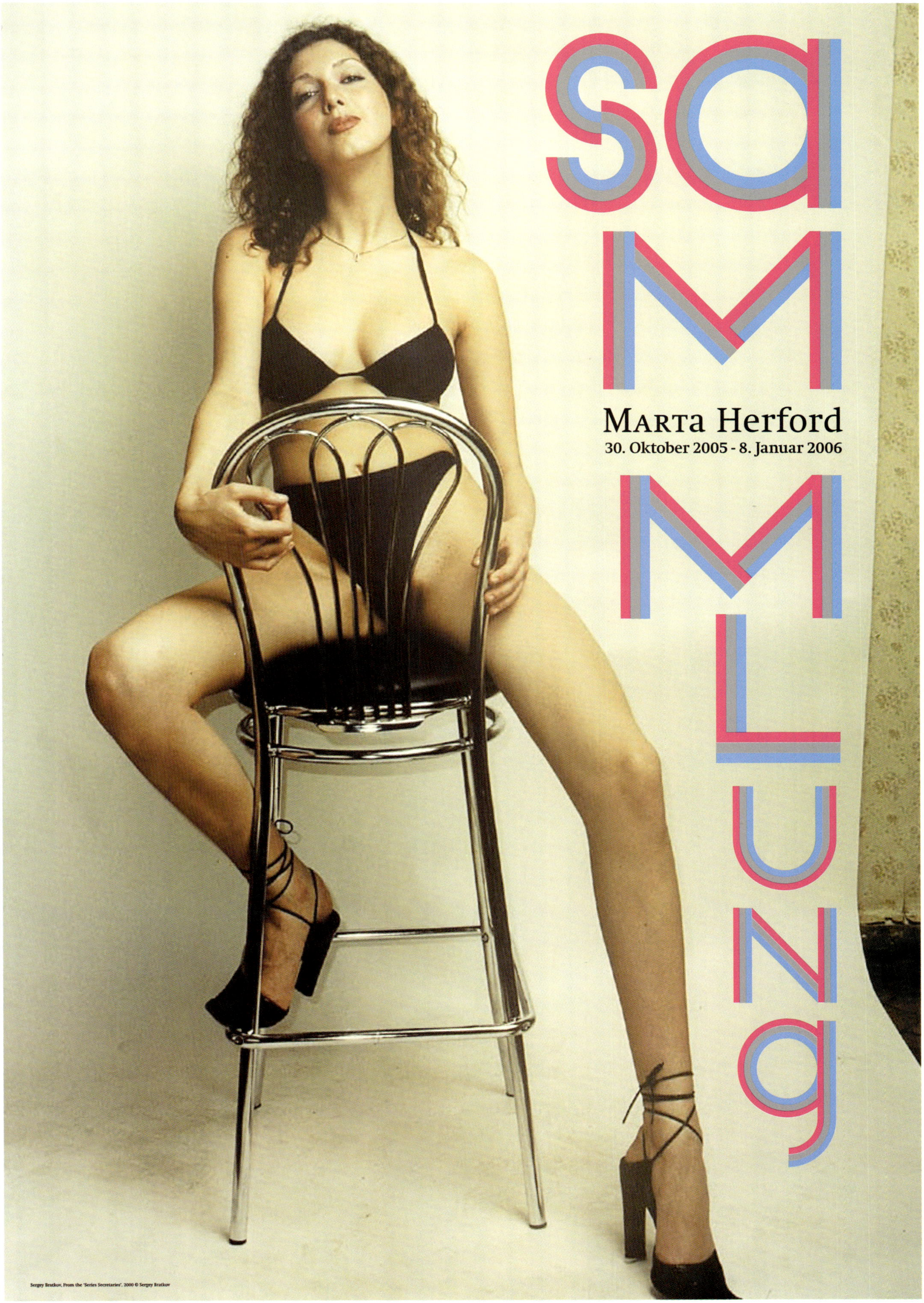
sa
M
Marta Herford
30. Oktober 2005 - 8. Januar 2006
M
L
u
n
g
Sergey Bratkov, From the 'Series Secretaries', 2000 © Sergey Bratkov

Brooklyn Museum //

Le musée de Brooklyn entend inciter un public familial à poser un œil critique et indépendant sur l'art classique et moderne. Étant l'un des plus grands musées d'art américains, il incarne l'autorité et veut en même temps suggérer l'analyse de l'autorité. L'équipe de graphistes du studio new-yorkais 2x4 a donc voulu montrer l'assise et la compétence du musée, ainsi qu'une certaine originalité, à travers sa nouvelle identité visuelle. Ainsi, le logo est d'abord une sorte de sceau moderne qui prend toutefois constamment d'autres formes. Chaque nouvelle variante est inspirée par une autre forme : un timbre, une fleur, une goutte d'eau, une bulle.... Ce système modulable est appliqué à tous les éléments visuels du musée.

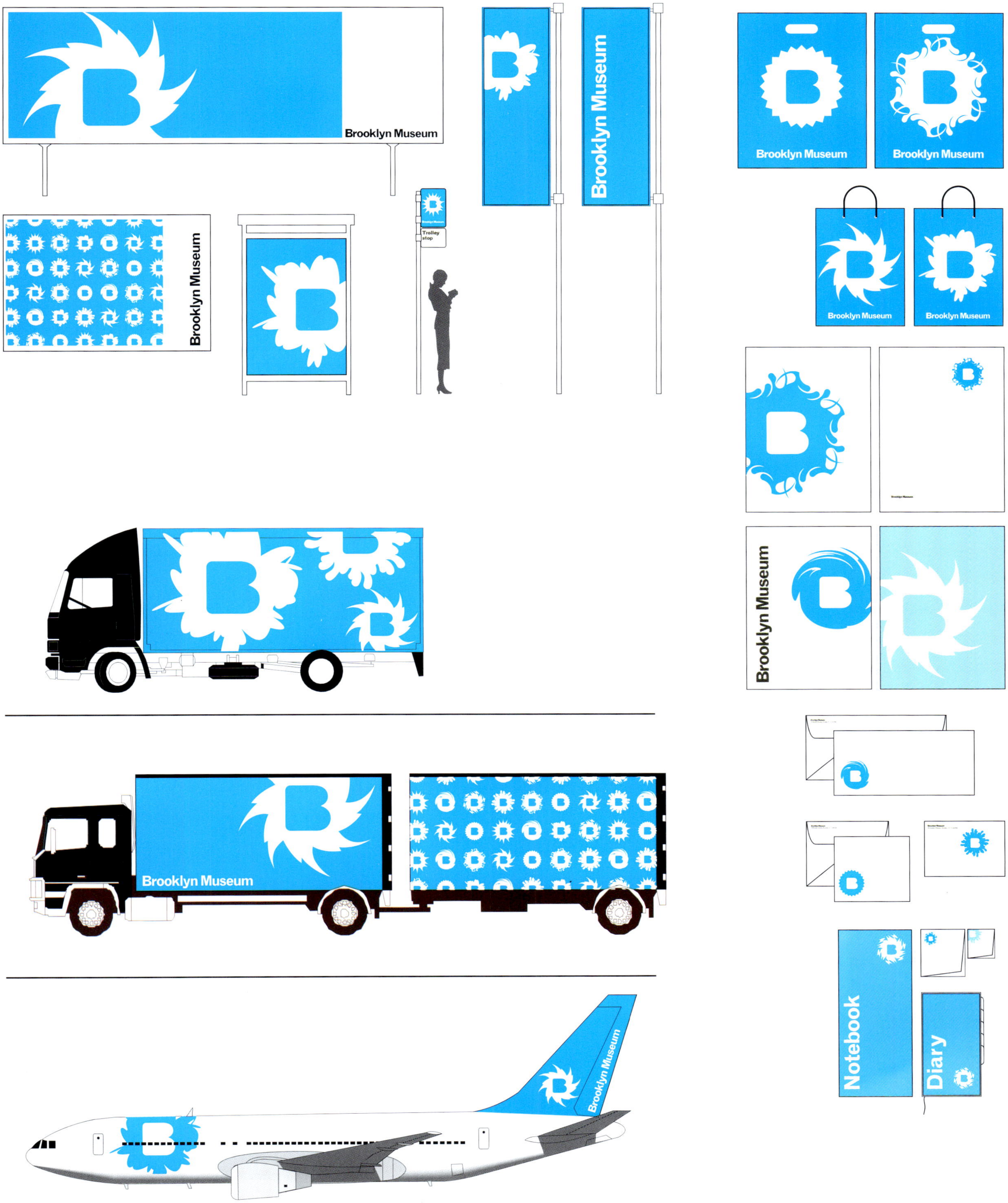
Brooklyn Museum
Brooklyn Museum
Brooklyn Museum
Brooklyn Museum
Trolley stop
Brooklyn Museum
Brooklyn Museum
Brooklyn Museum
Brooklyn Museum
Brooklyn Museum
Brooklyn Museum
Brooklyn Museum
Notebook
Diary

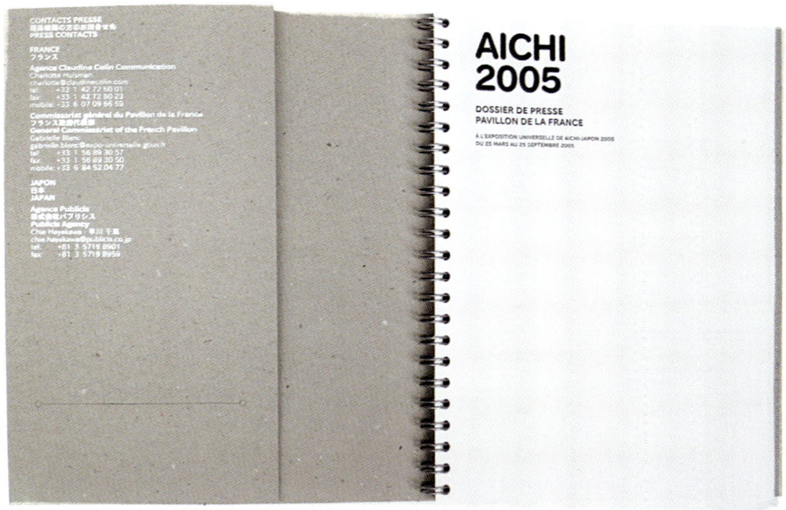

Aichi // 2005 //

Lors du concours pour la conception de l'identité visuelle du pavillon français à l'Exposition universelle 2005 au Japon, le studio de design belge Base s'est imposé face à sept concurrents français d'importance. Le sujet de l'Expo était le développement durable. Base design a conçu un répertoire de pictogrammes colorés qui ont été assemblés en collage pour le logo, réunissant l'homme, la nature et la technique de manière joyeuse et positive. L'agence Base a ainsi réussi, grâce à un langage imagé et universel, à aborder le sujet du développement durable sans discours moralisateur ni anxieux, ce qui a donné au pavillon français une image qui associe joie de vivre et responsabilité.

Moonlight // 2003 //

Le Moonlight Projects produit, à Melbourne, Sydney, Perth, Brisbane et Adélaïde, un cinéma de plein air et des manifestations musicales destinés à un public jeune. Son identité visuelle a été commandée auprès du studio de design australien Rinzen, qui a conçu une grande campagne avec des cartes postales, des affiches, de la publicité sur véhicule, des panneaux d'affichage et des annonces, ainsi qu'une revue et un boîtier de CD.

Meneer de Wit *//*

L'équipe néerlandaise de graphistes du studio No office n'a pas seulement conçu les supports d'impression pour Meneer de Witt, mais aussi toute la communication d'entreprise visuelle jusqu'au nom. Ils se sont, pour cela, inspirés de personnages de film comme Charlie, dans *Charlie's Angels*, ou Stan, dans *Will and Grace* : des personnes influentes qui restent dans l'ombre, que personne n'a jamais vues ; seul le spectateur peut deviner à quoi ils ressemblent et quelles sont leurs motivations. Meneer de Witt – en anglais Mister White – est imaginé par les graphistes de No office comme un riche mécène qui offre un lieu de travail et un public aux artistes de ce centre pour l'art et la culture. Tout le langage visuel joue avec cet élément du secret et de la dissimulation de l'image.

No Office // Dikje Baker // Amsterdam, Pays-Bas // www.no-office.nl //

Très peu de choses nous perturbent. Nous travaillons en sous-sol, sous le métro. Il y a tout un univers de tunnels et de salles que la plupart des gens ignorent. Il n'existe aucune carte de l'endroit où nous sommes. C'est un endroit oublié. Nous adorons l'odeur des imprimés le matin. Nous n'obtenons pas toujours le résultat escompté, mais la plupart du temps, les choses finissent bien. Nous avons fait un cauchemar. Nous avons rêvé que nous étions un grand bureau.

Notre conseil aux étudiants ? Croyez-en notre expérience, c'est le paradis ! Gardez la tête froide et profitez de toutes les expériences qui se présentent. Si ça fait mal, c'est sans doute que ça en vaut la peine.

.M
en
eer
de 4e
schil
der
opening
25-03
20:00 - 02:00 u.
freak mummy
25-03
t/m
23-04
samma
mutsaers
marieke
warmelink
alberto
perezsan
centrum
voor
kunst en
cultuur

centrum
voor
kunst en
cultuur
.FUTURE.
meneer de wit?
he likes to think
of it as a solid
foundation
for future bliss
...
it

.M
en
eer
de
.w
it
meneer
de wit?
he is
coming
out!
vrijdag
03-03-06
16.00 u.
centrum
voor
kunst en
cultuur
.OPENING.

HANS BRINKER BUDGET HOTEL
AMSTERDAM +3120-6220687
JUST LIKE
HOME

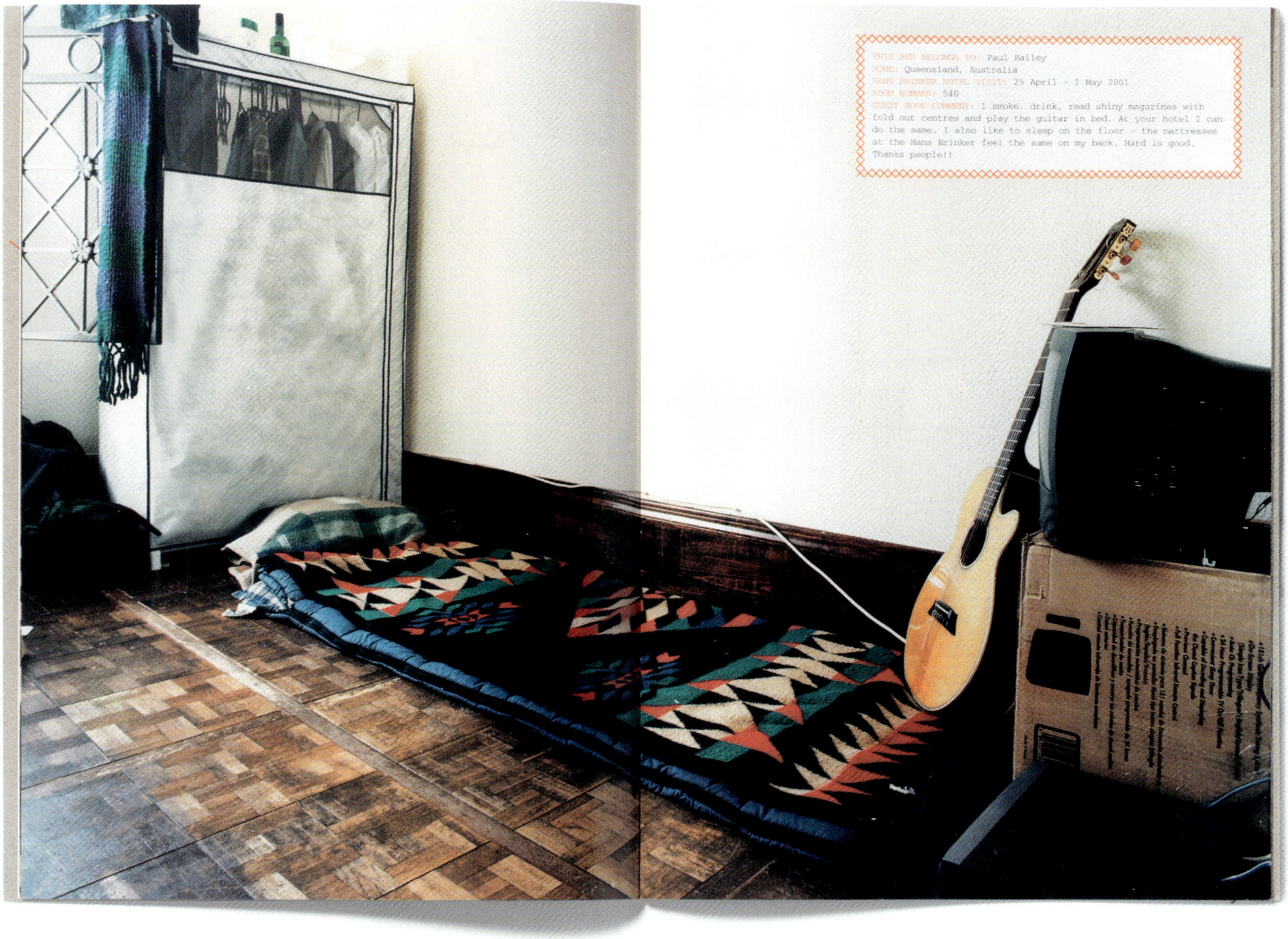

Hans Brinker Hotel // 2001-2005 //

L'hôtel Hans Brinker n'était qu'un des hôtels bon marché d'Amsterdam, jusqu'à ce qu'il gagne une renommée internationale et ait multiplié son chiffre d'affaires grâce à la campagne de l'agence publicitaire Kesselskramer. Au lieu de vanter les quelques avantages offerts par l'hôtel, la campagne publicitaire a, au contraire, mis en avant tous les défauts de la maison, ce qui au fil des années a rendu ce lieu culte. Le succès de la campagne a été si grand que l'hôtel Hans Brinker vend depuis des morceaux de papier peints en souvenir. Curieusement, la publicité pour le papier peint n'est pas la seule à sortir du studio Kesselskramer, le produit aussi. Un spot télévisé, produit par Kesselskramer pour la campagne « Just Like Home », a également donné matière à une anecdote particulière issue de la palette antipublicitaire. À cause d'allusions soi-disant obscènes, le spot publicitaire a été interdit en Angleterre, ce qui a immédiatement augmenté la cote de popularité de l'hôtel...

HANS BRINKER•BUDGET HOTEL
AMSTERDAM +31 20 6220687
JUST LIKE
HOME

HANS BRINKER•BUDGET HOTEL
AMSTERDAM +31 20 6220687
JUST LIKE
HOME

HANS BRINKER•BUDGET HOTEL
AMSTERDAM +31 20 6220687
JUST LIKE
HOME

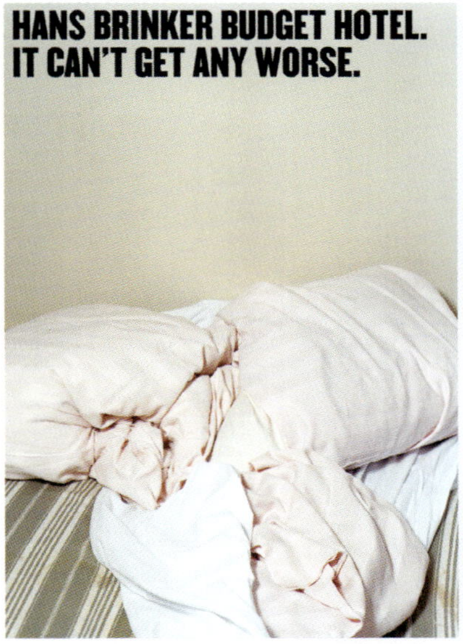
HANS BRINKER BUDGET HOTEL.
IT CAN'T GET ANY WORSE.

BUT WE'LL DO OUR BEST.
AMSTERDAM +31 20 6220687

HANS BRINKER BUDGET HOTEL.
IT CAN'T GET ANY WORSE.

BUT WE'LL DO OUR BEST.
AMSTERDAM +31 20 6220687

HANS BRINKER BUDGET HOTEL.
IT CAN'T GET ANY WORSE.

BUT WE'LL DO OUR BEST.
AMSTERDAM +31 20 6220687

KesselsKramer // Johan Kramer & Erik Kessels // Amsterdam, Pays-Bas // www.kesselskramer.nl //

Nos premières influences sont des idées franches et simples. Un de nos plus grands héros est George Lois, réputé pour son travail légendaire pour *Esquire*, *l'International Herald Tribune* et *MTV*. Lois aborde toujours une idée de campagne avec un concept puissant. À partir de ce concept, l'idée se propage dans les supports adéquats et accroît la prise de conscience.

Nous sommes particulièrement fiers de notre travail pour le Hans Brinker Budget Hotel. Les campagnes et les actions menées ont beaucoup retenu l'attention sur le plan créatif, mais le plus important, c'est qu'elles se sont révélées extrêmement efficaces. Notre travail pour le Brinker a été récompensé par un prix EFFIE et a valu à l'établissement le statut très convoité de pire hôtel du monde.

Nos bureaux sont installés dans une église du XIXe siècle. Nous avons collaboré avec un designer pour créer un environnement intéressant, à la fois ouvert et créatif, et qui nous oblige à travailler dur pour être à la hauteur. Notre devise ? Dis ce que tu penses !

Le conseil que nous donnerions aux étudiants en art graphique : laissez parler votre bon sens, n'essayez pas d'en mettre plein la vue avec tous les artifices que permet l'informatique. Ayez des idées claires, simples et intéressantes. Vous pouvez le faire. Nous croyons en vous !

HANS BRINKER
BUDGET HOTEL
AMSTERDAM
HANS-BRINKER.COM
WALLPAPER
BRING YOUR HANS BRINKER MEMORIES HOME

The PLAIN
of HEAVEN

The PLAIN
of HEAVEN

The PLAIN
of HEAVEN
ERLICH
FORSYTHE
Sol LEWITT

Gordon
MATTA-CLARK
Friends of the High Line

Helen
MIRRA

Helen
MIRRA

The Plain of Heaven //

En automne 2005 eut lieu une exposition collective « The Plain of Heavens » dans un entrepôt désaffecté d'emballage de viande de Manhattan. L'ambiance d'une architecture industrielle abandonnée était particulièrement appropriée, car l'exposition présentait des travaux inspirés par un monument industriel impressionnant et par sa transformation au fil du temps : la voie de chemin de fer « High line » dans Manhattan, hors service depuis longtemps. Le studio new-yorkais de Project Projects a trouvé suffisamment d'inspiration dans les lieux et le sujet de l'exposition pour développer ses médias publicitaires. L'entrepôt devant être prochainement détruit, Project Projects a directement vaporisé les graphismes de l'exposition sur les murs intérieurs et extérieurs du bâtiment. La police de caractères utilisée type « Stencil » a été conçue spécialement pour l'exposition. Le catalogue de l'exposition comprend non seulement les œuvres des artistes et les textes des conservateurs, mais également un récit photographique caché à l'intérieur de pages pliées à la française. Pour que le texte soit lisible, le livre doit aussi être défait.

©Robert Goddyn // UPA

HP+ Campaign // 2004 //

À la demande de l'agence publicitaire internationale Goodbye, Silverstein and Partners de San Francisco, l'équipe de designers du studio néerlandais NLXL a conçu mille graphismes publicitaires de grand format pour la marque d'ordinateur Hewlett Packard International. Ces réalisations ont été installées dans les aéroports de Milan et de Rome, dans tous les endroits possibles. Les murs, portes, marches d'escaliers, commutateurs, tables, ascenseurs et barrières, entre autres, sont ainsi devenues des supports publicitaires. À Rome, même les taxis arborent ces motifs.

change
hp
Soluzioni per l'adaptive enterprise.

Scopri il potere
del cambiamento.
change
hp

Love

change
hp

hp
mento è slanci

cambiamento.
change

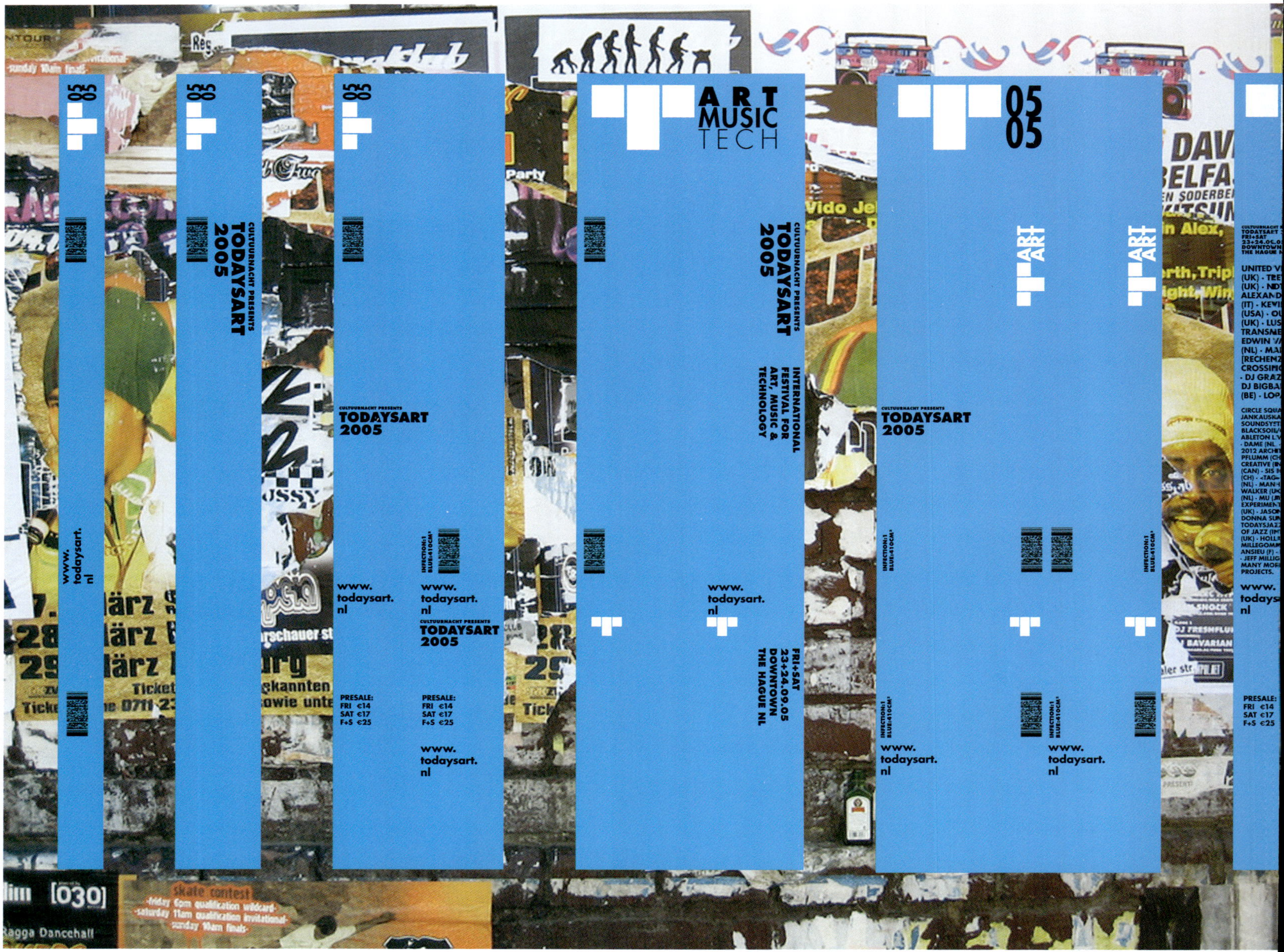

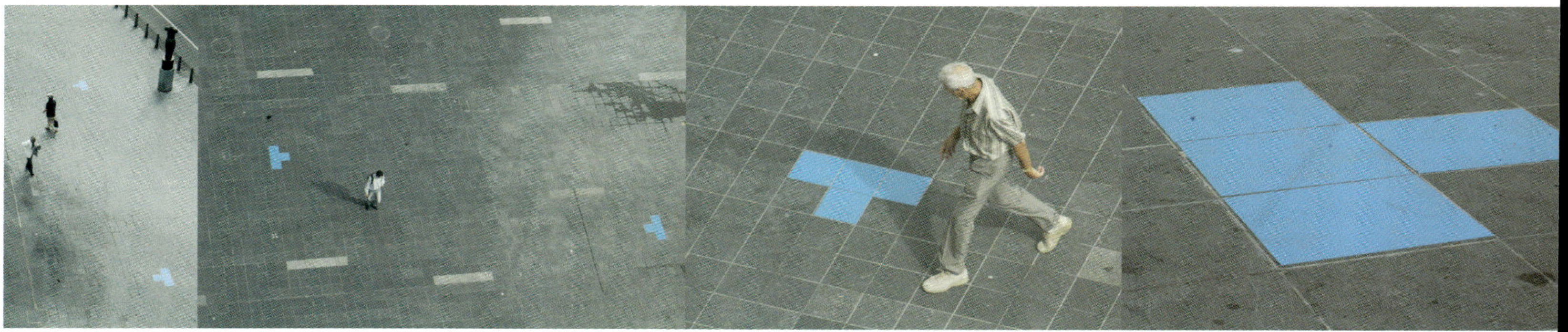

TodaysArt Festival // 2005 //

L'agence de design néerlandaise Lust – connue pour sa prédilection pour les nouvelles technologies – a élaboré l'identité visuelle complexe du festival d'art, de musique et de technologie TodaysArt, autour de l'idée d'un virus informatique. Lust a développé un programme génératif qui fut utilisé pour modifier et contrôler tous les aspects de l'identité du festival, depuis le langage visuel jusqu'aux moyens de diffusion de l'information. Plusieurs paramètres avaient une incidence sur le virus, par exemple le nombre de connexions au site Web, de visiteurs par site, d'artistes sur scène, de représentations données, etc. Le virus était hébergé sur le site Web du festival et il était possible de le visualiser à chaque instant. De plus, des installations réparties dans toute la ville révélaient son évolution. Le virus était symbolisé par un quadrillage, qui pouvait être projeté au-dessus de la ville ou simplement sur la façade d'un immeuble.

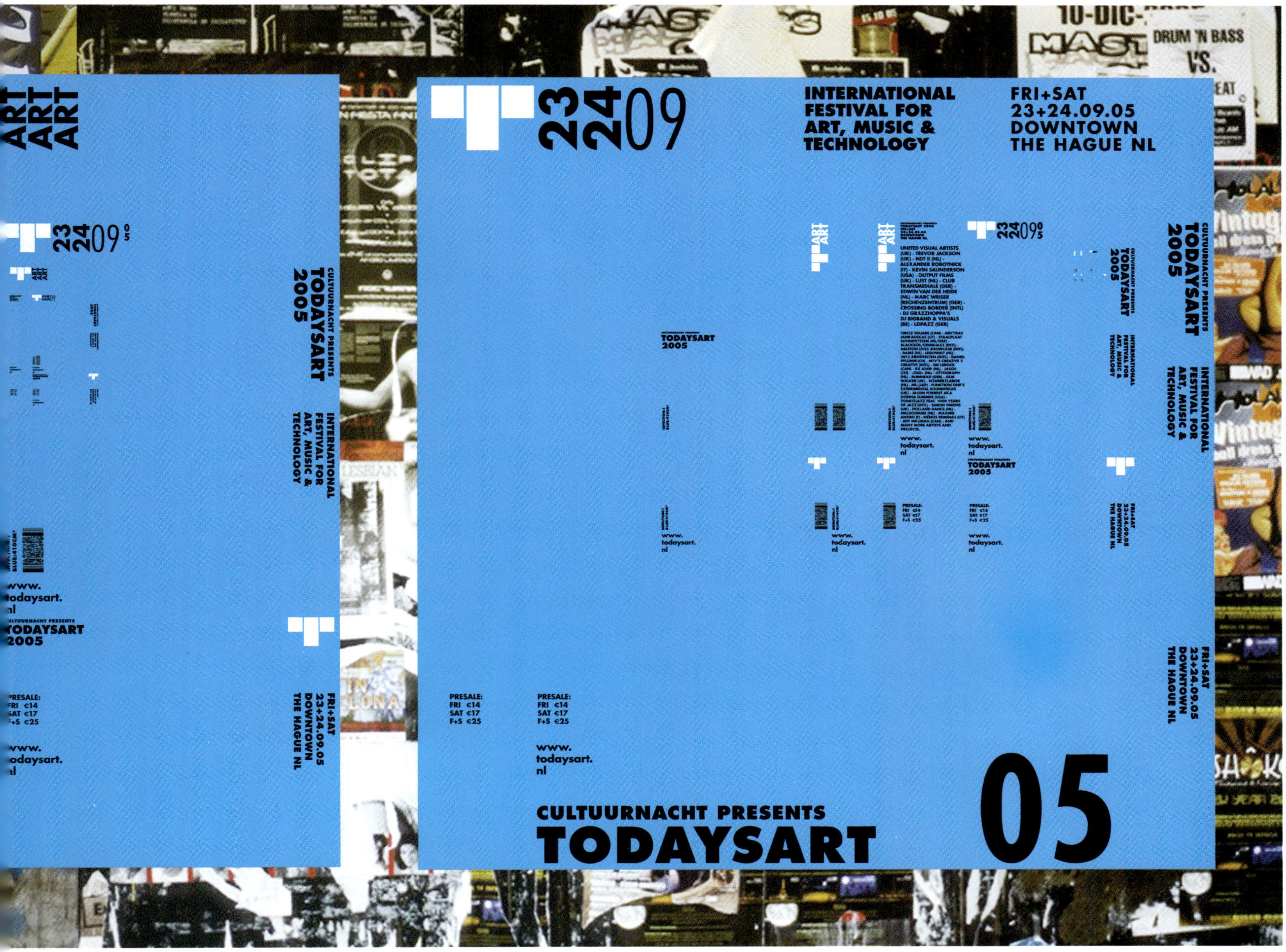
INTERNATIONAL
FESTIVAL FOR
ART, MUSIC &
TECHNOLOGY
FRI+SAT
23+24.09.05
DOWNTOWN
THE HAGUE NL
23
24
09
PRESALE:
FRI €14
SAT €17
F+S €25
www.
todaysart.
nl
CULTUURNACHT PRESENTS
TODAYSART
05
DRUM 'N BASS
VS.

Reclassering

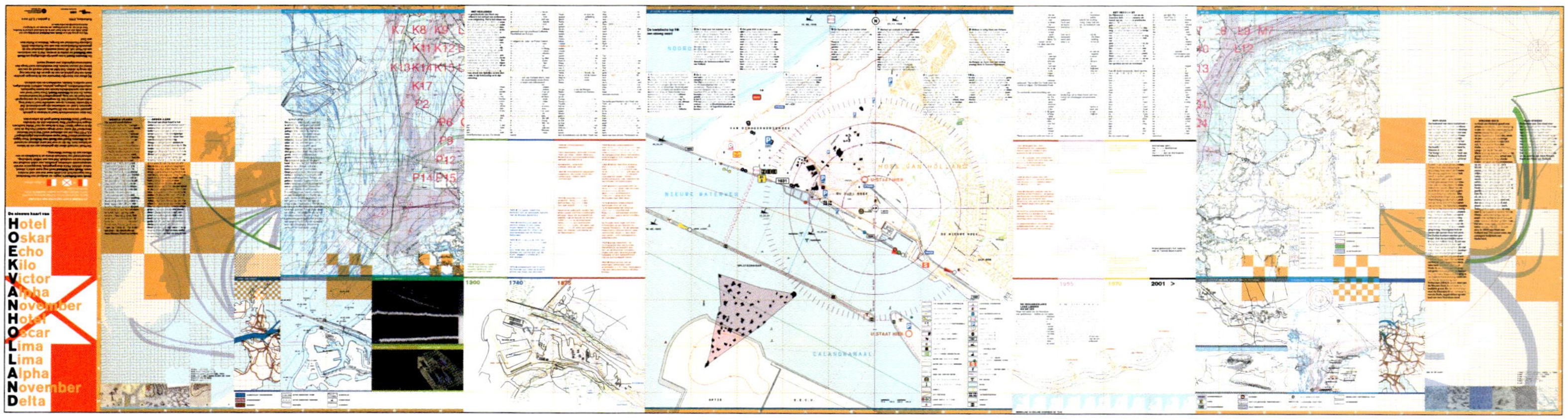

Hoek van Holland // 2001 //

En 2001, Rotterdam fut désignée capitale de la culture. Cette même année, une carte du site Hoek van Holland fut publiée. L'idée était de présenter ce parc d'attractions, créé à Rotterdam sur le thème de la plage et de l'eau, sous ses multiples facettes. Pour couvrir la large gamme d'informations disponible, un format de 2 mètres de longueur fut retenu. La carte devait néanmoins rester pratique à utiliser. Ses créateurs (l'agence de design Lust, basée à La Haye) inventèrent alors un système de pliage unique, qui réunit quatre cartes en un seul document : Hoek van Holland, la mer du Nord, l'Europe et le monde. À chaque niveau de pliage, on trouve des informations relatives à la zone couverte, ainsi qu'une mise en perspective par rapport à la région qui l'englobe. Au dos de la carte figurent un calendrier des marées et un calendrier lunaire adaptés à Hoek van Holland. On perçoit clairement le mouvement d'ensemble de flux et reflux de la marée.

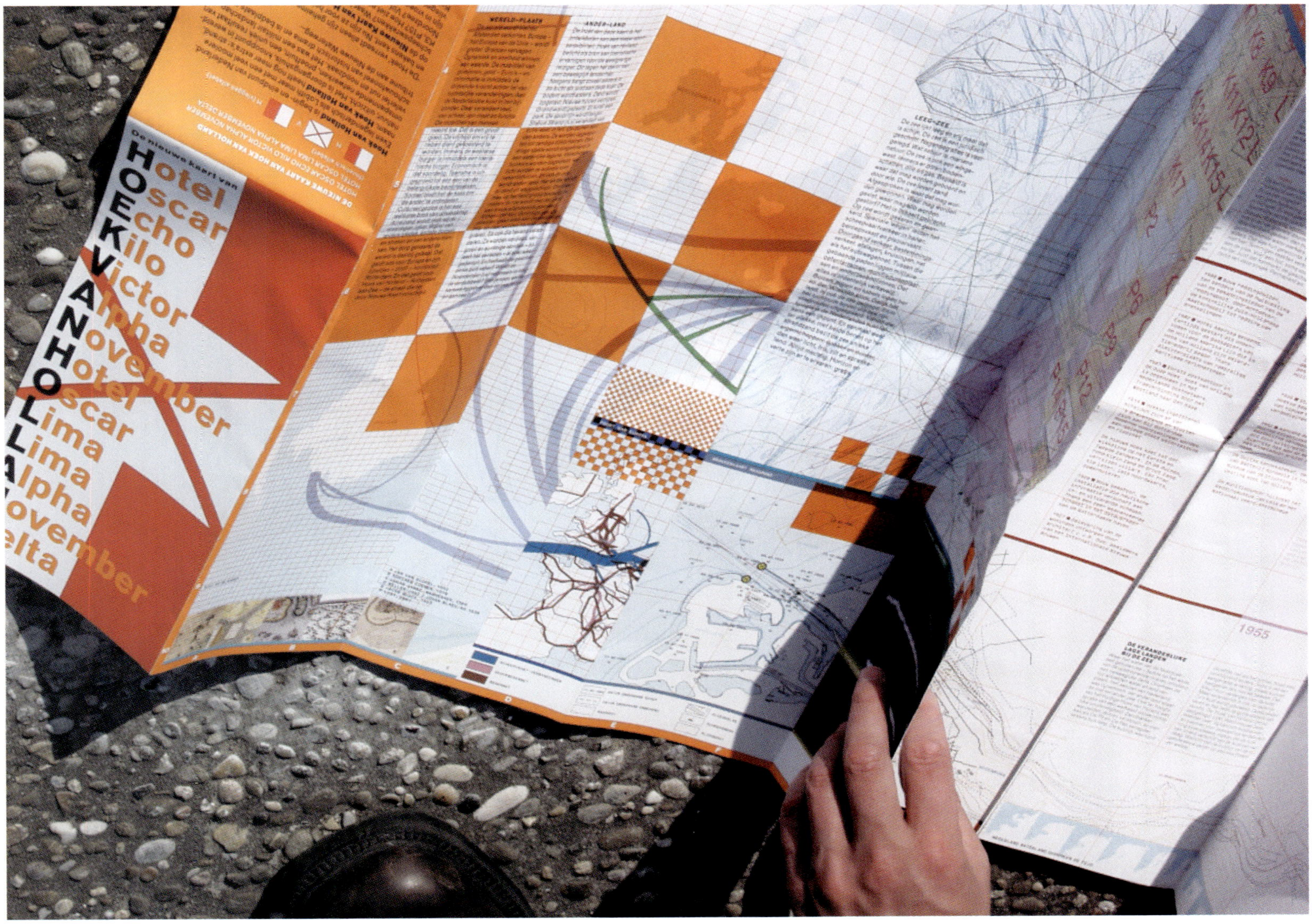
Hotel
Oscar
Echo
Kilo
Victor
Alpha
November
Hotel
Oscar
Lima
Lima
Alpha
November
Delta
1955

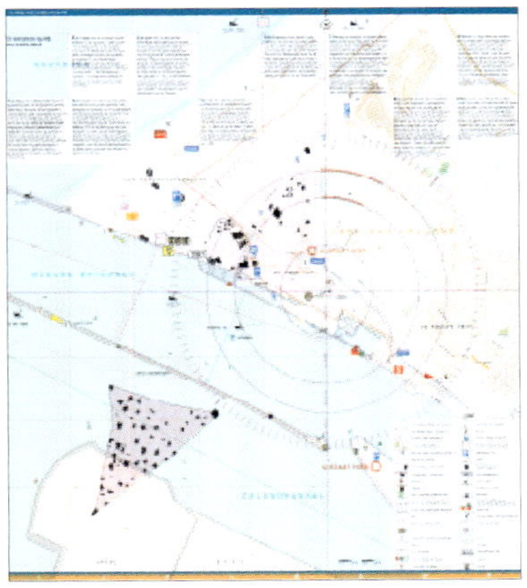

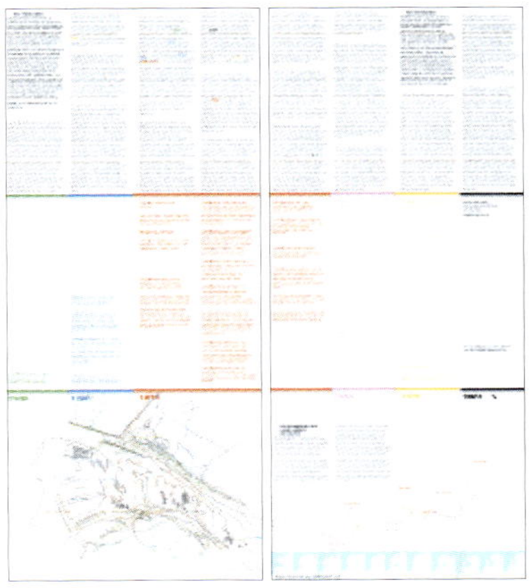

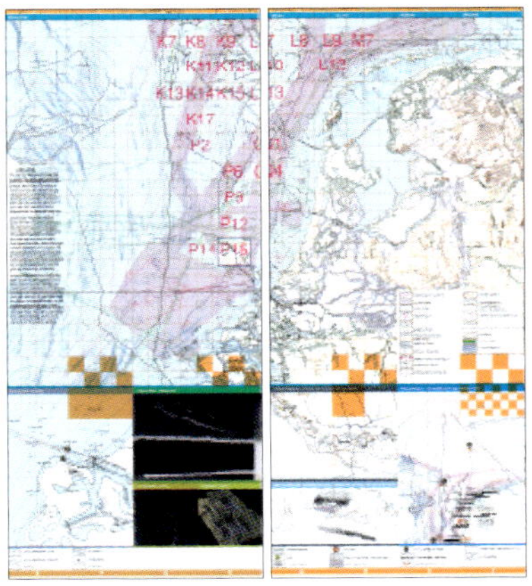

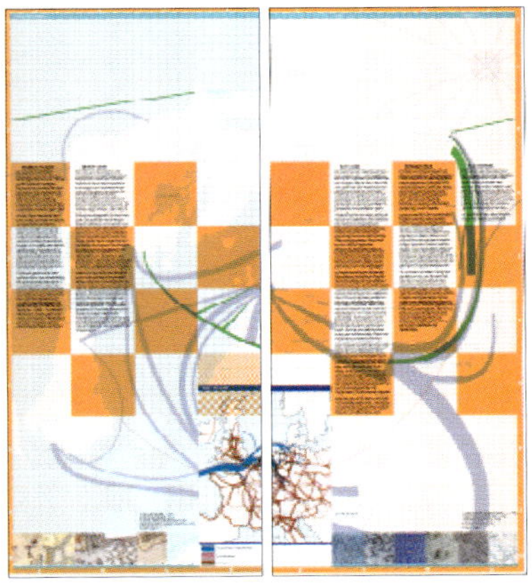

The North Sea; Cartography of One of the World's Great Seas // 2004 //

« The North Sea; Cartography of One of the World's Great Seas » est un projet qui fut lancé par Lust et développé en collaboration avec Steven van Schuppen et Jan de Graaf. Outre l'intérêt principal, qui est de représenter la mer du Nord, la carte décrit cette mer « universelle », relativement jeune et peu étendue, sous quelque 21 points de vue différents, avec notamment une « carte des fonds marins », une « carte de la saleté » ou encore une « carte qui fait peur ». La superposition de ces cartes thématiques et de cartes à plan quadrillé aboutit à 421 combinaisons offrant des perspectives uniques et révélant des liens fascinants. L'atlas associé à la carte comporte 21 articles qui mettent en lumière les multiples liens croisés. À ces articles s'ajoutent des documents visuels - plus de 70 cartes, y compris des anciennes cartes d'archives, de nouvelles cartes issues d'autres sources, ainsi que de nouvelles cartes spécialement dessinées à la main pour ce projet.

Lust // Thomas Castro, Jeroen Barendse, Dimitri Nieuwenhuizen // La Haye, Pays-Bas // www.lust.nl //

Lust est une agence d'art graphique fondée en 1996 par Thomas Castro, Jeroen Barendse et Dimitri Nieuwenhuizen. Ses travaux passent plusieurs médiums différents, notamment les imprimés, les installations interactives et les graphiques architecturaux. L'agence a développé une méthodologie du design axée sur le processus, qui s'appuie sur les systèmes génératifs. Cela entraîne un processus analytique qui conduit au final à la création de l'objet lui-même. Passionnée par les nouvelles technologies, l'agence peut, à partir d'une quantité très importante d'informations, produire un petit bout de design compréhensible.

de·plein·hof·rede
50 nm
93 km
N

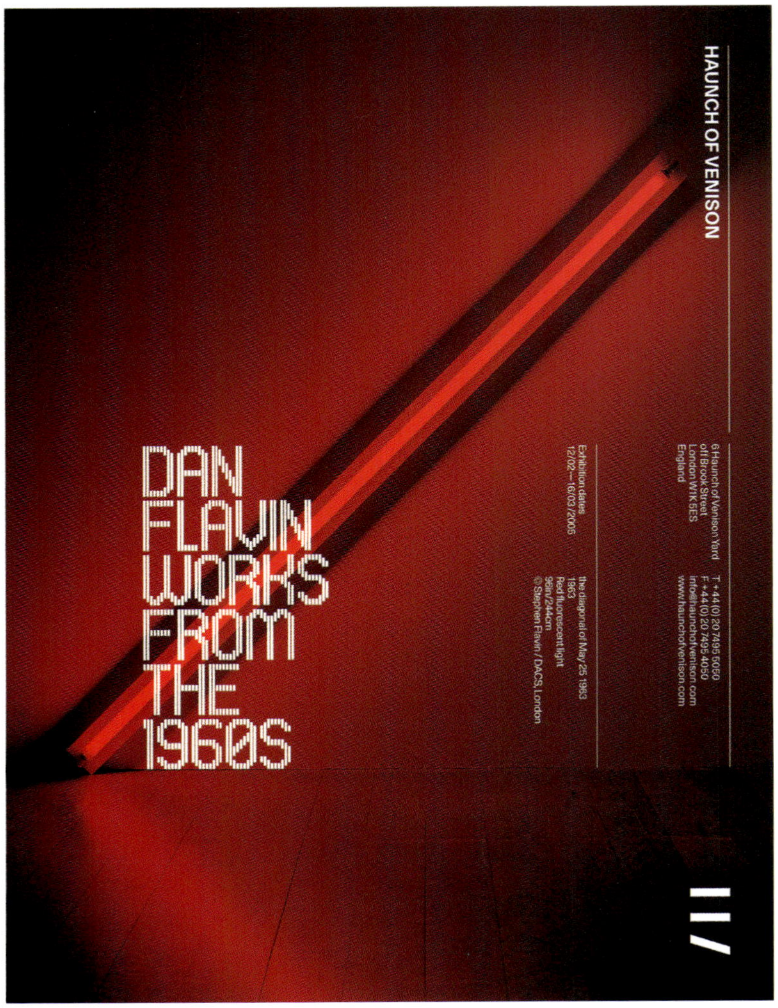

Haunch of Venison //

La galerie Haunch of Venison, basée à Londres et à Zurich, a demandé au studio de design Spin d'élaborer une identité visuelle qui devait, selon le contexte, être plutôt sérieuse et strictement orientée vers le business ou plutôt créative. Les éléments de l'image – logo, lignes et typographie de l'adresse – se combinent différemment et sont adaptés à chaque circonstance.

Spin // Tony Brook // Londres, Royaume-Uni // www.spin.co.uk //

J'ai été punk dans ma jeunesse et j'appréciais alors beaucoup l'agence française Grapus. Son approche était anarchique et provocatrice, ce qui me plaisait beaucoup à l'époque (et me plaît toujours). Bien que le travail de Spin soit plus raisonnable à bien des égards, je me dis que nous avons su garder cet état d'esprit. J'aime les travaux sûrs d'eux, originaux et directs.
Si j'ai une devise ? Non, mais je vais me lancer : prenez connaissance du dossier, remettez-le en question et sortez-en un travail de qualité.
Mon cauchemar ? Retourner à l'université.
Mon conseil aux étudiants en art graphique : informez-vous sur votre sujet, maîtrisez-le et aimez-le. L'université, ce n'est que le début et une toute petite partie de votre carrière potentielle, mais c'est la clef pour entrer dans ce milieu, alors essayez de ne pas tout gâcher. Si, malgré tout, vous ratez vos études, ce n'est pas la fin du monde. J'en sais quelque chose.
Pour répondre à votre question, voici cinq choses que j'adore :
Wim Crouwel / Ben Bos / Karl Gerstner / Josef Müller-Brockman / Clams

HAUNCH OF VENISON
Anton Henning
Sandpipers,
Lizards & History
28 April —
26 May 2005
6 Haunch of Venison Yard
off Brook Street
London W1K 5ES
England
T +44 (0) 20 7495 5050
F +44 (0) 20 7495 4050
info@haunchofvenison.com
www.haunchofvenison.com
Catalogue Available
Sandpiper with beard
2005
Oil on canvas
125.5 x 141.5cm / 49½ x 56 in

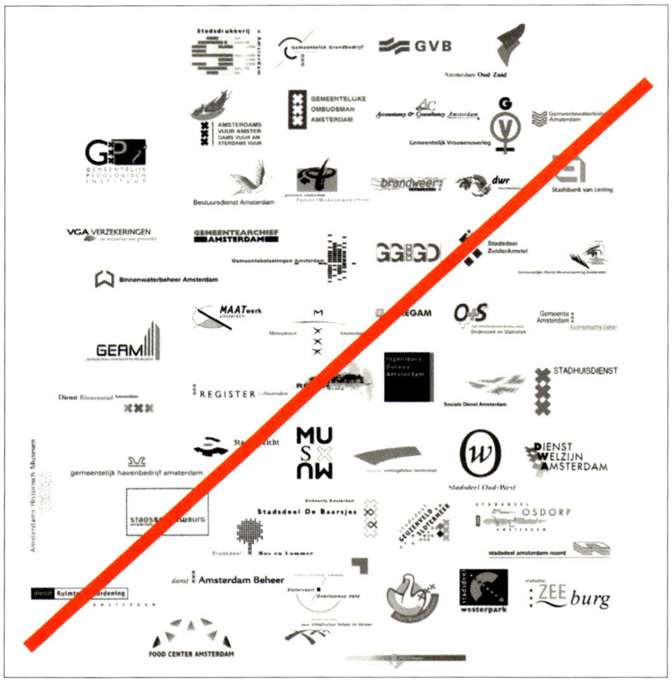

City of Amsterdam:
20.000 civil servants
3 bilion euro annual budget
55 servives and boroughts
~~55 logos~~

Gemeente Amsterdam

One logo

Gemeente Amsterdam
Dienst Waterleiding

Gemeente Amsterdam
ProjectManagement Bureau

One name pattern

One differentiating system

Gemeente Amsterdam
Dienst Waterleiding

Gemeente Amsterdam
ProjectManagement Bureau

One corporate identity

Gemeente Amsterdam // 2002 //

Jusqu'en 2002 toutes les administrations de la ville d'Amsterdam avaient une identité visuelle propre : 55 images différentes ayant chacune son logo, sa couleur et sa typographie. Puis le studio de design Thonik, installé dans la ville, a reçu pour mission d'uniformiser la communication visuelle de la ville et a élaboré un système cohérent pour tous les domaines concernés. Le nouveau logo de la ville domine avec du rouge (Pandatone 032), et 17 autres couleurs ont été définies ; toute la typographie est composée en Avenir et en Docı menta.

Uitnodiging
nieuwjaarsreceptie
Gemeente Amsterdam
Dienst Werk en Inkomen

Gemeente Amsterdam
ProjectManagement Bureau

Jacquie Maria
Wessels
Jan van Galen
Openluchtzwembad
6 november 2006 – 7 december 2006
Gemeentearchief Amsterdam
www.gemeentearchief.amsterdam.nl
Gemeente Amsterdam
Archief

Gemeente Amsterdam
Stadsdeel Centrum

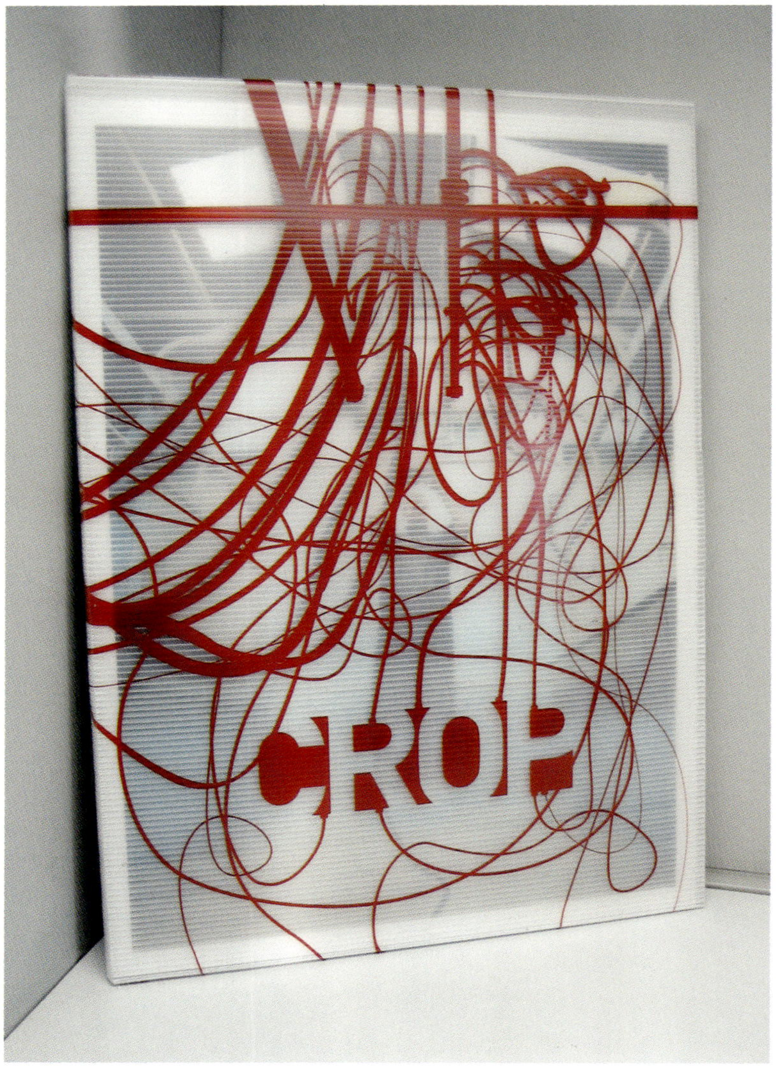

***CROP** //*

Corbis est une des plus grandes banques d'images du monde, qui fournit des films et des pohotographies à des utilisateurs de tous les secteurs de la communication visuelle. Sous la direction du graphiste Carlos Segura de l'agence Segura Inc Visual Communications à Chicago, l'image de l'entreprise a été complètement revue. La série des catalogues CROP grands formats fait appel un nombre inhabituel de types de papier et de méthodes d'impression différents. Chaque exemplaire de la série de sept tomes est conditionné sous emballage individuel ; de nombreux exemplaires sont accompagnés de suppléments dans d'autres formats et matériaux.

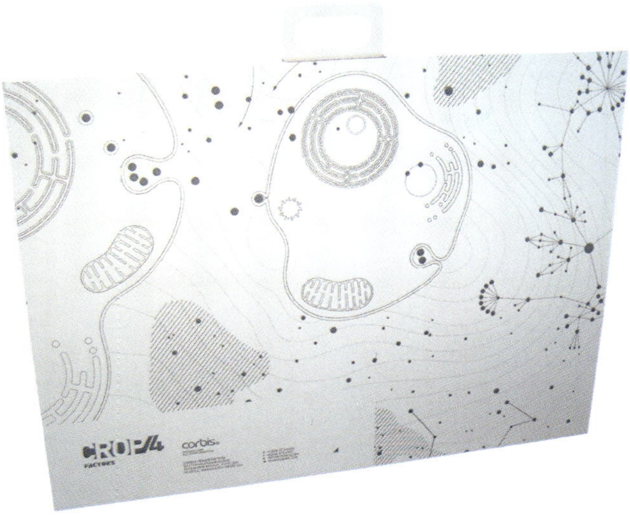

Segura Inc. // Carlos Segura // Chicago, Illinois, États-Unis // www.segura-inc.com //

Malgré sa relative petite taille, Segura Inc. de Chicago est l'une des agences de design les plus réputées des États-Unis. Son fondateur, Carlos Segura, dont elle porte le nom, a vécu à Cuba jusqu'à l'âge de neuf ans, puis aux États-Unis. Après avoir débuté comme exécutant de production, il a déménagé à Chicago en 1980 et s'est fait un nom en travaillant dans de nombreux studios connus comme BBDO, Marsteller, Foote Cone et Belding, Young & Rubicam, Ketchum et DDB Needham. En 1991, il a créé sa propre structure, Segura Inc., afin de disposer d'une plus grande liberté créative et de tenir compte de ses propres exigences artistiques dans son travail. Les innombrables distinctions internationales, ainsi que l'exposition de ses travaux dans de nombreux musées, de Denver à Tokyo, témoignent de sa réussite. En 1994, il a concentré ses efforts en matière de typographie dans une autre entreprise, la fonderie T-26, qui distribue depuis ses fontes dans le monde entier.

AS
FOUR
DENIM
06
SPRING/
SUMMER

AS
FOUR
DENIM
06
SPRING/
SUMMER

17
BLING BLING COIN DRESS
IN VARIOUS LACE,
SEQUINS AND SILK

28
PELICAN CAPRIS
IN DARK DENIM
AS TANK
IN GRAY COTTON
JERSEY

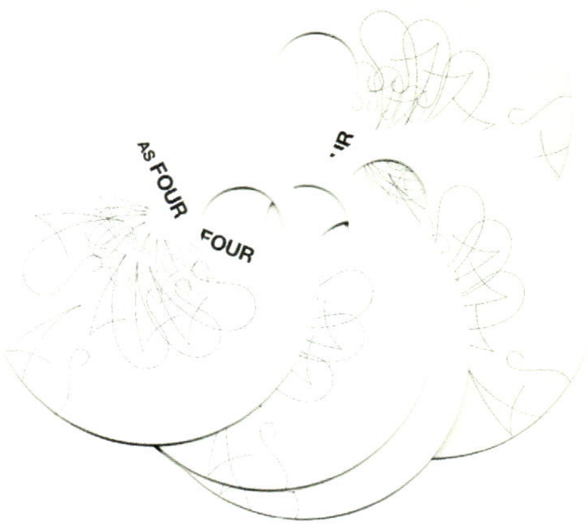
AS FOUR
FOUR

THREEASFOUR //

Depuis New York, la marque internationale de vêtements THREEASFOUR diffuse son prêt-à-porter exclusif dans le monde entier. Toute l'image de la marque est conçue par le studio de design Stiletto. Outre les éléments habituels de l'identité visuelle, comme le logo, les cartes de visite, les invitations et les affiches, le studio s'occupe également de commandes particulières telles que l'emballage des parfums ou les étiquettes des vêtements. Les graphistes en charge de THREEASFOUR ont pour objectif de rendre compte de la gaieté du style et de l'élégance de la marque, sans confronter leur design à la concurrence de la mode.

Antoine Peters // 2006 //

Pour son projet d'identité visuelle pour le styliste Antoine Peters, la Néerlandaise Karen van de Kraats s'est d'abord inspirée de l'humeur joyeuse et optimiste de son client et l'a traduite par un sourire intégré au logo d'entreprise. Ensuite, elle a trouvé son inspiration dans les formes et les lignes fantaisistes de ses vêtements.

7.
BY
ANTOINE PETERS

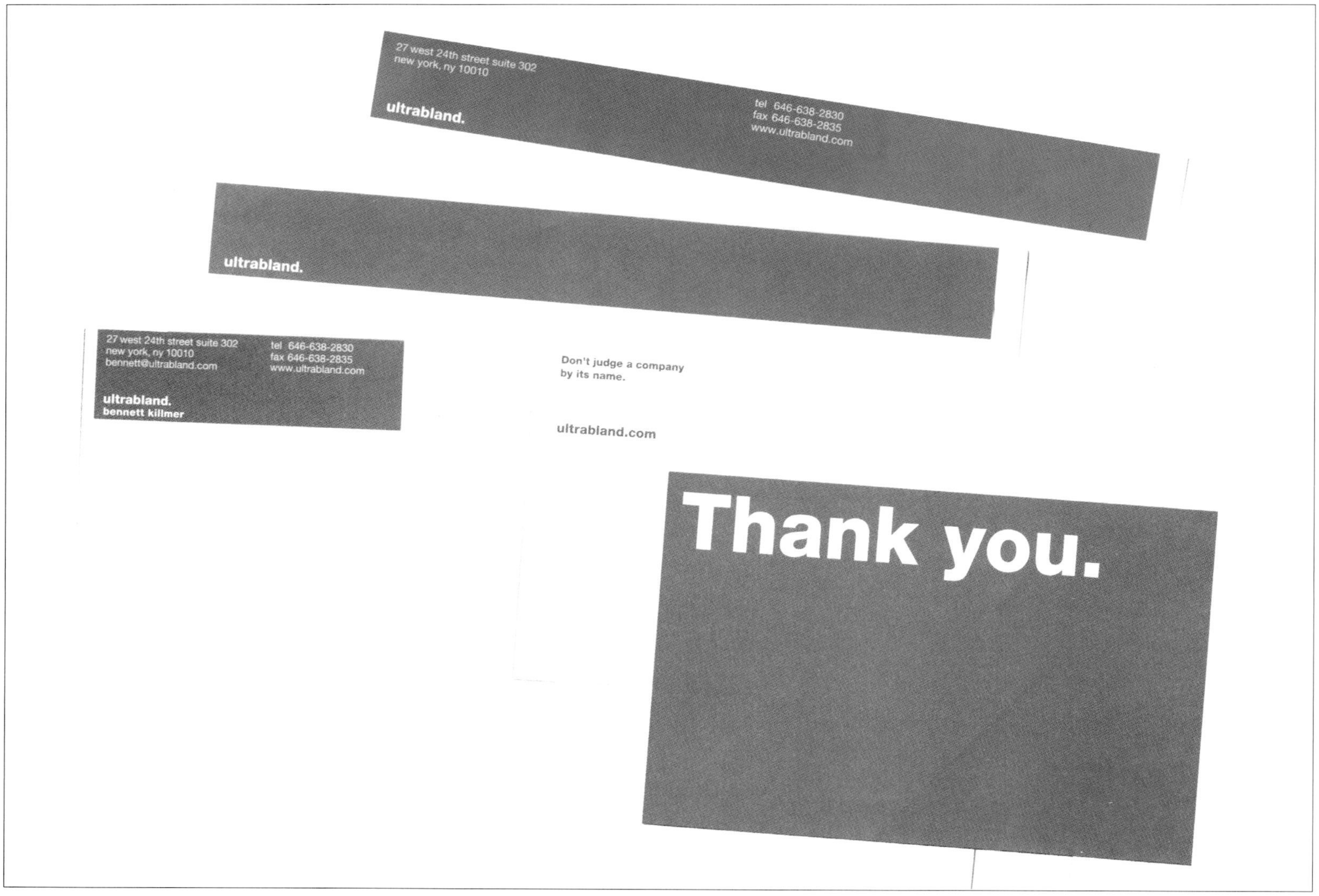
27 west 24th street suite 302
new york, ny 10010
ultrabland.
tel 646-638-2830
fax 646-638-2835
www.ultrabland.com
ultrabland.
27 west 24th street suite 302
new york, ny 10010
bennett@ultrabland.com
tel 646-638-2830
fax 646-638-2835
www.ultrabland.com
ultrabland.
bennett killmer
Don't judge a company
by its name.
ultrabland.com
Thank you.

ultrabland //

Pour élaborer l'identité visuelle de l'entreprise de post-production Ultrabland, le studio de design new-yorkais Stiletto s'est servi directement du nom de l'entreprise et a opté pour la plus grande simplicité pour le logo, l'en-tête de lettres, les cartes de visite, les couvertures de CD, les brochures et les sites Internet.

Stiletto NYC // Stefanie Barth, Julie Hirschfeld // New York, États-Unis// www.stilettonyc.com //

Notre studio de design, basé à New York et à Milan, est spécialisé dans l'animation, le mouvement réel et les imprimés. Pour nous, c'est comme « l'ONU », car il est très multinational. Côté design, nous détestons le design gratuit, le design pour le design. Au bureau, nous appelons ça le design-masturbation. Ce que nous apprécions, ce sont les nouvelles manières de faire les choses, les polices bien dessinées, les couleurs inhabituelles et les impressions de qualité, les nouveaux procédés de traitement des matériaux, etc. En général, nous aimons les idées originales. Le travail pour Pantadone que vous avez choisi de faire figurer dans The Layout Look Book en est un parfait exemple : une traduction amusante et joliment travaillée.

Nos premières influences ? Pour Stefanie : la famille et les amis, les programmes télévisés allemands pour enfants des années 1970, l'artisanat d'art, les voyages, la nature... Pour Julie : La Guerre des étoiles (l'original), le Livre des gnomes, Blondie et Pat Benatar, Richard Diebenkorn et l'école californienne...
Nos conseils aux étudiants en art graphique ? Laissez s'exprimer votre personnalité. Tâchez de trouver un mode d'expression qui n'appartiendra qu'à vous. Ne vous ruez pas sur toutes les tendances actuelles du design. Recherchez des solutions conceptuelles intelligentes. Prenez le temps de bien lécher votre travail.

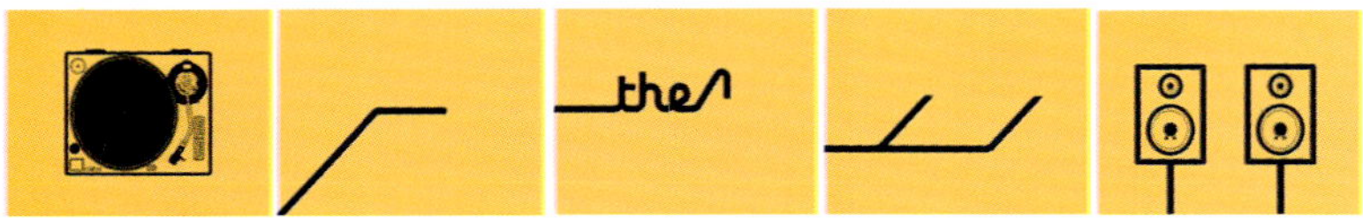

The Amp //

La chaîne de télévision numérique musicale The Amp veut interpeller les fans exigeants de « authentic, unmanufactured music ». La série d'affiches réalisées par le studio de graphisme Blue Source pour le lancement de cette nouvelle station se distingue sur plusieurs points : par sa simplicité visuelle d'abord, en opposition avec la surabondance de sollicitations pratiquée dans ce secteur, mais aussi par le fait qu'elle ne met pas en scène les stars de cette musique, mais ses amateurs. Blue Source communique ainsi une image sympathique et véhicule l'image de marque de l'émetteur. Le logotype a lui aussi été élaboré par Blue Source.

theAmp
'WE JUST PLAY GOOD MUSIC'
THE AMP. A NEW MUSIC TELEVISION CHANNEL. SKY DIGITAL 469

theAmp
theA

ik ben Ben®
een nieuw mobiel netwerk

Ben Phone //

Dans le cas de la marque de téléphone portable néerlandais Ben, le studio de design KesselsKramer d'Amsterdam a élaboré non seulement les campagnes publicitaires, mais a aussi inventé le nom du produit. « Ben » est néerlandais et signifie : « C'est moi ». Ben est également un prénom masculin. En se basant sur cette combinaison simple, Kesselskramer a élaboré des concepts publicitaires qui placent les utilisateurs des téléphones au centre du sujet. De nombreuses annonces et affiches ne montrent pas de téléphones, mais des individus ; pour les photos et les spots télévisés, Kesselskramer a fait appel à des amateurs. Un exemple de ce principe est le Ben Phone Book, un répertoire téléphonique où ceux qui y figurent sont identifiés par leur photo et des citations personnelles, et non par leur nom et leur numéro de téléphone. La stratégie publicitaire a eu un tel succès que, dans un premier temps, la compagnie téléphonique n'a pas réussi à satisfaire toutes les demandes.

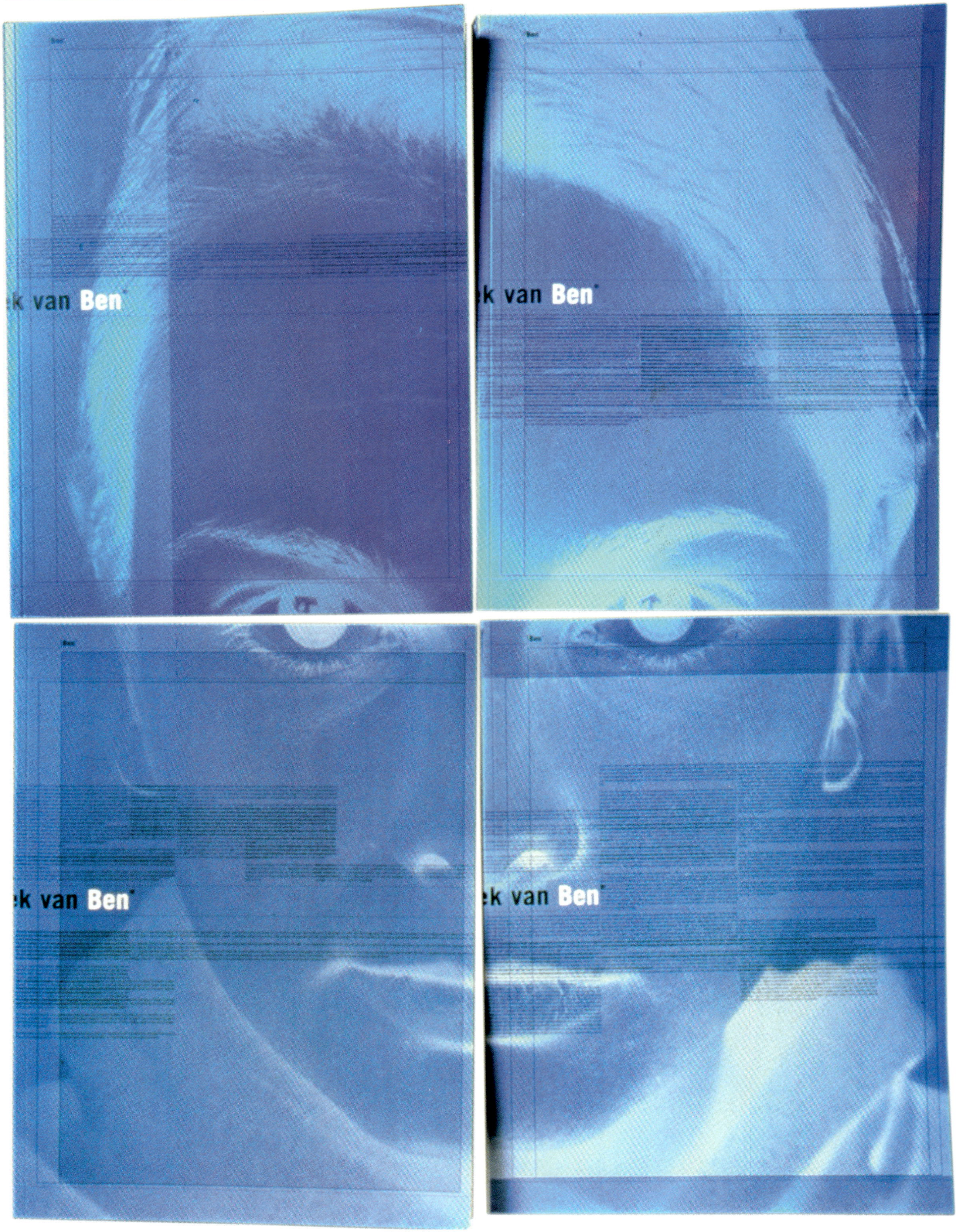
k van Ben
k van Ben
k van Ben
k van Ben

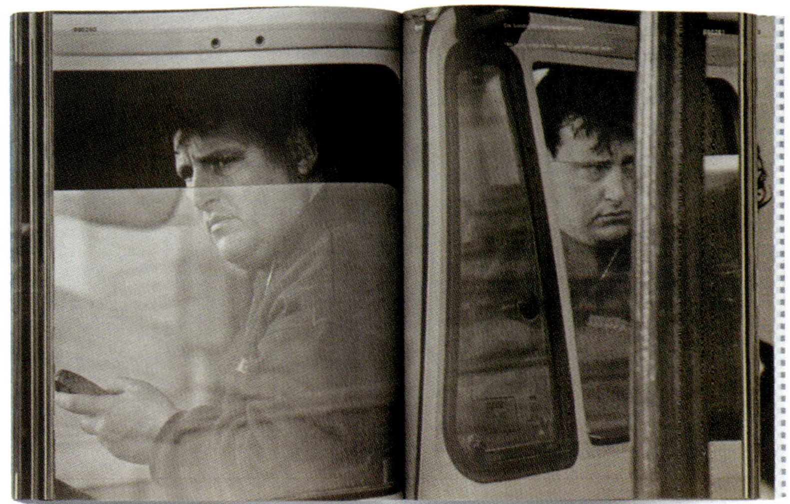

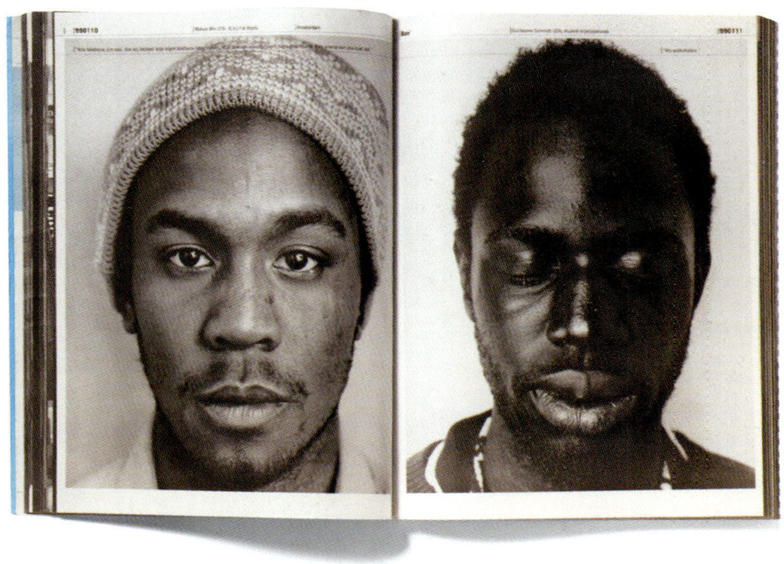

Acréditations
Remerciements aux créateurs qui figurent dans ce livre, notamment pour nous concèder le droit de reproduction de leurs images. Au cas ou nous aurions négligé un copyright, en depit de nos recherches minutieuses, nous demandons au proprietaire de ces droits de se mettre en contact avec la maison d'édition.

THE LAYOUT LOOK BOOK